新型电力系统
省级示范区研究与实践

Research and Practice of Provincial Demonstration Area of the New Power System

国网浙江省电力有限公司　编

中国电力出版社
CHINA ELECTRIC POWER PRESS

内 容 提 要

随着“碳达峰、碳中和”进程加快推进，加快构建新能源占比逐渐提高的新型电力系统是能源电力转型的发展方向。本书旨在通过总结浙江新型电力系统省级示范区研究与实践过程及成果，为新型电力系统的全面建设提供科学、先进、适用的浙江样板。

本书系统阐述了浙江新型电力系统省级示范区建设基础、形势、顶层设计、核心载体、实施体系、评价体系，以及典型示范等内容。

全书共8章，分别为新型电力系统建设背景及工作部署、浙江新型电力系统建设形势及思路、浙江新型电力系统顶层设计、浙江多元融合高弹性电网建设成果、“四能四力”建设实施体系研究与实践、“三大指数”科学评价体系研究、浙江新型电力系统建设典型示范、浙江新型电力系统建设展望。

本书可供电力系统规划、科研及工程建设等领域从业者阅读参考。

图书在版编目（CIP）数据

新型电力系统省级示范区研究与实践 / 国网浙江省电力有限公司编．—北京：中国电力出版社，2023.4

ISBN 978-7-5198-7730-9

Ⅰ．①新…　Ⅱ．①国…　Ⅲ．①电力系统－示范区－研究－浙江　Ⅳ．① F426.61

中国国家版本馆 CIP 数据核字（2023）第 065085 号

出版发行：中国电力出版社
地　　址：北京市东城区北京站西街 19 号（邮政编码 100005）
网　　址：http：//www.cepp.sgcc.com.cn
责任编辑：赵　杨（010–63412287）
责任校对：黄　蓓　王海南
装帧设计：郝晓燕
责任印制：石　雷

印　　刷：北京博海升彩色印刷有限公司
版　　次：2023 年 4 月第一版
印　　次：2023 年 4 月北京第一次印刷
开　　本：710 毫米 ×1000 毫米　16 开本
印　　张：20.5
字　　数：300 千字
印　　数：0001—2000 册
定　　价：108.00 元

《新型电力系统省级示范区研究与实践》

编 委 会

前　言

党的二十大报告提出，全面建成社会主义现代化强国，总的战略分两步走：从2020年至2035年基本实现社会现代化；从2035年至本世纪中叶建成富强民主文明和谐美丽的社会主义现代化强国。“十四五”是国家建设社会主义现代化强国开局起步的关键五年，能源作为人类社会赖以生存和发展的物质基础，能源安全作为关系国家经济社会发展的全局性、战略性问题，对国家繁荣发展、人民生活改善、社会长治久安至关重要，确保能源安全是建设社会主义现代化强国的必然要求。

2020年9月22日，中国对外宣布二氧化碳排放力争于2030年前达到峰值，2060年前实现碳中和。2021年3月15日，中央财经委员会第九次会议提出构建新型电力系统，为能源电力发展指明了科学方向、明确了行动纲领、提供了根本遵循。国家电网有限公司（简称国网公司）顺应时代潮流，发挥责任央企的“大国重器”和“顶梁柱”作用，争当能源清洁低碳转型的推动者、先行者、引领者，发布构建新型电力系统行动方案，选取浙江作为省级示范区之一，赋予浙江重点研究受端大电网与分布式、微电网融合发展方案，以及适应新能源发展的政策和市场机制的责任使命。

作为浙江省能源领域的核心企业，国网浙江省电力有限公司（简称国网浙江电力）深入贯彻党中央、国务院、浙江省委省政府和国网公司有关“碳达峰、碳中和”（简称“双碳”）、新型电力系统工作的各项决策部署，研究制订新型电力系统省级示范区实施方案、“碳达峰、碳中和”实施方案。聚焦构建新型电力系统省级示范区，以“唤醒的资源是最优质的资源、节约的能源是最清洁的能源、节省的投资是最高效的投资”三个理念为理论指引，以多元融合高弹性电网为关键路径和核心载体，构建框架设计体系、建设实施体系、一体推进体系和科学评价体系，创新开展一系列理论研究和特色实践，为国网公司全面建设新型电力系统提供科学、先进、适用的浙江样板。

本书在浙江新型电力系统建设基础上，结合新型电力系统建设形势与发展需求，详细阐述了浙江新型电力系统建设背景、实施路径、研究过程及成果，并给出了应用示例及典型示范。本书可供电力系统规划、科研及工程建设等领域从业者阅读参考，旨在推进新型电力系统建设体系的深入研究与探讨，不断提高理论研究和工程应用水平。

本书在编制过程中收集了浙江省自 2019 年多元融合高弹性电网建设以来电网改革的重大发展路径、各方面技术攻关及政策管理支撑服务等相关信息，在此要特别感谢国网浙江电力各部门（单位）的大力支持，为书籍的编制提供各方面素材。新型电力系统建设目前还处于探索示范阶段，发展侧重点也在不断调整，本书仅代表国网浙江电力对于电网建设的探索和实践经验，且由于编写时间有限，书中难免存在疏漏和不足之处，恳请各位专家和读者提出宝贵意见，使之不断完善。

编　者

2023 年 2 月

目录
CONTENT

1　新型电力系统建设背景及工作部署

新型电力系统是以承载实现“碳达峰、碳中和”，贯彻新发展理念、构建新发展格局、推动高质量发展的内在要求为前提，确保能源电力安全为基本前提，以满足经济社会发展电力需求为首要目标，以最大化消纳新能源为主要任务，以坚强智能电网为枢纽平台，以源网荷储互动与多能互补为支撑，具有清洁低碳、安全可控、灵活高效、智能友好、开放互动基本特征的电力系统。

本章剖析新型电力系统的背景，从环境、社会、经济、技术和政策等方面，论证新型电力系统建设的意义；对新型电力系统的“新”从电源结构、负荷特性、电网形态、技术基础和运行特性五方面进行论述，总结新型电力系统特征；阐述国网公司新型电力系统的建设目标、路径、重点任务等工作部署，选定浙江新型电力系统省级示范区作为典范，通过后续章节对浙江新型电力系统的建设过程及成果进行逐一论述。

1.1 新型电力系统建设的背景及意义

1.1.1　新型电力系统的背景

新型电力系统的提出在环境、社会、经济、技术和政策等方面意义深远，建设新型电力系统既是电力系统自身的发展趋势，也是外部因素对电力系统提出的迫切需求，具有鲜明的时代意义和巨大的发展空间。

1.1.1.1　环境驱动力

近年来，全球变暖、冰川融化、海平面上升、雾霾天气等一系列现象表明温室效应带来的气候变化正严重影响着人类未来的生存。2015 年 12 月 12

日，第21届联合国气候变化大会通过《巴黎协定》（The Paris Agreement），对2020年后全球应对气候变化的行动做出统一安排，制订“全球平均气温较前工业化时期上升幅度控制在1.5℃以内，并努力将温度上升幅度限制在2℃以内”的长期目标。为承担解决气候变化问题中的大国责任、推动我国生态文明建设与高质量发展，在第七十五届联合国大会一般性辩论上提出二氧化碳排放力争于2030年前达到峰值，努力争取2060年前实现碳中和。

根据国务院新闻办公室于2020年12月21日发布的《新时代的中国能源发展》白皮书，2020年我国全社会碳排放约106亿t，其中电力行业碳排放约46亿t，工业领域碳排放约43亿t。由此可见，实现能源生产领域减碳，电力行业是重中之重，必须加快清洁能源替代化石能源，提高其在一次能源总用量的比例。随着清洁能源装机容量的持续增加，电力行业在电网稳定性、灵活性、包容性等方面面临严峻挑战，亟须构建新型电力系统，提升系统调节能力，缓解环境压力。

1.1.1.2 社会驱动力

党的十九大报告提出中国特色社会主义进入新时代，我国社会主要矛盾已经转化为人民日益增长的美好生活需要和不平衡不充分的发展之间的矛盾。人民美好生活主要体现在获得感、幸福感、安全感，即充裕的物质生活、充分的当家做主的政治权利、丰富的精神生活、良好的社会环境和优美的生态环境。据国家统计局历年统计的国内生产总值（gross domestic product，GDP）、全社会用电量数据、能源消费结构及对人民幸福感调查显示，电气化程度是衡量经济社会发展水平和人民生活水平的重要标志，能源清洁度和电气化程度是人民获得感和幸福感的重要评价。

根据国家统计局和国家发展改革委近期发布的数据，2020年我国国内生产总值同比增长2.3%，能源消费总量同比增长2.2%，全社会用电量同比增长3.1%。由此计算可知，我国单位产值能耗下降0.1%，单位产值电耗增长0.8%。能源消费弹性系数为0.96，电力消费弹性系数为1.35。在单位产值能耗下降的同时电耗增长明显，表明我国终端能源消费构成中的电力比重明显提高，我国电气化水平持续提升。据国家能源局统计数据，2020年我国电力占终端能源消费比重增长到约 27%，代表了持续提升的清洁电力供应能力和不断上涨的用电需求，以及由新供给激活和创造出的新需求。面对大量清洁能源电厂接入及用电需求的提升，电网的能源结构和负荷特性不断演变，电力系统形态及运行要求也需随之调整，以提升能源清洁度和电气化程度，满足人民美好生活需要。

1.1.1.3 经济驱动力

"十三五"以来，我国积极推动新旧动能转换，国民经济由高速发展向高质量发展转变，整体呈现稳中加固、稳中向好的发展态势。能源一直是国民经济发展的重要推动力，经济的发展离不开强有力的能源供应。随着中国经济规模不断扩大，综合国力与日俱增，国民经济与电力需求的关系进一步加深。

据国家统计局核算，2020 年国内生产总值达 101.6 万亿元。其中，第三产业增加值在国内生产总值中占比 55%，较 2015 年提升 4.3 个百分点；高技术制造业持续释放活力，占工业增加值的比重增至 15.1%。在用电数据上，三产及居民用电占比为 30.7%，较 2015 年提升 5.3 个百分点；高技术及装备制造业领跑第二产业用电需求，"十三五"时期用电量增速达 38.2%，较第二产业整体用电量增速快 10.3 个百分点。由此可见，产业结构不断优化升级，高端制造业和第三产业正逐步成为我国经济发展的重要推动力；随着终端电能替代的有序推进，以及"新基建"和数字经济蓬勃发展，电力消费与经济发展的关系将更加密切。在"双碳"目标的大背景下，构建以清洁电力为中心的可靠能源体系将是维系国民经济持续增长和产业结构稳步转型升级的基石和助推器。

1.1.1.4 技术驱动力

电力系统是由发电厂、送变电线路、供配电所和用电等环节组成的电能生产与消费系统。它的功能是将自然界的一次能源通过发电动力装置转化成电能，再经输电、变电和配电将电能供应到各用户。党的十八大以来，在"四个革命、一个合作"[1]能源安全新战略的引领下，我国电力工业进入高质量发

---

[1] "四个革命、一个合作"指推动能源消费革命、推动能源供给革命、推动能源技术革命、推动能源体制革命和全方位加强国际合作。

展阶段。

能源电力方面，我国发电装机容量、用电量等指标稳居世界第一位，同时电源结构趋向多元化和清洁化。截至2020年底，我国累计发电量达77791亿kWh，发电装机容量达22亿kW。其中太阳能、风电、核电、水电、火电装机容量占总装机容量的比重分别为11.5%、12.8%、2.3%、16.8%、56.6%，形成“水火互济、风光核气生并举”的格局。2020年，全国弃风电量166.1亿kWh，弃光电量52.6亿kWh，累计弃电量占比为3%，新能源消纳能力有待提升。

电网建设方面，输变电设备持续增加，电力储备体系需不断健全。我国220kV及以上变电容量近44.9亿kVA，西电东送能力达2.6亿kW，全年跨省跨区送电量达21492亿kWh，大电网基本实现联通，形成以东北、西北、西南区域为送端，华北、华东、华中、华南区域为受端的区域间交直流混联的电网格局。面对供需双侧的巨大变化，新能源出力的强随机性波动性和用电负荷的日益尖峰化给电力电量平衡带来了巨大的挑战，亟须实施既有燃煤热电联产机组、燃煤发电机组灵活性改造，布局天然气调峰电站；加快建设抽水蓄能电站等，全面提升电力供应可靠性和应急保障能力。

电力消费方面，增速回落，电力消费结构向清洁低碳转变。2012~2020年用电量年均增长率为5.28%，低于8.26%的国民经济年均增长率，其中2015年用电量增长率达到谷底0.5%。增速回落主要由于我国经济从高速增长进入中高速增长、从高速发展转向高质量发展，从高耗能、高投入的要素驱动转向创新驱动，降低了我国经济对能源消费的依赖程度。2020年，天然气、水电、核电、风电等清洁能源消费量占能源消费总量的比重已提高到24.4%左右，电力消费机制需响应需求侧、推行市场化，实施差别电价、峰谷分时电价、阶梯电价、阶梯气价等，同时完善环保电价政策，引导节约、有序、合理用电。

1.1.1.5 政策驱动力

2014年6月，中央财经领导小组第六次会议提出能源安全是关系国家经济社会发展的全局性、战略性问题，对国家繁荣发展、人民生活改善、社会长治久安至关重要。面对能源供需格局新变化、国际能源发展新趋势，保障国家能源安全，必须推动能源生产和消费革命，并就推动能源生产和消费革命提出推动能源消费、推动能源供给、推动能源技术、推动能源体制和全方位加强国际合作五点要求。“四个革命、一个合作”能源安全新战略的提出，引领我国能源行业发展进入了新时代。

2016 年 12 月，国家发展改革委、国家能源局印发了《能源生产和消费革命战略（2016—2030）》，文件指出，到 2020 年，全面启动能源革命体系布局，推动化石能源清洁化，根本扭转能源消费粗放增长方式，实施政策导向与约束并重。2021~2030 年，可再生能源、天然气和核能利用持续增长，高碳化石能源利用大幅减少。能源消费总量控制在 60 亿 t 标准煤以内，非化石能源占能源消费总量比重达到 20% 左右，天然气占比达到 15% 左右。

2020 年 9 月，第七十五届联合国大会一般性辩论上提出中国将提高国家自主贡献力度，采取更加有力的政策和措施，二氧化碳排放力争于 2030 年前达到峰值，努力争取 2060 年前实现碳中和。在 2020 年 12 月举行的气候雄心峰会上宣布，到 2030 年，中国单位国内生产总值二氧化碳排放将比 2005 年下降 65% 以上，非化石能源占一次能源消费比重将达到 25% 左右，森林蓄积量将比 2005 年增加 60 亿 m^3，风电、太阳能发电总装机容量将达到 12 亿 kW 以上。自此，“双碳”目标成为我国加快生态文明建设和实现高质量发展的重要抓手。

2021 年 3 月，党中央召开中央财经委员会第九次会议，研究促进平台经济健康发展问题和实现“双碳”目标的基本思路和主要举措。会议指出，“十四五”是碳达峰的关键期、窗口期，要构建清洁、低碳、安全、高效的能源体系，控制化石能源总量，着力提高利用效能，实施可再生能源替代行动，深化电力体制改革，构建新型电力系统。

1.1.1.6 数字化驱动力

1. 数字化技术发展

“十三五”时期，我国深入实施数字经济发展战略，不断完善数字基础设施，加快培育新业态新模式，数字产业化和产业数字化取得积极成效。2020 年，我国数字经济核心产业增加值占 GDP 的比重达到 7.8%，数字经济为经济社会持续健康发展提供了强大动力。

信息基础设施全球领先。建成全球规模最大的光纤和第四代移动通信（4G）网络，第五代移动通信（5G）网络建设和应用加速推进。宽带用户普及率明显提高，光纤用户占比超过94%，移动宽带用户普及率达到108%，互联网协议第六版（IPv6）活跃用户数达到4.6亿。

产业数字化转型稳步推进。农业数字化全面推进；服务业数字化水平显著提高；工业数字化转型加速，工业企业生产设备数字化水平持续提升，更多企业迈上“云端”。

新业态新模式竞相发展。数字技术与各行业加速融合，电子商务蓬勃发展，移动支付广泛普及，在线学习、远程会议、网络购物、视频直播等生产生活新方式加速推广，互联网平台日益壮大。

数字政府建设成效显著。一体化政务服务和监管效能大幅度提升，“一网通办”“最多跑一次”“一网统管”“一网协同”等服务管理新模式广泛普及，数字营商环境持续优化，在线政务服务水平跃居全球领先行列。

数字经济国际合作不断深化。《二十国集团数字经济发展与合作倡议》等在全球赢得广泛共识，信息基础设施互联互通取得明显成效，“丝路电商”合作成果丰硕，我国数字经济领域平台企业加速出海，影响力和竞争力不断提升。

全社会数字化持续推进，快速向实体工业领域扩展，电力工业同样面临数字化转型升级的关键机遇。利用数字化技术改变整个电力工业过程，连接企业内外部环境，将成为推动经济发展的新增长极，数字电力发展是落实国家数字经济和“双碳”目标的必由之路。

2. 数字化发展政策

按照国家信息化整体战略部署和要求，电力行业进一步落实《国家信息化发展战略纲要》《“十三五”国家信息化规划》，取得初步成效。2020年国务院国资委印发的《关于加快推进国有企业数字化转型工作的通知》中提出践行新发展理念，促进数字经济和实体经济融合发展，构建新发展格局的总定位。2021年3月，《中华人民共和国国民经济和社会发展第十四个五年规划和2035年远景目标纲要》中的“加快数字化发展 建设数字中国”作为独立篇章，将打造数字经济新优势，坚持新发展理念，营造良好数字生态，列为“十四五”时期目标任务之一。2021 年 12 月，国务院印发《“十四五”数字经济发展规划》，提出“以数据为关键要素，以数字技术与实体经济深度融合为主线，加强数字基础设施建设，完善数字经济治理体系，协同推进数字产业化和产业数字化，赋能传统产业转型升级，培育新产业新业态新模式”。中国南方电网有限责任公司（简称南方电网公司）及国网公司先后发布《数字电网白皮书》及《新型电力系统数字技术支撑体系白皮书》，无论是适应新能源大规模、高比例并网和消纳要求，还是支撑分布式能源、储能、电动汽车等交互式、移动式设施广泛接入，都需要以数字技术为电网赋能，促进源网荷储协调互动，推动电网向更加智慧、更加泛在、更加友好的新型电网升级。

1.1.2 新型电力系统建设意义

2021 年 3 月，中央财经委员会第九次会议提出构建新型电力系统。这是自 2014 年 6 月中央财经领导小组第六次会议提出“四个革命、一个合作”能源安全新战略以来，再次对能源电力发展做出的系统阐述，明确了新型电力系统在实现“双碳”目标中的基础地位，为能源电力发展指明了科学方向、提供了根本遵循。构建新型电力系统是党中央基于推进中华民族伟大复兴、保障国家能源安全、构建新发展格局、推动能源产业链转型升级做出的重大决策部署，对电力工业和公司转型发展具有重大战略指导意义。

1. 推进中华民族伟大复兴的重要基石

2020 年起，全面建成社会主义现代化强国、推进中华民族伟大复兴，实现第二个百年奋斗目标将作为中国共产党的中心任务。能源作为人类社会赖以生存和发展的物质基础，将是发展改革的主战场，电网作为连接电力生产和消费的网络平台，是能源转型的中心环节。随着新能源大规模开发、高比例并网，电力系统将面临前所未有的挑战，构建功能更加强大、运行更加灵活、更加具有韧性的新型电力系统成为迫切需要。

2. 保障国家能源安全的重要举措

当前全球地缘政治紧张、博弈加剧，油气资源的对外依存度带来的供应不确定性加大，国家能源安全形势日趋严峻。2020 年，我国能源结构仍然以煤炭和化石能源为主，仅煤炭单项消耗约占能源消耗总量的58%，石油、天然气对外依存度达73%和43%。能源安全关系国家安全，实现以新能源为供给主体，将大幅降低我国油气对外依存度，显著提高能源安全保障能力。

3. 构建新发展格局的强大动力

随着经济发展、社会进步和能源转型，电力的应用领域不断拓展，电力服务需求和消费理念日益多元化、个性化、低碳化，电力行业的新产业、新业态、新模式不断涌现。构建新型电力系统为供需精准对接、满足各种需求、挖掘潜在价值、降低社会能耗、促进产业升级，提供强有力的平台支撑，以高质量的电力供给为美好生活充电、为美丽中国赋能。

4. 推动能源产业链转型升级的重要引擎

近年来，电力电子技术、数字技术和储能技术在能源电力系统日益广泛应用，低碳能源技术、先进输电技术和先进信息通信技术、网络技术、控制技术深度融合，既有力推动了新能源、分布式电源、微电网的快速发展，也极大促进了系统分析预测、运行控制水平的提升。构建新型电力系统，通过自主创新，将集中突破能源电力领域核心和颠覆性技术，摆脱关键技术装备对外依赖，推动能源电力产业全链条自主可控和转型升级。

1.2 新型电力系统解读

1.2.1 新型电力系统“新”的认知

实现“碳达峰、碳中和”是一场广泛而深刻的经济社会系统性变革。随着“碳达峰、碳中和”行动的积极稳妥推进，不断完善能源消耗总量和强度调控、推动能源清洁低碳高效利用、加快新型能源体系规划建设，逐步实现能源生产加速清洁化、能源消费高度电气化、能源配置日趋平台化、能源利用日益高效化。能源格局的深刻调整，必将给电力系统带来新的变化。

（1）电源结构。以风、光为代表的新能源发电逐步演进为装机、电量和责任主体，煤电、水电等常规电源逐步退化为发挥电压支撑和功率调节功能为主；开发模式逐步演进为集中式开发和分布式开发并举；出力特性逐步演进为强不确定性、弱可控出力占主导；并（组）网方式由新能源发电转变为自同步电压源组网，全面具备主动支撑及组网运行能力。

（2）负荷特性。随着电能替代深度、广度的不断拓展，温升型、冲击型新型负荷大量涌现，受气候变化影响的季节性负荷尖峰特征突出，随机负荷波动大；用户侧含高比例分布式电源与可调节负荷，源—荷特性对外表现不确定，源—荷角色转换呈现随机性；电能消费从刚性需求向高弹性柔性需求转变，预计到2060年，可调节负荷规模可达电网最大负荷（25亿~28亿kW）的10%~15%。

（3）电网形态。新型电力系统电网形态由单向逐级输配电为主的传统电网，向包括交直流混联大电网、直流电网、微电网和可调节负荷的能源互联网转变。其中，大电网将发挥重要作用，承担电能的大容量、远距离输送任务；配电网将接入源荷储等元素，发挥能源综合承载与互动作用；微电网将与多类能源网络互联互通，发挥终端用能交互与自治协调的作用。

（4）技术基础。物理电力系统的技术基础由同步发电机为主导的机械电磁系统，向由电力电子设备和同步机共同主导的混合系统转变；数字化技术基础需与物理电力系统深度融合，实现电力系统控制运行由“量测—控制”模式向多物理系统的精准映射、智能学习和预测控制等方式转变，提升随机变量的预测精度，并应用于电网逐级调控和控制引导。

（5）运行特性。运行方式从以充裕度确保发电与用电平衡的方式，转变为“发电从优、用电可调、发用联动”的运行方式；运行特性由源随荷动的实时平衡模式、大电网一体化控制模式，向源网荷储协同互动的非完全实时平衡模式转变；储能从以抽水蓄能集中式接入电网为主过渡到以抽水蓄能和电化学储能为主，多类型储能协调发展，通过集中式与分布式接入，广泛应用于发输配用各环节。

1.2.2 新型电力系统的特征内涵

新型电力系统是清洁低碳、安全高效能源体系的重要组成部分，承载着能源转型的历史使命，是清洁低碳、安全可控、灵活高效、智能友好、开放互动的电力系统。

（1）清洁低碳。以太阳能、风能等新能源发电为供给主体，通过碳捕集等技术革新，实现以电为核心的碳循环利用。

（2）安全可控。新能源具备主动支撑能力，分布式、微电网可观可测可控在控，大电网规模合理、结构坚强，通过构建安全防御体系，增强系统韧性、弹性和自愈能力。

（3）灵活高效。发电侧、负荷侧调节能力强，电网侧资源配置能力强，实现各类能源互通互济、灵活转换，提升整体效率。

（4）智能友好。高度数字化、智慧化、网络化，实现对海量分散发供用对象的智能协调控制，实现源网荷储各要素友好协同。

（5）开放互动。适应各类新技术、新设备及多元负荷大规模接入，与电力市场紧密融合，各类市场主体广泛参与、充分竞争、主动响应、双向互动。

1.3 新型电力系统建设工作部署

实现"双碳"目标、构建新型电力系统是极具挑战性、开创性的战略性、系统性工程。国网公司成立"碳达峰、碳中和"工作领导小组，积极深化研究，发布国内首个"碳达峰、碳中和"行动方案。2021 年 7 月，国网公司制订并发布了构建新型电力系统行动方案，制订新型电力系统建设工作部署，争当能源清洁低碳转型的引领者、推动者、先行者。

1.3.1 新型电力系统建设目标

"双碳"目标和电力发展规划紧跟国家战略计划，预计到 2035 年，基本建成新型电力系统，到 2050 年全面建成新型电力系统。

2021~2035 年是建设期。新能源装机成为第一大电源。电力系统总体维持较高转动惯量和交流同步运行特点，交流与直流、大电网与微电网协调发展。大规模配置系统储能，负荷侧广泛参与系统调节，常规电源逐步转变为调节性和保障性电源，发电机组出力和用电负荷初步实现解耦。

2036~2060 年是成熟期。新能源成为电力电量供应主体。分布式电源、微电网、交直流组网与大电网融合发展。储能在源网荷各环节全面应用，负荷侧全面深入参与系统调节、双向互动，火电通过二氧化碳捕集封存技术实现净零排放，成为长周期调节电源，发电机组出力和用电负荷全面实现解耦。

1.3.2 新型电力系统建设路径

国网公司将积极面对发展机遇和挑战，贯彻新发展理念，坚持系统观念，转变发展方式，落实国家战略，强化规划引领，统筹计划安排，全力推进新型电力系统构建。

（1）公司发展方式。由传统电网企业向能源互联网企业转变，积极培育新业务、新业态、新模式，延伸产业链、价值链。

（2）电网发展方式。由以大电网为主，向大电网与微电网融合发展转变，推进电网数字化、透明化，满足新能源优先就地消纳和全国优化配置需要。

（3）电源发展方式。推动新能源发电由以集中式开发为主，向集中式与分布式开发并举转变；推动煤电由支撑性电源向调节性电源转变。

（4）营销服务模式。由为客户提供单向供电服务，向发供一体、多元用能、多态服务转变，打造“供电 + 能效服务”模式，创新构建“互联网 +”现代客户服务模式。

（5）调度运行模式。由以源为主、网源协调的调度模式，向源网荷储总体协调、输配微网多级协同的调度模式转变。

（6）技术创新模式。由以企业自主开发为主，向跨行业、跨领域合作开发转变，技术领域向源网荷储全链条延伸。

1.3.3 新型电力系统建设重点任务

国网公司在构建新型电力系统行动方案中明确了新型电力系统的九大方面主要任务为：加强各级电网协调发展，提升清洁能源优化配置能力；加强电网数字化转型，提升能源互联网发展水平；加强调节能力建设，提升系统灵活性水平；加强电网调度转型升级，提升驾驭新型电力系统能力；加强源网协调发展，提升新能源开发利用水平；加强全社会节能提效，提升终端消费电气化水平；加强能源电力技术创新，提升运行安全和效率水平；加强配套政策机制建设，提升支撑和保障能力；加强组织领导和交流合作，提升全行业发展凝聚力，为各省市地区新型电力系统建设做出指引。

该方案中确定了“三省三区”示范区，即福建、浙江、青海作为省级示范区；西藏藏中、新疆南疆、河北张家口作为地区级示范区。浙江作为“两山理论”发源地、“重要窗口”建设地、国家共同富裕示范区，具备较好的经济社会条件。同时，国网浙江电力创新开展能源互联网形态下多元融合高弹性电网建设，先进理念、首创成果和领先实践都为浙江构建新型电力系统奠定了先发优势，打下了坚实基础。

2 浙江新型电力系统建设形势及思路

本章重点阐述浙江作为新型电力系统省级示范区的建设使命，并从环境、社会、经济、技术、政策、数字化等方面分析浙江新型电力系统建设基础和面临的形势与挑战，同时结合浙江地区特色，制订浙江新型电力系统发展定位、发展特征及建设思路。

2.1 浙江新型电力系统建设使命

浙江省具有种类丰富的能源电力供应方式和网络强省、“数字浙江”的信息技术优势，具有高度活跃的市场主体和高效运转的行政组织，具备“高质量实现‘碳达峰、碳中和’目标”和“高质量发展建设共同富裕示范区”基础条件。国网浙江电力坚决贯彻落实国网公司“碳达峰、碳中和”行动方案和关于支持浙江高质量发展建设共同富裕示范区的实施意见，通过新型电力系统建设，全面引领浙江高质量提前实现碳达峰，支撑浙江共同富裕示范区建设。在全面建设社会主义现代化国家开局起步的关键时期，助力实现能源安全、能源自主，以中国式现代化全面推进中华民族伟大复兴。

2.1.1 高质量实现“碳达峰、碳中和”目标

2021 年 5 月，中央层面成立了“碳达峰、碳中和”工作领导小组，按照统一部署，加快建立目标明确、分工合理、措施有力、衔接有序的“碳达峰、碳中和”“1+N ”政策体系。2021 年 9 月 22 日，《中共中央　国务院关于完整准确全面贯彻新发展理念做好碳达峰碳中和工作的意见》印发，作为政策体系中的“1”，统领全局，管总管远。2021 年 10 月 24 日，国务院印发《2030 年前碳

达峰行动方案》，作为政策体系“N”中为首的指导性文件，聚焦目标，扎实推进。两者共同构成贯穿“碳达峰、碳中和”两个阶段的顶层设计，明确了我国实现“双碳”目标的时间表、路线图、施工图，提出了能源绿色低碳发展的关键地位。2022 年 2 月 11 日，国家发展改革委、能源局联合下发《关于完善能源绿色低碳转型体制机制和政策措施的意见》，提出完善能源绿色低碳转型体制机制的总体要求、重点任务和政策措施，有力推进“双碳”目标的实现。

国网公司根据国家战略部署，完善“碳达峰、碳中和”行动方案和构建新型电力系统行动方案，滚动修订公司“十四五”发展规划，推动国网公司工作纳入国家顶层设计，围绕“双碳”情景下的基础理论、“卡脖子”技术，深入实施新型电力系统科技攻关行动计划。

浙江省政府为推动“碳达峰、碳中和”工作落到实处、走在前列，2021 年 6 月 8 日印发《浙江省碳达峰碳中和科技创新行动方案》，为全国率先出台的“碳达峰、碳中和”科技创新行动方案，紧盯国家战略部署，紧扣浙江省实际，依据“4+6+1”[1] 总体思路，提出了具体的技术路线图和行动计划，争取用好科技创新关键变量，抢先抢抓“碳达峰、碳中和”技术制高点，到 2025 年和 2030 年，高质量支撑浙江省先后实现“碳达峰、碳中和”。2022 年 2 月 17 日，浙江省人民政府发布《关于完整准确全面贯彻新发展理念做好碳达峰碳中和工作的实施意见》，明确统筹经济发展、能源安全、碳排放、居民生活 4 个维度，以数字化改革撬动经济社会发展全面绿色转型，加快构建“6+1”领域碳达峰体系，积极稳妥推进“碳达峰、碳中和”工作。

国网浙江电力把握新发展阶段、贯彻新发展理念、构建新发展格局，于 2021 年 12 月 31 日发布《国网浙江省电力有限公司“碳达峰、碳中和”实施方案》，提出充分发挥电力作为碳达峰关键变量和碳中和降碳核心作用，以碳电协同为着力点，构建省域 4E[2] 平衡推演模型，持续推进多元融合高弹性电网“一张网”建设，全力构建新型电力系统省级示范区“一示范”，以“一张

---

[1] “4+6+1”总体思路：4 代表能源消费总量、碳排放总量、能耗强度、碳排放强度四个指标；6 代表能源、工业、建筑、交通、农业、居民生活六大重点领域；1 代表科技创新。

[2] 4E 指经济（Economy）、能源（Energy）、电力（Electricity）、碳排（Emission）四要素。

网一示范”为核心，着力推动清洁、能效驱动和数字、机制变革，全面聚焦能源电力供给、配置、消费、技术、体制五个方面，开展五大行动20项重点工作，推进技术、政策、市场、机制和模式创新。当好能源清洁低碳转型发展的“引领者”、全省企业碳减排的“示范者”、全社会绿色低碳生产生活的“推动者”，支撑引领“碳达峰、碳中和”变革在浙江率先落地生根。

国网浙江电力编制了“碳达峰、碳中和”实施方案和新型电力系统建设实施方案，以“双碳”实施方案服务全社会绿色低碳转型和节能提效，以新型电力系统实施方案推动电网转型升级和电力系统融合变革，共同服务于“双碳”目标实现。浙江新型电力系统建设高质量实现“碳达峰、碳中和”目标示意图如图2-1所示。

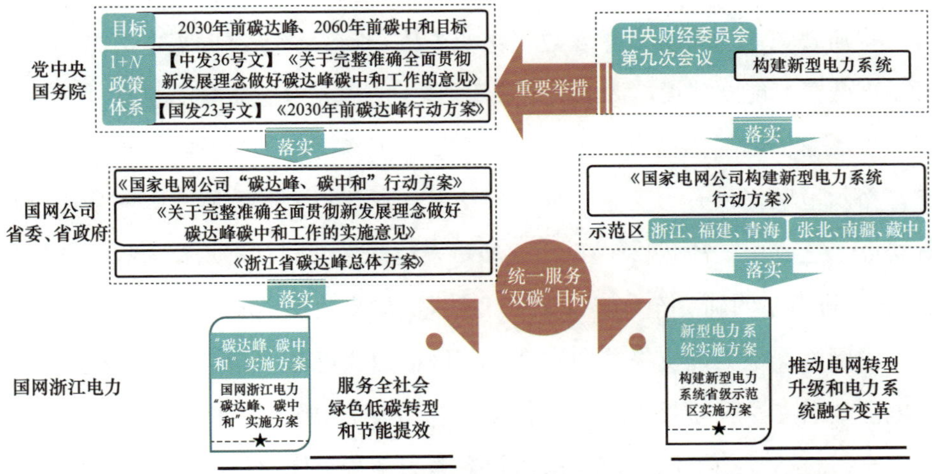

图2-1　浙江新型电力系统建设高质量实现“碳达峰、碳中和”目标示意图

2.1.2　高质量发展建设共同富裕示范区

2021年5月，《中共中央　国务院关于支持浙江高质量发展建设共同富裕示范区的意见》下发，赋予浙江先行先试打造共同富裕省域范例的职责和使命。紧扣推动共同富裕和促进人的全面发展等，围绕构建有利于共同富裕的体制机制和政策体系，提出6个方面20条重大举措。将浙江打造为高质量发展高品质生活先行区、城乡区域协调发展引领区、收入分配制度改革试验区、文明和谐美丽家园展示区。

2021年6月，浙江省委召开十四届九次全会，系统研究部署高质量发展建设共同富裕示范区，审议通过《浙江高质量发展建设共同富裕示范区实施方案（2021—2025年）》，全面落实到2025年取得明显实质性进展、2035年基本实现共同富裕两阶段发展目标，按照“每年有新突破、5年有大进展、15年基本建成”的安排推进。到2025年，基本建立体制机制和政策框架、基本形成高质量发展模式、基本形成橄榄型社会结构、基本实现公共服务优质共享；到2035年，率先推进经济高质量发展、收入分配制度改革、公共服务优质共享、城乡区域协调发展、社会主义先进文化发展、生态文明建设、社会治理七大方面先行示范。

2021年9月22日，国网公司为全面贯彻落实国家政策精神，结合实际，发布了《关于支持浙江高质量发展建设共同富裕示范区的实施意见》，制订了提升电网资源优化配置能力、高质量建设输配电网、服务能源清洁低碳转型、推广优质普惠电力服务、激发数字化变革核心动力、乡村振兴电力先行、推动精准政策赋能、建设能源电力“新型市场”、践行社会责任、推动“一体四翼”发展总体布局落地实施十大方面的重点工作措施，为浙江高质量实现共同富裕示范区提供有力支撑。2021年7月，浙江省人民政府与国网公司经友好协商，达成《“一体四翼”助力高质量发展建设共同富裕示范区战略合作备忘录》，进一步明确工作分工，为浙江实现共同富裕提供电力示范。

国网浙江电力以支撑共同富裕示范区创建为己任，制订《多元融合高弹性电网全面支撑服务浙江共同富裕示范区建设的实施方案》，明确保障电力供应安全、打造均衡电网示范、构建新型电力系统、优化供电营商环境、深挖能源数据价值、创建电力惠民富农示范、建立电力共建共享机制、健全能源电力市场体系、促进能源清洁高效利用、加速电力产业升级十大方面重点工作和36条重点举措。充分发挥国网浙江电力能源互联网形态下多元融合高弹性电网优势，全面支撑服务浙江共同富裕示范区建设。

新型电力系统是共同富裕的重要组成，为共同富裕提供“基础、均衡、普惠”支撑（为美好生活提供坚实基础，为区域城乡均衡提供电力驱动，为普惠发展提供新途径）。共同富裕是构建新型电力系统的强劲推力，共同富裕赋予新型电力系统建设更高、更大、更强的“使命、格局、能量”（共富目标要求赋予更高使命，共富示范建设赋予更高格局，共富政策机制赋予更强能量）。浙江新型电力系统建设和高质量发展建设共同富裕示范区关系示意图如图 2-2 所示。

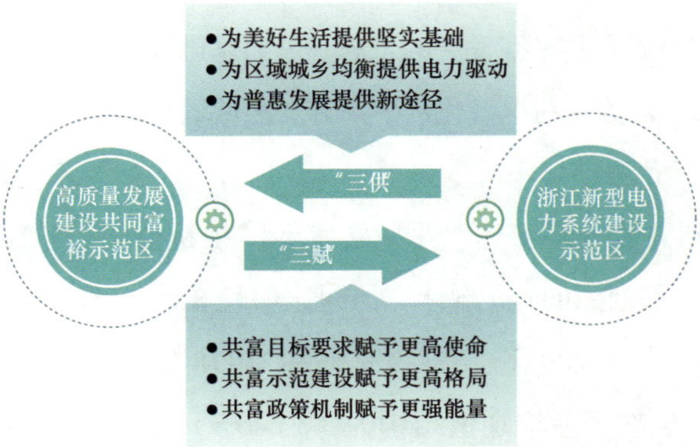

图 2-2 浙江新型电力系统建设和高质量发展建设共同富裕示范区关系示意图

2.2 浙江新型电力系统建设基础

2.2.1 环境基础

浙江省生态环境系统坚定不移践行“绿水青山就是金山银山”理念，以数字化改革为总牵引，以提升良好环境普惠度，推进形成全域共富大美格局为主线，全力推进生态环境保护和美丽浙江建设，生态环境公众满意度连续 10 年上升。同时，浙江省政府贯彻落实党中央、国务院关于“碳达峰、碳中和”战略决策部署，推动浙江省“碳达峰、碳中和”工作落到实处、走在前列。2021 年，浙江能源消费总量达 2.66 亿 t 标准煤[1]，能源消费比上年增长 8%；电力消费总量达 5514 亿 kWh，电力消费同比增长 14.17%。电力紧密联系工业、建筑、交通等行业，实现“碳达峰、碳中和”，能源是主战场、电力是主力军、碳电协同是着力点。

2.2.2 社会基础

浙江行政效率、社会治理、市场化程度和信息技术水平都居国内领先地位，具备建设新型电力系统省级示范区的社会基础。根据城乡一体化住户调查，浙江

---

[1] 如无特别说明，本书所采用的浙江省相关信息数据均源自浙江政府正式文件、统计报告以及国网浙江电力各部门（单位）、市（县、区）供电公司正式文件、研究实践等相关资料。

省 2021 年全体及城乡居民人均可支配收入分别为 57541、68487 元和 35247 元，实际同比增长 8.2%、7.6% 和 8.9%；居民人均生活消费支出 36668 元，实际同比增长 15.5%。由此可见，随着浙江居民收入水平的不断提升，对美好生活的需求度更高，凸显了与城乡不平衡发展的矛盾。电力基础设施作为城乡基础设施均衡发展的重要部分，需为乡村电气化水平提升及区域城乡均衡提供电力驱动。

2.2.3 经济基础

浙江省达到高收入经济体水平，数字经济领跑全国。2021 年浙江省生产总值为 73516 亿元，按可比价格计算，同比增长 8.5%。分产业看，第一、二、三产业增加值分别为 2209 亿、31189 亿元和 40118 亿元，同比分别增长 2.2%、10.2% 和 7.6%，三次产业增加值结构为 3.3 : 40.8 : 55.9。人均地区生产总值为 113032 元（按年平均汇率折算为 17520 美元），同比增长 7.1%。浙江以占全国 1% 的土地、4% 的人口、4% 的二氧化碳排放量，创造了 6% 的国内生产总值。全年以新产业、新业态、新模式为主要特征的“三新”经济增加值预计占国内生产总值的 27.8%，在战略性新兴产业中，新一代信息技术、新能源、生物、节能环保产业增加值分别增长 18.7%、20.4%、14.4% 和 13.7%。

2.2.4 技术基础

1. 能源电力方面

浙江省是“能源消费大省、资源禀赋小省”，化石能源匮乏，外来电占比高，新能源资源有限，核电、抽水蓄能资源丰富。化石能源方面，煤炭资源储量几乎为 0，依靠外省调入；石油全部依靠进口和外省调入；天然气依靠外省调入和东海天然气开发输送。外来电方面，2021 年最大外购电力 3578 万 kW，外购电量 1767 亿 kWh，分别占全省最高负荷及用电量的 35.7%、32.0%。新能源资源方面，2021 年，风光总装机容量 2206 万 kW，占比 20.3%，电量占比 4.8%。其中，光伏装机 1842 万 kW，占比 17%，已成为仅次于煤电的第二大电源，但光伏发电量仅占 3.7%。光伏属于三类资源区，年有效利用小时数不到 1000h，以分布式为主，不具备建设大量集中式电站的条件；陆上风电受土地资源约束，不具备大规模发展能力，海上风电具备较大开发潜力，远景规模 1800 万 kW。核电、抽水蓄能资源方面，沿海核电站址资源丰富，储备规模达 4408

万 kW，抽水蓄能已投及在建 1518 万 kW，储备站点共 41 处，装机容量 4740 万 kW。依据浙江资源禀赋与发展实际，应坚持风、光新能源应发尽发，同时加快核电、抽水蓄能等清洁能源开发，保障“双碳”形势下的清洁电量和调节能力。

2. 电网建设方面

浙江电网作为典型受端电网，外来电负荷占比超 35%，特高压强直弱交混联运行，新能源大规模并网，新型用能设施大量接入，电网形态越来越复杂。浙江电网在全国率先推进以多元融合高弹性电网为核心载体的省域能源互联网建设实践，以电网弹性提升带动源网荷储四侧发力，唤醒海量沉睡资源，推动源网荷储协调互动，促进安全效率协同提升，先进理念、首创成果和领先实践为浙江构建新型电力系统积累了有利条件。截至 2021 年，浙江电网已基本建成以“两交两直”特高压为核心，以“东西互供、南北贯通”的 500kV 双环网为骨干，以沿海电源群为支撑的坚强主网架，2021 年浙江省主网架示意图如图 2-3 所示。

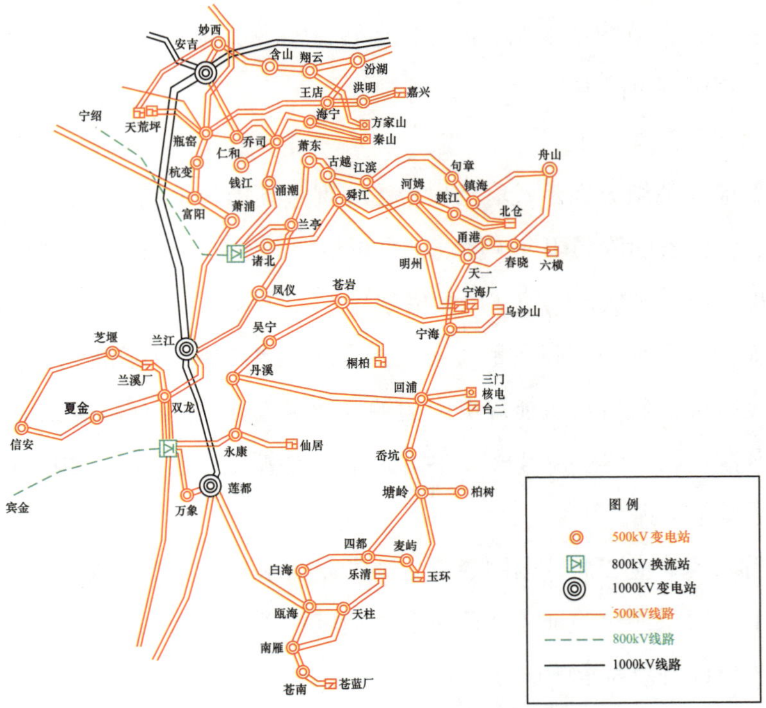

图 2-3 2021 年浙江省主网架示意图

220kV 电网正逐步实现分层分区，110kV 及以下电网实现完全分层分区运行。电网规模超过英国、法国、德国等发达国家，服务人口超过 5800 万，能源资源优化配置能力显著增强。

3. 电力消费方面

2021 年，浙江省经济发展的韧性和活力持续显现，用电需求保持较快增长，全年全社会最高负荷、全社会用电量同比分别增长 8.1%、14.2%，分别达到 1.002 亿、5514 亿 kWh，已超过英国、法国、德国等发达国家的规模，电能占终端能源消费比重达 36% 左右，较全国平均水平高 9 个百分点。由于经济结构调整、居民生活水平提升及气温影响，浙江年负荷曲线呈现“两峰”“两谷”特征，峰谷差逐年扩大，2021 年最大峰谷差率超过 43%，荷侧调节能力达 701 万 kW（其中需求侧响应能力 501 万 kW，为最大负荷的 5%）。为应对复杂供需形势、电力供应不足的电力平衡问题，深挖负荷资源，建立需求响应和日前、小时级、分钟级、秒级等多时间尺度资源池，并通过数字化平台，对海量负荷资源进行分地区 / 供区 / 主变压器的动态聚合与分层控制，推动负荷调控业务的精细化、流程化运转，实现负荷资源调用“一键响应”，提升负荷资源调节能力。

2.2.5 政策基础

在新能源消纳方面，政府已出台诸多促进新能源消纳措施，浙江省发展改革委、浙江省能源局印发《浙江省可再生能源发展“十四五”规划》，提出大力发展风电、光伏，实施“风光倍增计划”，更好发挥以抽水蓄能为主的水电调节作用，因地制宜高质量发展生物质能、地热能、海洋能等。浙江省能源局印发《浙江省可再生能源电力消纳保障实施方案》（征求意见稿），建立绿电积分制，纳入“双控考核”，保障可再生能源电力消纳，为构建新型电力系统给予政策支撑。

在需求侧响应方面，国网浙江电力发布需求响应标准建设计划，重点开展需求响应效果测量验证、负荷聚合商响应技术、空调系统终端技术标准研究，逐步形成省级需求响应标准体系；并在《关于开展 2020 年度电力需求响应工作的通知》（浙发改能源〔2020〕221 号）中引入市场化竞价机制，鼓励储能设施等负荷量大的用户和负荷集成商参与电力需求响应，实现电力削峰填谷，促进可再生能源消纳，进一步加快源网荷储友好互动系统建设。

在电力交易方面，浙江省落实国家相关文件精神，结合浙江省实际情况，先后印发《关于电价调整有关事项的通知》《关于浙江电网2020—2022年输配电价和销售电价有关事项的通知》及《关于进一步完善我省分时电价政策有关事项的通知》等电价相关政策，落实国家输配电价政策，扩大市场交易电量，为企业减负降本，与周边省市的电价差距进一步缩小。构建省内统调电源全电量参与的集中式市场模式，创新实践电能与辅助服务联合优化出清机制，实现调频和电能成本效益的最优化，在国内率先引入“负电价”，有效拉大峰谷价差，引导和激励各类灵活资源参与系统调节。国家及浙江省主要电力交易政策明细表如表2-1所示。

表2-1 国家及浙江省主要电力交易政策明细表

序号	名称	发文机关	发文字号	发文时间
1	关于进一步深化电力体制改革的若干意见	中共中央、国务院	中发〔2015〕9号	2015/3/15
2	关于开展电力现货市场建设试点工作的通知	国家发展改革委、国家能源局	发改办能源〔2017〕1453号	2017/8/28
3	关于电价调整有关事项的通知	浙江省发展改革委	浙发改价格〔2019〕527号	2019/12/31
4	关于印发《电力中长期交易基本规则》的通知	国家发展改革委、国家能源局	发改能源规〔2020〕889号	2020/6/10
5	关于浙江电网2020—2022年输配电价和销售电价有关事项的通知	浙江省发展改革委	浙发改价格〔2020〕364号	2020/11/23
6	关于进一步做好电力现货市场建设试点工作的通知	国家发展改革委、国家能源局	发改办体改〔2021〕339号	2021/4/26

续表

序号	名称	发文机关	发文字号	发文时间
7	关于做好2021年浙江省绿色电力市场化交易相关工作的通知	浙江省发展改革委、浙江省能源局	浙发改能源函〔2021〕616号	2021/8/19
8	关于进一步完善我省分时电价政策有关事项的通知	浙江省发展改革委	浙发改价格〔2021〕341号	2021/9/14
9	关于印发《浙江售电市场履约管理实施细则（试行）》的通知	浙江电力交易中心有限公司	浙电交易市场〔2021〕33号	2021/9/29
10	关于进一步深化燃煤发电上网电价市场化改革的通知	国家发展改革委	发改价格〔2021〕1439号	2021/10/11
11	关于调整我省目录销售电价有关事项的通知	浙江省发展改革委	浙发改价格〔2021〕377号	2021/10/22
12	关于组织开展电网企业代理购电工作有关事项的通知	国家发展改革委	发改办价格〔2021〕809号	2021/10/25
13	浙江省电力中长期规则（2021年修订版）	浙江省发展改革委、浙江能源监管办、浙江省能源局	浙发改能源〔2021〕427号	2021/12/17

2.2.6 数字化基础

国网浙江电力贯彻“一平台、一大脑、八大系统、两入口”架构思想，广泛应用“大云物移智链”新技术，全面提升信息平台承载能力和业务应用水平，消除专业壁垒，以数据融通提升企业数据价值应用，支撑电网创新发展、企业高效运作。率先启动“云化、中台化、服务化”技术路线探索，推进传统IT架构向云化升级，实现公司信息架构更新换代，形成大数据云计算一体化的企业级技术架构体系，全面支撑电网数字化能力提升；大力推进“大云物移智链”等新技术与电网深度融合应用，率先探索电网资源中台、项目中台、财务中台等业务中台建设，有效赋能公司提质增效和业务创新发展，数字化水平始终保持国网系统领先水平；践行“人民电业为人民”企业宗旨，以客户为中心，以创新为驱动，丰富交互渠道，深化“一网通办”，推动电力客户、供应商“最多跑一次”，全面压减办电环节、接电时间，提高业务交互时效，优化电力营商环境，推进服务渠道融合，提升客户需求洞察能力；积极推动传统产业优化升级，大力发展新兴产业，催生新技术、新产品、新业态、新模式，培育新增长点，推进“大云物移智链”新技术与电网深度融合应用，以技术驱动业务变革，数字化特征已初步显现。

2.3 浙江新型电力系统建设形势及挑战

2.3.1 面临形势

（1）国际国内存变局谋新局，电力电价保供稳字当头。当前全球地缘政治紧张、博弈加剧，我国油气资源的对外依存度达 73% 和 45%，能源稀缺性更加凸显。全国保供形势严峻，省外清洁能源惜售明显，导致外购电的来源、交易、价格等不确定性增大。浙江省 2022 年电力最大缺口 650 万 ~750 万 kW，全年“保中有限、限中带保”。同时，要警惕经济、疫情等因素引起的小概率、超越认知、不可预见事件，防范演变成危害保供的大概率、潜伏期长、危险系数大事件，要坚决维护“稳”的环境，实现电力安全保供。

（2）“双碳”加速供需双侧挤压，系统调节能力亟须提升。从供给侧结构变革来看，煤电传统电源增长受限，新能源占比显著提升，风光的随机性、波动性对调节能力提出挑战。从需求侧产业结构来看，落后产能向中高端转换，第三产业电量持续增加，峰谷差持续增大。受益于多元融合高弹性电网建设，系统调节能力已显著提升，但“十四五”期间依然趋紧。“双碳”目标将加速供需不匹配矛盾，应着眼点滴持续提升调节能力，确保系统安全稳定高效运行。

（3）输配电价核价趋严趋紧，投资经营矛盾日趋突出。国家发展改革委持续打造“规则细化 + 信息透明 + 常态监审”的监管体系，采用“集中报送、集中审核、集中验证”的方式开展成本监审，明确要压缩电网信息不对称优势和省级层面自由裁量权，国网浙江电力面临的外部监管形势趋严趋紧。同时，新型电力系统建设投资需求刚性增长，但市场电价未能充分反映电力的安全和绿色价值，亟须完善市场体制机制，争取适应新型电力系统建设要求的输配电价水平。

（4）数字化改革注入新动力，电能碳协同带来新机遇。在中央全面深化改革委员会第二十五次会议上强调要加强数字政府建设，把数字技术广泛应用于政府管理服务。浙江省委、省政府积极响应，在全省部署数字化改革，统筹推动经济社会发展和治理能力的效率变革、质量变革。在改革驱动下，电能碳协同发展对新型电力系统建设提出了数字化、智慧化、网络化的新要求，将推动能源大数据中心接入数据的量变到质变、系统建设的质变到跃变。

2.3.2 存在问题及挑战

2.3.2.1 两个不确定性问题

新能源一般指非水可再生能源和非常规能源，现阶段主要是风、光等新能源。浙江地区风光资源质量和空间条件有限，点多面广分散，“大装机小电量”特征显著。随着“亿级电网”时代的到来，浙江新能源和外来电的不确定性进一步凸显。其中，风、光等新能源发电“靠天吃饭”，随机性强，无法稳定保障能源供给；外购电的来源、供给、交易、价格等不稳定，省外清洁能源“惜售”明显，争取外购电难度增加。电力保供与限用交织成为新常态，能源电力安全可靠、清洁低碳、经济高效的“三元矛盾”更加突出。面对浙江省电网高比例清洁能源、高比例外来电、高峰谷差率“三高”风险和新能源顶峰能力低、外来电调节能力低、气电保障能力低“三低”问题，亟待探索一条资源匮乏的大受端电网建设新型电力系统的发展道路。

2.3.2.2 四大挑战

浙江能源电力发展始终聚焦“绿色低碳、安全可靠、经济高效”三重目标，既要保障能源安全可靠供应，又要推动绿色低碳发展和降低用能成本，由此带来了大规模清洁能源挖掘与接纳、灵活互动资源聚合与调控、电网主动防御与融合发展、消费侧低碳转型与发展四大挑战。

1. 大规模清洁能源挖掘与接纳

在“双碳”背景下，煤电发展受限，对于资源匮乏的浙江，无法实现内部自平衡，因此浙江省需要拓展电源渠道，满足大受端电网的供需平衡。长远来看，浙江的本地大电源、远方来电、身边来电将逐步形成“1∶1∶1”的供电格局，进而衍生出“大规模清洁能源从哪里来？”“电网如何承载与疏散大规模电源？”“新能源如何消纳与主动支撑？”三大问题。电网作为新型电力系统的枢纽平台，需以规划强控本地电源，以机制保障稳定远方来电，以技术突破增加身边来电，强化做好电力电量和调峰的三个平衡，深化多元融合高弹性电网建设，实现系统调节能力的本质提升，汇聚各方资源力量，共同实现浙江省电力的安全可靠供应，建成新能源就地消纳和主动支撑的省级示范区。

2. 灵活互动资源聚合与调控

随着分布式新能源大规模开发，电网将向灵活互动方式演进，配电网形态有源化，运行控制模式面临新变革。储能、微电网、虚拟电厂等新型负荷侧可控资源快速发展，配电网由传统单向供电向双向潮流变化、区域自治演进，电网运行感知、调节控制、故障自愈、调度管理等方面将发生深刻变化。如何扩大灵活互动资源规模、灵活互动资源如何有效调用、互动成本如何有效疏导三大问题逐渐凸显。电网需将可中断负荷、需求响应、电力市场、电力电价改革多项工作协同发力，提升常态化、市场化、精细化的用电管理水平，推进以抽水蓄能和新型储能为代表的储能建设，同时持续深入提升负荷侧灵活互动调节能力，实现电力系统由“源随荷动”向“源荷互动”转变，建成提升电网弹性应对两个不确定性的省级示范区。

3. 电网主动防御与融合发展

新型电力系统背景下，面对高度有源化转变，配电网的形态将迎来极大变革，逐步向广域互联的蜂巢状有源配电网转变。亟须探索如何实现微电网与配电网融合和大电网如何提升防御能力两大问题的解决路径。电网需以泛在微电网、柔性组网和广域互联为结构特征，以先进信息通信技术和深度覆盖的智能化设备为依托，加强电网和设备的运行状态感知、二次系统适应、智能分析和数据服务等数字化支撑能力，通过深化多元融合高弹性电网建设，实现将传统电网由单向逐级输配电，向交直流电网混联、大电网与微电网并存的能源互联网转变，在省内逐步形成以“强交强直”特高压为骨干网架、各电压等级协调发展的电网格局。为分布式新能源即插即用、能源分层分区消纳、源网荷储互动调节创造条件，建成源网荷储统筹协调一体化发展的省级示范区。

4. 消费侧低碳转型与发展

在实现“碳达峰、碳中和”目标过程中，国网浙江电力树立“能效是第一能源”“节约的能源是最清洁的能源”理念，致力于从“供电服务”向“供电 + 能效服务”延伸，引导全社会从“控能”转向“控碳”，将重心从“降价”转向“降量”，不断优化“如何有效提升消费侧能源利用效率”“数字化如何助力‘双碳’目标实现”“全社会清洁低碳转型路径如何走”三大问题解决途径。电网需以柔性精细市场化方式努力提升全社会能效水平，构建多能、多要素能源综合利用场景，推进能源领域高效智治；坚持“强化顶层设计，鼓励基层创新；注重先进实用，不搞大拆大建；统一数字底座，促进共建共享”的数字化牵引基本原则，推进消费侧能源“吃干榨尽”，实现消费侧精准提效。倡导节约用电、高效用电、用绿色电，提升能效和碳排调控能力，助力电力系统调节能力的提升，建成大受端清洁低碳转型可持续发展的省级示范区。

2.4 浙江新型电力系统建设思路

2.4.1 发展定位

国网浙江电力以“走在前、作示范，争当国网公司排头兵、服务浙江先行官、能源革命引领者，打造具有中国特色国际领先的能源互联网企业的示范窗口”战略目标为统领，以“红船精神、电力传承”深化党的建设为引领，以数字化牵引改革创新为动能，加快建设新型电力系统省级示范区，推动传统电力系统向新型电力系统转型，构建能源利用新形态；加快“一体四翼”发展布局高质量落地实施，推动传统电网企业向能源互联网企业转型，构建能源发展新业态。国网浙江电力战略目标落地体系框架图如图 2–4 所示。

图 2–4 国网浙江电力战略目标落地体系框架图

国网浙江电力将围绕“一业为主”，打造新型电力系统省级示范区。把握目标方向，保持高标追求，建立标准，建成标杆；把握保供主题，彰显政治担当，压实责任、提升能效、全社会共建；把握主要矛盾，提升调节能力，政策赋能、丰富储能、科学用能、坚决节能、电源合力、电网弹力、数字活力、创新动力；把握特色优势，突出数字牵引，补强感知、打破壁垒、全要素融合，分段实现可观可测、可控可用。

2.4.2 发展特征

结合浙江省资源禀赋和电网发展实际，电力系统结构需不断演进，源荷双侧的量变将带来系统性质变，催生全局性跃变，推动形成浙江新型电力系统，呈现“六化”发展特征，浙江新型电力系统“六化”发展特征图如图 2-5 所示。

图 2-5 浙江新型电力系统“六化”发展特征图

1. 零碳电源主力化

装机由化石电源占主导向水、核、风、光等零碳电源主导转变，主体电源出力由连续可控向强不确定性、弱可控转变，新能源将逐步演变为装机主体、出力主体、电力供应主体。

2. 电网形态多元化

电网由单一的工频交流组网向灵活的交直流混合组网演进，由单向逐级向多元双向结构演进，大电网和微电网实现深层次融合发展；由单一供电网络向以电为中心的能源互联网转变，电力的核心枢纽作用将更加显著。

3. 系统运行柔性化

灵活可控资源将得到充分应用，电网由同步机为主导的系统向由电力电子设备和同步机共同主导的混合系统转变，电力由源随荷动的实时平衡向大规模储能与灵活互动资源参与的时空互补互济转变，运行由大电网一体化控制模式向大电网与微电网协同控制模式转变。

4. 生产消费一体化

电源和负荷的界限将更加模糊，电力产消者作为一种新主体，大规模参与系统运行，终端负荷向具有灵活互动能力的“主动型”转变，电能消费将由刚性需求向高弹性柔性需求转变。

5. 发输配用数字化

数据作为核心生产要素的基础作用将充分体现，发输配用全链条实现全息感知和协同控制，形成高度数字化、智能化的运行决策体系和平台化、共享化的价值实现体系，支撑系统安全经济运行。

6. 碳电市场协同化

电力市场、用能市场和碳市场将融合发展，形成适应高比例新能源发展的碳电协同市场模式，电力的商品价值、安全价值、绿色价值将充分体现，以价格作为纽带发挥市场在资源优化配置中的决定性作用，实现系统安全经济、高效低碳运行。

2.4.3 建设思路

随着“亿级负荷”时代的到来，浙江电网面临的大规模外来电和新能源“两个不确定性”问题凸显，新型电力系统建设过程中源网荷储各方面挑战愈发严峻，究其症结即为系统的电力调节、能效和碳排调控能力的提升问题。浙江新型电力系统建设需发挥数字化牵引作用，在源网荷储各环节和全社会协同的基础上，提升源网荷储四侧调节能力，解决“两个不确定性”问题，实现资源匮乏型大受端电网安全保供目标。

浙江省新型电力系统建设思路为“一个主题、两大使命、三重目标、四大挑战、四个示范、一个关键路径和核心载体”，如图 2-6 所示。即围绕“探索新能源资源匮乏的大受端电网建设新型电力系统的发展道路”一个主题，秉承“支撑浙江共同富裕示范区创建，引领高质量实现‘碳达峰、碳中和’目标”两大使命，聚焦“绿色低碳、安全可靠、经济高效”三重目标，应对大规模清洁能源挖掘与接纳、灵活互动资源聚合与调控、电网主动防御与融合发展、消费侧低碳转型与发展四大挑战，创建新能源就地消纳和主动支撑的省级示范、源网荷储统筹协调一体化发展的省级示范、电网弹性提升应对两个不确定性的省级示范、大受端清洁低碳转型和可持续发展的省级示范四个省级示范区，以多元融合高弹性电网为关键路径和核心载体。

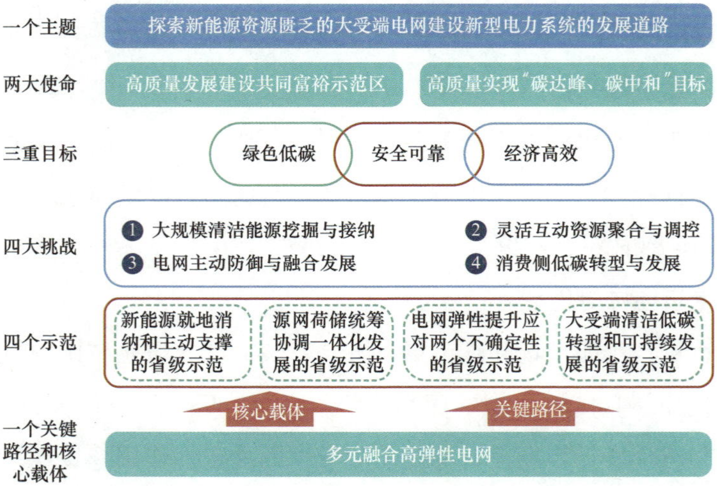

图 2-6　浙江新型电力系统建设思路示意图

3　浙江新型电力系统顶层设计

浙江省是典型的大受端电网，聚焦浙江电网大规模外来电和新能源的“两个不确定性”，提出以“唤醒的资源是最优质的资源、节约的能源是最清洁的能源、节省的投资是最高效的投资”三个理念为理论指引，以多元融合高弹性电网为关键路径和核心载体，构建“四梁八柱”[1]框架设计体系、“四能四力”[2]建设实施体系、“四个示范”一体推进体系和“三大指数”[3]科学评价体系，以系统调节能力提升作为破题要旨，发挥数字化牵引作用，系统化、最大化、最优化解决大规模新能源和高比例外来电的不确定性问题，推动新型电力系统省级示范区建设，实现“清洁低碳、安全可靠、经济高效”三重目标。浙江新型电力系统建设框架图如图 3–1 所示。

3.1 “三个理念”理论指引

为应对能源电力发展挑战，国网浙江电力在长期实践中形成能源电力发展的三个理念，如图 3–2 所示。

---

❶ “四梁八柱”：“四梁”指源、网、荷、储四个电力系统核心环节，是多元融合的物理基础；“八柱”指的是为“四梁”赋能的八方面业务功能，是实现高弹性的支撑体系。

❷ “四能四力”：政策赋能、丰富储能、科学用能、坚决节能、电源合力、电网弹力、数字活力、创新动力。

❸ “三大指数”：低碳效能指数、弹性调节指数、数智互联指数。

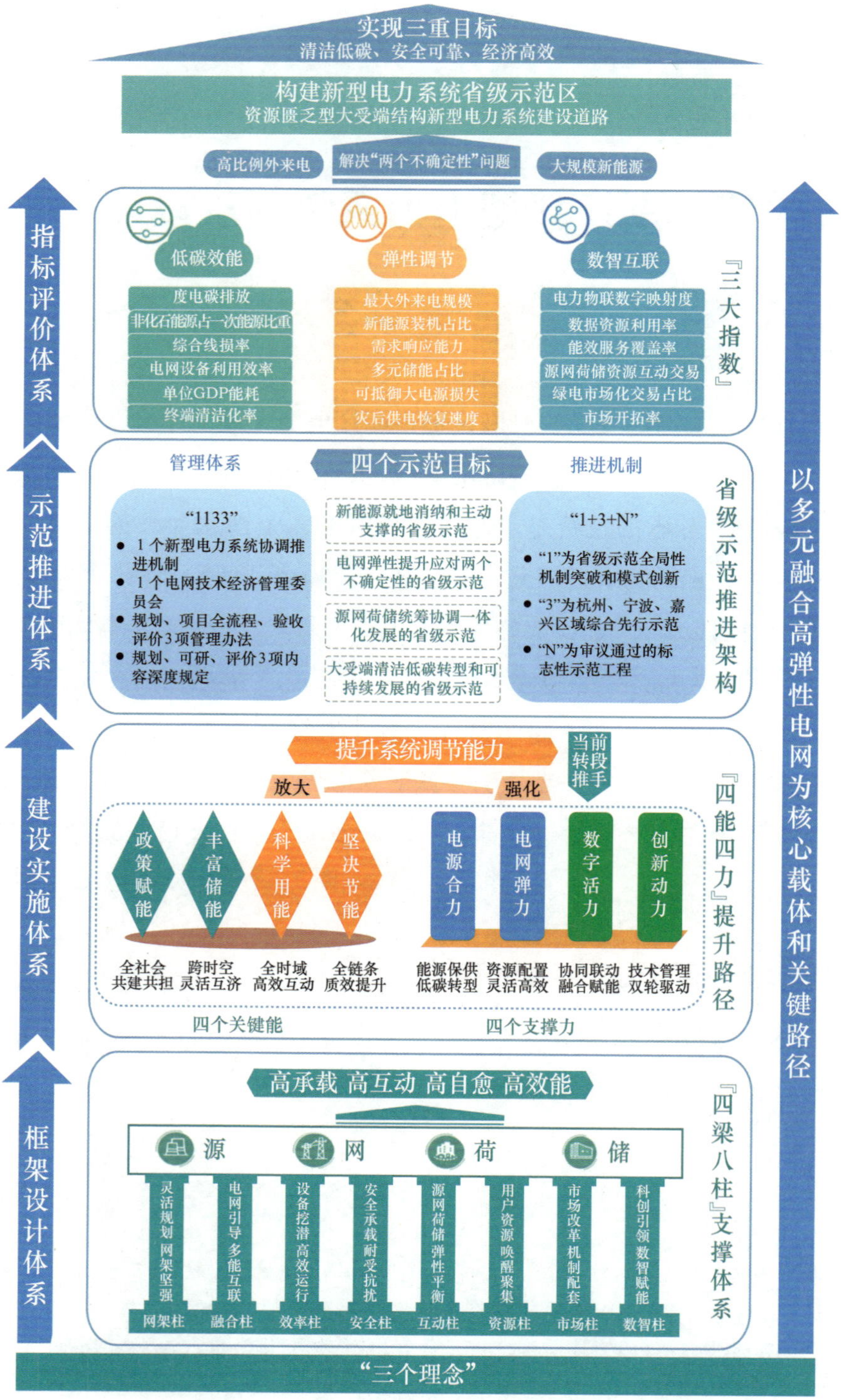

图 3-1 浙江新型电力系统建设框架图

1. 节约的能源是最清洁的能源

以提高能效水平促清洁低碳发展。运用“大云物移智链”先进技术赋能电网，在提高电网安全水平的同时大幅提升电网运行效率。利用电网能源供应枢纽和能源服务平台作用，推进能源由精细开发向精细使用转变，推动能源互补转型，大幅提升全社会综合能效水平。

2. 节省的投资是最高效的投资

以提升辅助服务能力促精准高效投资。突破传统电网设计和机械平衡理念，推动电网发展由满足负荷平衡的刚性投资向提升电网辅助服务水平、满足电量增长的柔性投资转变。

3. 唤醒的资源是最优质的资源

以唤醒资源促提质增效。实施用户参与电网调节的“百万用户、百万千瓦”行动，唤醒可中断负荷资源，提升电网运营效率效益。助力地方提升营商环境，吸纳社会投资，共同降低获得电力成本并纳入电网有效资产。

图 3-2 浙江新型电力系统建设三个理念示意图

3.2 “多元融合高弹性电网”核心载体

框架设计体系方面，以“四梁八柱”体系支撑多元融合高弹性电网建设，持续提升电网高承载、高互动、高自愈、高效能的“四高”能力，实现大规模新能源主体化新格局、多元主体融合发展新生态、自主防御和动态平衡新体系、高质量“碳达峰、碳中和”新目标。

“四梁八柱”中网架柱的关键是规划建设资源承载和配置的电网基础；融合柱的关键是发挥能源配置平台的作用，引导能源系统向能源互联网演进；安全柱的关键是保障电网高承载状态下的安全稳定运行并拓展极端灾害的防御范围；效率柱的关键是动态提升电网运行的限额和极限，降低冗余；资源柱的关键是发掘聚合源网荷储各侧资源，形成资源储备；互动柱的关键是实现各类资源的集群、聚合、协同，实现友好互动；市场柱的关键是建立市场机制，疏导资源建设和运营的成本；数智柱的关键是以数字化、智能化创新赋能业务拓展。

3.3 “四个示范”目标蓝图

浙江面对大规模清洁能源挖掘与接纳、灵活互动资源聚合与调控、电网主动防御与融合发展、消费侧低碳转型与发展四大挑战。以问题为导向，探索新能源资源匮乏的大受端电网建设新型电力系统的发展道路，以高承载实现大规模新能源主体化新格局，创建新能源就地消纳和主动支撑的省级示范；以高互动实现多元主体融合发展新形态，创建源网荷储统筹协调一体化发展的省级示范；以高自愈实现自主防御和动态平衡新体系，创建电网弹性提升应对两个不确定性的省级示范；以高效能实现高质量“碳达峰、碳中和”新目标，创建大受端清洁低碳转型和可持续发展的省级示范。浙江新型电力系统建设“四个示范”目标蓝图如图 3-3 所示。

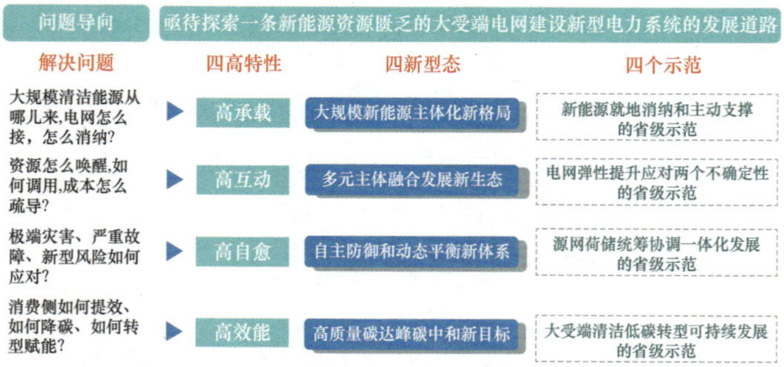

图 3-3 浙江新型电力系统建设“四个示范”目标蓝图

浙江新型电力系统建设四个省级示范将通过“个十百千”的建设体系一体推进，实现一个框架体系统领全局、十大特色示范和十大专项行动率先突破、百个县级样板覆盖全域、千个应用场景发挥效用，率先形成一系列覆盖全业务、全层级、全场景，可复制、可推广的典型经验、典型案例。四个省级示范建设路线图如图 3-4~ 图 3-7 所示。

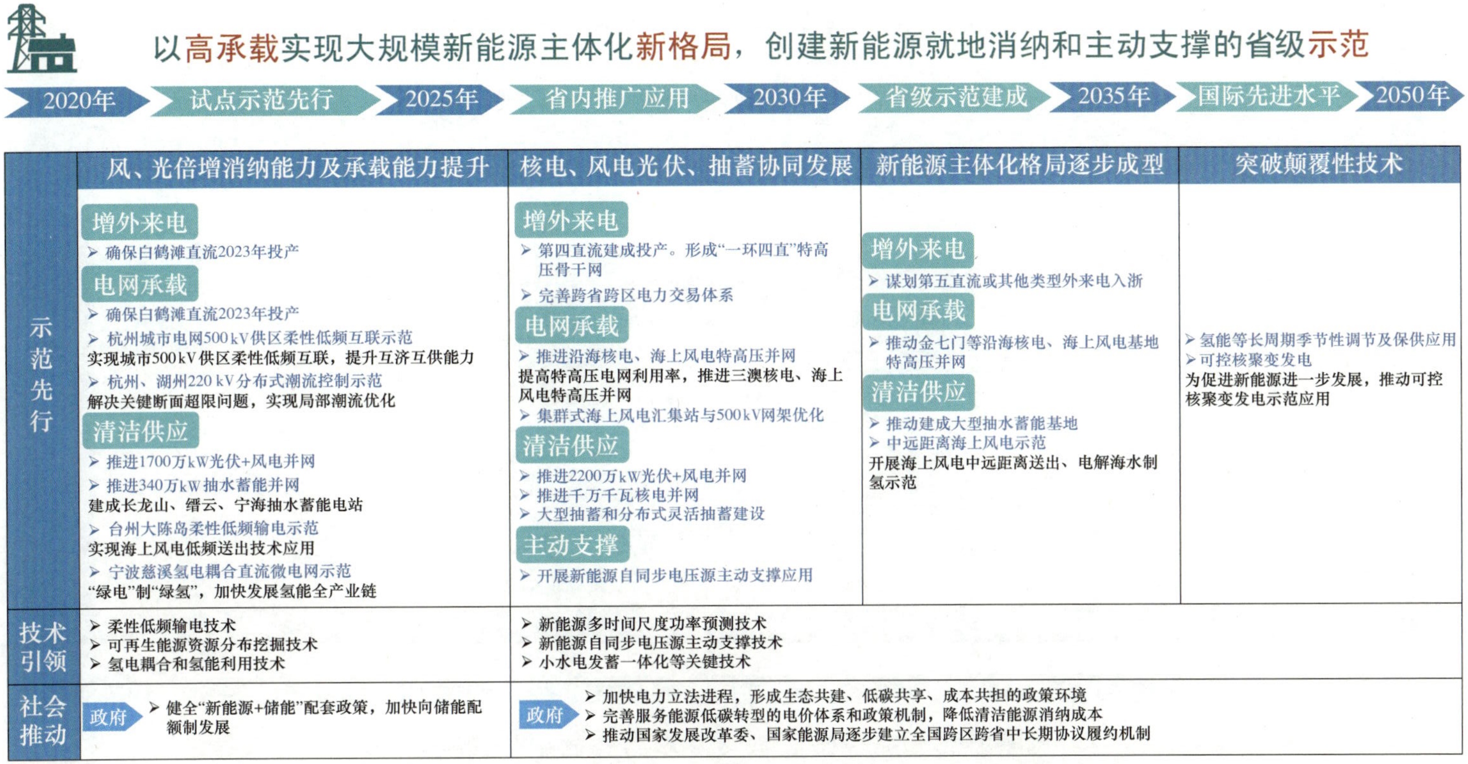

图 3-4 新能源就地消纳和主动支撑的省级示范建设路线图

以高互动实现多元主体融合发展新生态，创建源网荷储统筹协调一体化发展的省级示范

2020年 → 试点示范先行 → 2025年 → 省内推广应用 → 2030年 → 省级示范建成 → 2035年 → 国际先进水平 → 2050年

	源网荷储聚合互动	进一步扩大源网荷储互动规模	源网荷储互动新型调度和市场建设	源网荷储深度互动示范应用
示范先行	**聚合资源** ➢ 源：嘉兴海宁分布式光伏群控群调示范 充分聚合分布式电源，提升新能源消纳水平 ➢ 网：金华微能源网集群多元灵活资源省地县三级协同控 ➢ 制示范 实现微能源网间优势互补协同优化运行 ➢ 荷：可调节、可中断负荷资源池建设示范 ➢ 全省可调节负荷资源池建设，支撑需求响应 ➢ 全省可中断负荷资源池建设　支撑稳定运行 ➢ 金华“商贸+物流”网荷互融示范 ➢ 储：20万kW级新型储能电站及商业模式示范 为推动新型储能发展，在宁波、温州、金华等选取站点开展20万kW级新型储能示范，实现配额制及商业模式示范 **调度运行** ➢ 宁波、金华新一代调度运行体系示范 ➢ 丽水虚拟电厂应用示范 **市场机制** ➢ 推进1700万kW光伏+风电并网	**聚合资源** ➢ 全省互动资源池拓展建设 扩大全省可调节、秒级可中断负荷资源池，需求响应能力达到最大负荷10% 全省新型储能规达到500万kW ➢ 全电动车时代车联网友好交互示范 **调度运行** ➢ 全省新型调度运行体系基本建成 实现源网荷储资源“有效聚合、分层控制、多级协同” **市场机制** ➢ 适应新型电力系统电力市场基本形成 实现源网荷储互动交易电力规模占全省最大负荷8%以上，形成机制成熟、清洁低碳的新型市场体系	**聚合资源** ➢ 全省互动资源池深化建设 打造千瓦千瓦级可调节、秒级可中断负荷资源池，需求响应能力达到最大负荷15% 全省新型储能规达到千万千瓦 **调度运行** ➢ 全省新型调度运行体系全面建成 **市场机制** ➢ 适应新能源为主体的浙江特殊电力市场全面建成 实现源网荷储互动交易电力规模占全省最大负荷10%以上，建成开放灵活、绿色共享的浙江特色电力市场	➢ 能源互联网新型多元互动深度实用 开展源网荷储多元主体深度互动示范应用，形成成熟的能源互联网商业模式、市场体系、治理结构
技术引领	➢ 分布式光伏群调群控技术 ➢ 大受端电网和微电网协调规划技术 ➢ 高互动微网集群协同控制技术	➢ 碳电协同智慧调度技术 ➢ 需求侧资源参与电力市场机制研究 ➢ 海量电动汽车高效整合与互动相应技术		
社会推动	政府 ➢ 建立核电参与调峰机制和政策 ➢ 完善储能商业运营模式和应用场景，合理疏导储能成本 ➢ 出台新能源、天然气、储能、需求侧相应资源的政策制度与电价机制	政府 ➢ 出台支持储能参与的电力现货市场和辅助服务市场机制		

图 3-5　源网荷储统筹协调一体化发展的省级示范建设路线图

以高自愈实现自主防御和动态平衡新体系，创建电网弹性提升应对两个不确定性的省级示范

2020年 → 试点示范先行 → 2025年 → 省内推广应用 → 2030年 → 省级示范建成 → 2035年 → 国际先进水平 → 2050年

	提高电网应对极端、严重、新型风险能力	多场景推广应用	构建坚强可靠防御体系	电网安全、信息安全达到国际先进水平
示范先行	**极端灾害** ➢ 浙江沿海开展防台减灾示范 建立评价体系，实现电网差异化提升，提升应急恢复能力 ➢ 温州永嘉极端灾害下山区分布式自愈电网示范 利用丰富小水电，实现灾后电网稳定运行，提高电网自愈能力 **严重故障** ➢ 适应大规模直流受入，新能源并网的全电磁仿真应用 ➢ 宁波天一变电站短路电流柔性抑制示范 研发首台首套快速开关和快速控制保护装置，解决短路电流超标问题 **清洁供应** ➢ 嘉兴海宁尖山电力源网荷储一体化示范 实现高可靠供电和高比例分布式新能源渗透 ➢ 杭州萧山零碳亚运城市级新型电力系统示范 开展中低压交直流混合电网的区域保护控制系统建设、城市能源与碳流数字化管控等，提高电网自愈水平和支持零碳亚运落地	**极端灾害** ➢ 极端灾害下自愈电网建设多场景推广 灵活自愈配电网推广至山区、沿海、岛屿多场景应用，在衢州开展共同富裕山区电网建设示范，在舟山开展海岛电网建设示范 **严重故障** ➢ 攻克低惯量和高比例电力电子系统稳定控制技术 ➢ 短路电流柔性抑制等新技术、新设备推广 **新型风险** ➢ "量子"电力全场景综合示范 基于量子通信和量子加密技术，解决分布式电源调控和无线公网安全防护问题，打造有源配电网自动化建设样板	➢ 构建适应新型电力系统的电网防御体系 加强全局感知提前预防的主动防御，强化电网"三道防线"适应性建设，保障系统的安全稳定运行	➢ 适应以新能源+核电作为电力电量供应主体的大受端新型电力系统防御体系
技术引领	➢ 极端情况下安全防御体系构建技术 ➢ 短路电流柔性抑制技术 ➢ 新型配电网拓扑与柔性控制技术 ➢ "电力+5G"技术	➢ 适应低惯量和高比例电力电子系统的安全防御和稳定控制技术		
社会推动	政府 ➢ 建立城市能源供应大安全观，配套新型城市安全响应机制	政府 ➢ 建立极端灾害预防和灾后各领域协同恢复机制		

图 3–6 电网弹性提升应对两个不确定性的省级示范建设路线图

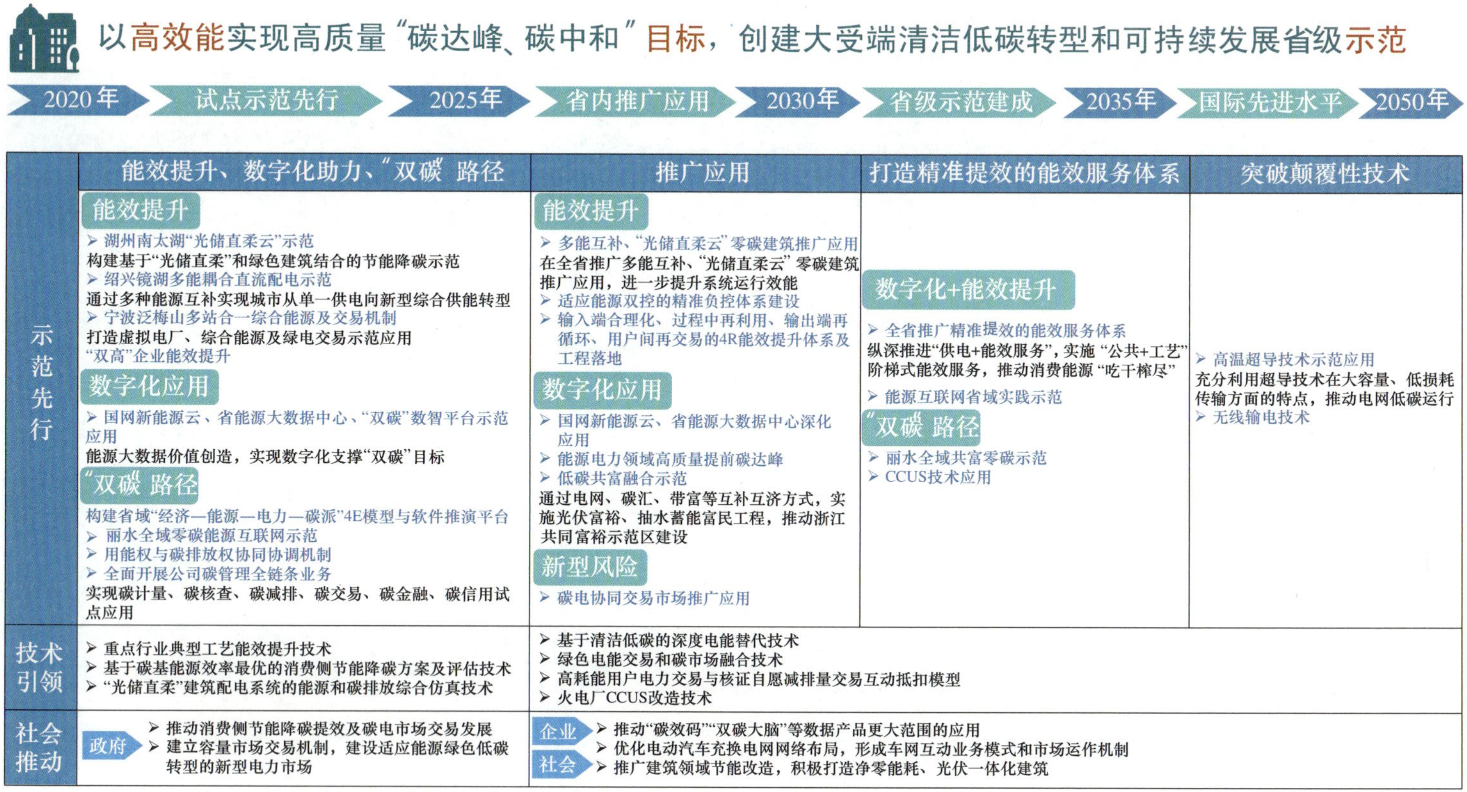

图 3-7　大受端清洁低碳转型和可持续发展省级示范建设路线图

（1）以高承载实现大规模新能源主体化新格局，创建新能源就地消纳和主动支撑的省级示范。

1）2020~2025 年试点示范先行阶段，重点提升风、光倍增消纳能力及承载能力，突破柔性低频输电技术、可再生能源资源分布挖掘技术、氢电耦合和氢能利用技术，推动政府健全“新能源 + 储能”配套政策，加快向储能配额制发展。

2）2025~2050 年突破新能源多时间尺度功率预测技术、新能源自同步电压源主动支撑技术、小水电发蓄一体化等关键技术，推动政府加快电力立法进程，形成生态共建、低碳共享、成本共担的政策环境，完善服务能源低碳转型的电价体系和政策机制，疏导清洁能源消纳成本，推动国家发展改革委、国家能源局逐步建立全国跨区跨省中长期协议履约机制。其中，2025~2030 年省内推广应用阶段，重点促进核电、风电光伏、抽水蓄能协同发展；2030~2035 年省级示范建成阶段，新能源主体化格局逐步成型；2035~2050 年国际先进水平阶段，突破颠覆性技术。

（2）以高互动实现多元主体融合发展新生态，创建源网荷储统筹协调一体化发展的省级示范。

1）2020~2025 年试点示范先行阶段，重点提升源网荷储聚合互动，突破分布式光伏群调群控技术、大受端电网和微电网协调规划技术、高互动微网集群协同控制技术。推动政府建立核电参与调峰机制和政策，完善储能商业运营模式和应用场景，合理疏导储能成本，出台新能源、天然气、储能、需求侧响应资源的政策制度与电价机制。

2）2025~2050 年突破碳电协同智慧调度技术、需求侧资源参与电力市场机制研究、海量电动汽车高效整合与互动响应技术，推动出台支持储能参与的电力现货市场和辅助服务市场机制。其中，2025~2030 年省内推广应用阶段，进一步扩大源网荷储互动规模；2030~2035 年省级示范建成阶段，建设源网荷储互动新型调度和市场；2035~2050 年国际先进水平阶段，示范应用源网荷储深度互动。

（3）以高自愈实现自主防御和动态平衡新体系，创建电网弹性提升应对两个不确定性的省级示范。

1）2020~2025 年试点示范先行阶段，提高电网应对极端、严重、新型风险能力，突破极端情况下安全防御体系构建技术、短路电流柔性抑制技术、新型配电网拓扑与柔性控制技术、“电力 +5G”技术，推动政府建立城市能源供应大安全观，配套新型城市安全响应机制。

2）2025~2050 年突破适应低惯量和高比例电力电子系统的安全防御和稳定控制技术，推动政府建立极端灾害预防和灾后各领域协同恢复机制。其中，2025~2030 年省内推广应用阶段，多场景推广应用；2030~2035 年省级示范建成阶段，构建坚强可靠防御体系；2035~2050 年国际先进水平阶段，电网安全、信息安全达到国际先进水平。

（4）以高效能实现高质量“碳达峰、碳中和”新目标，创建大受端清洁低碳转型和可持续发展省级示范。

1）2020~2025 年试点示范先行阶段，重点示范能效提升、数字化助力、“双碳”路径，突破重点行业典型工艺能效提升技术、基于碳基能源效率最优的消费侧节能降碳方案及评估技术、“光储直柔云”零碳建筑配电系统的能源和碳排放综合仿真技术，推动政府消费侧节能降碳提效及碳电市场交易发展，建立容量市场交易机制，建设适应能源绿色低碳转型的新型电力市场。

2）2025~2050 年突破基于清洁低碳的深度电能替代技术、绿色电力交易和碳市场融合技术、高耗能用户电力交易与核证自愿减排量交易互动抵扣模型、火电厂二氧化碳捕集封存改造技术，推动企业和社会更大范围应用“碳效码”“双碳大脑”等数据产品、优化电动汽车充换电网络布局，形成车网互动业务模式和市场运作机制、推广建筑领域节能改造，积极打造净零能耗、光伏一体化建筑。其中，2025~2030 年省内推广应用阶段，重点推广应用；2030~2035 年省级示范建成阶段，打造精准提效的能效服务体系；2035~2050 年国际先进水平阶段，突破颠覆性技术。

3.4 “四能四力”建设实施体系

建设实施体系方面，以数字化牵引实现新型电力系统核心特征数智全映射，强化顶层设计促进能源结构优化、强化精准互动满足多元用能需求、强化数据驱动赋能电网生产运营、强化共建共享服务政府和行业治理，推动能源利用形态达到新维度、新高度，始终保持省级示范区“走在前、做示范”的优势。

放大四个关键“能”。建立健全刚柔并济的政策和市场机制，构建全社会共建共担的政策赋能。提速抽水蓄能规模化发展、推动多元化成本疏导，构建跨时空灵活互联的丰富储能。实现灵活资源营调一体化模式，构建全时域实战实效的科学用能。助企纾困开拓能效市场化服务，构建全链条质效提升的坚决节能。

强化四个支撑“力”。发挥火电基础保障、核电中长期主力、风光水主动支撑作用，形成能源保供低碳转型的电源合力。推动主配微协同发展、提升设备承载水平，形成资源配置灵活高效的电网弹力。深耕“电—能—碳”协同发展、打造能源大数据“中央厨房”，形成协同联动融合赋能的数字活力。强化首台首套核心技术攻关和首面首域经营管理突破，形成技术管理“双轮驱动”的创新动力。

3.5 “三大指数”科学评价体系

指标评价体系方面，通过构建新型电力系统低碳效能指数、弹性调节指数、数智互联指数“三大指数”评价体系，描绘未来新型电力系统发展形态，直观呈现相对发展水平，为示范落地提供科学抓手。

2020 年 12 月 11 日，《国网浙江省电力有限公司关于印发能源互联网形态下多元融合高弹性电网指标体系的通知》（浙电发展〔2020〕805 号）（简称 805 号文），正式发布了能源互联网形态下多元融合高弹性电网指标体系，即弹性、效能、互联三大指数和 42 项指标。新型电力系统指数构建，充分继承和借鉴高弹性电网三大指数的核心内容，并在此基础上进行三个方面的优化提升。

（1）优化三大指数，凸显电力系统更高站位。立足多元融合高弹性电网关键路径和核心载体的定位，进一步统筹考虑能源电力清洁低碳、灵活调节、数智互联的全行业发展需求，将高弹性电网三大指数弹性、效能、互联，进一步扩展到低碳效能指数、弹性调节指数和数智互联指数。

（2）调整指数分类，响应新阶段新要求。聚焦当前调节能力提升、数字化牵引、体制机制突破等新发展阶段的新要求，将高弹性电网三大指数的12个分类，优化调整为清洁供给、低碳消费、高效配置、静态承载、灵活调节、动态自愈、数智赋能和市场融通8个分类。

（3）精简指标构成，明确指数体系定位。高弹性电网指数定位为呈现高弹性电网发展理念和成效水平、描绘未来电网发展的全景蓝图、树立电网相对发展水平的重要标尺，因此系统性、全面性设置配电自动化率、供电可靠率、党组织覆盖率等过程性指标。新型电力系统指数定位为对外发布并向社会展示全省新型电力系统建设的总体成效，不需对具体工作进行全面评价，应重点体现清洁低碳、数智赋能、灵活调节等内容，因此需对高弹性电网指标进行精简和补充，梳理形成新型电力系统评价指标。

3.6 机制保障一体推进体系

示范推进体系方面，围绕新能源就地消纳和主动支撑、源网荷储统筹协调一体化发展、电网弹性提升应对两个不确定性、大受端清洁低碳转型和可持续发展四个省级示范目标，落实“1+3+N”示范工程推进机制，构建新型电力系统建设“1133”管理体系，助力示范项目落地见效。

3.6.1 “1133”管理体系

为贯彻落实国网公司新型电力系统建设的总体部署，国网浙江电力先行先试，创新构建新型电力系统建设“1133”管理体系。加强新型电力系统工作统筹能力，整合资源协调解决重大问题，加快示范项目落地见效，推动省级示范区建设取得实质领先，全力打造新型电力系统省域实践的先行地、实验地、示范地。

“1”个协调推进机制统筹全局。建立新型电力系统协调推进机制，设立新型电力系统综合协调组和发展规划、设备运行、调度控制、节能提效、电价体系、市场机制、科技创新、数字赋能、宣传交流9个专项工作组，强化统筹推进能力，发挥各专项工作组专业优势，分组推进示范工程。

“1”个专家委员会提供决策支撑。组建新型电力系统专家委员会，对新型电力系统的建设方向、关键技术、机制创新等提供专家咨询和评估意见，为科学决策提供技术支撑。

“3”个管理办法实现有章可循。创新制订新型电力系统规划、可研和评价 3 项管理办法，建立和完善闭环管理制度，指导各地市顺畅推进示范建设。

“3”个内容深度规定指导落地实践。创新制订新型电力系统规划、可研和评价内容深度规定 3 项标准规范，加强合规管理，提升工作质效。

3.6.2 “1+3+N”示范工程推进机制

为了推动浙江新型电力系统省级示范区建设实质领先，公司制订“1+3+N”的示范工程推进机制。“1”为省级示范区要突破的全局性机制和模式创新；“3”为杭州、宁波、嘉兴三个区域性综合性先行示范；“N”为浙江新型电力系统标志性示范工程。

1. 省级示范区要突破的全局性机制和模式创新

2021 年 12 月底，国网浙江电力在新型电力系统省级示范区建设方案中明确了建设目标、建设思路、推进体系和重点任务等。

2. 杭州、宁波、嘉兴三个区域性综合性先行示范

（1）杭州总体建设思路为实施“365”体系，即突出“三大杭州特色”、打造“六个主阵地”、实现“五全综合示范”，领先建设新型电力系统省级示范区主阵地，杭州新型电力系统示范区建设思路示意图如图 3-8 所示。

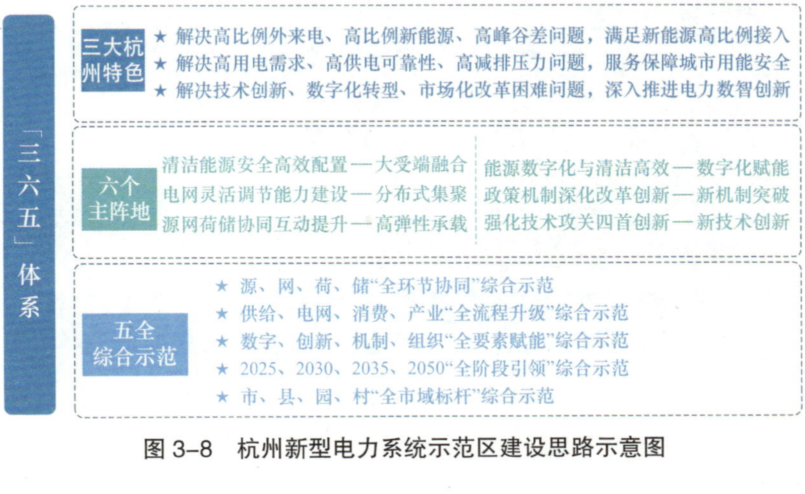

图 3-8 杭州新型电力系统示范区建设思路示意图

“三大杭州特色”：解决高比例外来电、高比例新能源、高峰谷差问题，满足新能源高比例接入；解决高用电需求、高供电可靠性、高减排压力问题，服务保障城市用能安全；解决技术创新、数字化转型、市场化改革困难问题，深入推进电力数智创新。

“六个主阵地”：推进清洁能源安全高效配置提升行动，打造“大受端融合”主阵地；推进电网灵活调节能力规划建设行动，打造“分布式集聚”主阵地；推进源网荷储协同互动能力提升行动，打造“高弹性承载”主阵地；推进能源数字化与清洁高效化行动，打造“数字化赋能”主阵地；推进政策机制深化改革与创新行动，打造“新机制突破”主阵地；强化技术攻关四首创新，打造“新技术创新”主阵地。

“五全综合示范”：源、网、荷、储“全环节协同”综合示范；供给、电网、消费、产业“全流程升级”综合示范；数字、创新、机制、组织“全要素赋能”综合示范；2025 年、2030 年、2035 年、2050 年“全阶段引领”综合示范；市、县、园、村“全域标杆”综合示范。

（2）宁波总体建设思路为“聚焦一个目标，紧扣三条主线，打造十大工程，创建百个项目”，打造新型电力系统省级示范的“战区”“特区”，宁波新型电力系统示范区建设思路示意图如图 3–9 所示。

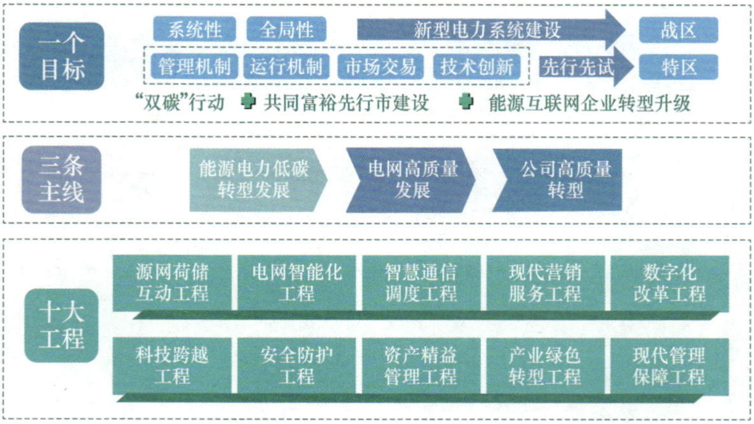

图 3–9　宁波新型电力系统示范区建设思路示意图

"一个目标"：以高质量系统性、全局性推进新型电力系统建设为目标（战区），在管理机制、运行机制、市场交易、技术创新等方面先行先试（特区），助力"双碳"行动、服务共同富裕先行市建设和能源互联网企业转型升级。

"三条主线"：服务能源电力低碳转型发展、电网高质量发展、公司高质量转型。

"十大工程"：围绕宁波地域特色、电网特点和公司高质量发展要求，打造源网荷储互动、电网智能化、智慧通信调度、现代营销服务、数字化改革、科技跨越、安全防护、资产精益管理、产业绿色转型、现代管理保障十大工程。

（3）嘉兴总体建设思路以"三个实际问题"为出发点，以"三个阶段、提高三方面能力"为着力点，以"十八项重点工作、八个区域示范"为落脚点，打造长三角一体化核心区枢纽新型电力系统综合示范区，嘉兴新型电力系统示范区建设思路示意图如图 3-10 所示。

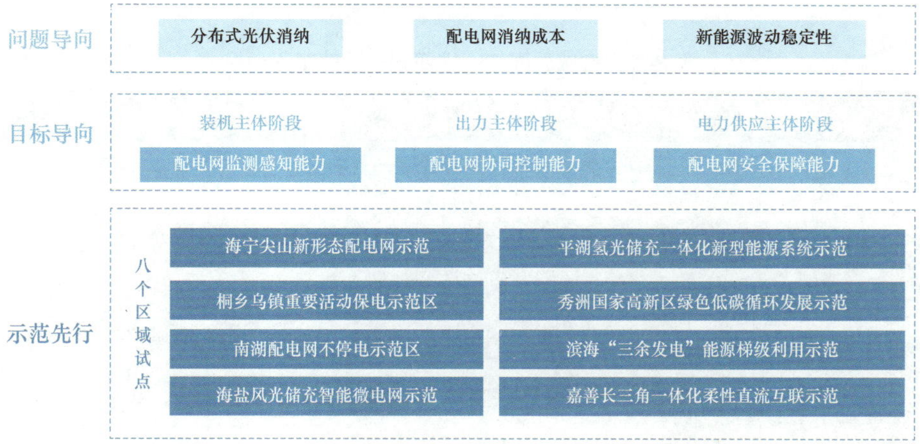

图 3-10　嘉兴新型电力系统示范区建设思路示意图

坚持问题导向：从解决新型电力系统背景下嘉兴分布式光伏大规模发展带来的并网接入、高效消纳和电网安全三个实际问题出发，促进配电网提高承载能力、降低消纳成本、增强安全可靠性。

坚持目标导向：针对新能源发展的装机、出力、电力供应三个不同主体阶段，推动配电网观测感知、协同控制和安全保障三方面能力升级。

坚持示范先行：立足区域发展优势、特色和实际需求，打造海宁尖山新形态配电网、平湖氢光储充一体化新型能源系统、桐乡乌镇重要活动保电、秀洲国家高新区绿色低碳循环发展、南湖配电网不停电、滨海“三余发电”能源梯级利用、海盐风光储充智能微电网、嘉善长三角一体化柔性直流互联八个县（区）试点示范工程。

3. 浙江新型电力系统标志性示范工程

国网浙江电力锚定新型电力系统建设“四个示范”目标蓝图，构建浙江新型电力系统“一端四强、八景八图”示范格局。

省域层面，立足一个大受端电网动态平衡与主动支撑典型示范定位，统筹布局“四强”示范实景。以“系统强支撑”“设备强承载”确保外来电受得进、散得开，以“能源强汇集”“水电强调节”实现新能源送得出、用得好，系统性破解“两个不确定性”问题，打造“一端四强”大电网发展典范。省域层面“一端四强”示范工程项目如表 3-1 所示。

表 3-1　省域层面“一端四强”示范工程项目

示范项目	关键技术	示范工程
系统强支撑：湾区负荷中心多直流安全馈入	多馈入系统安全稳定评估	特高压交流环网工程
	送受端曲线优化	
	交直流混联电网协调规划	
	多馈入直流动态无功优化	柔性励磁调相机工程
设备强承载：稠密电网发展路径与高承载设备应用	稠密电网发展路径与演化	特高压高阻变压器设备工程
	特高压高阻抗变压器应用	
	550kV 高遮断开关应用	550kV 高遮断开关工程
能源强汇集：千万千瓦级新能源基地送出	新能源主动支撑与并网技术	浙东南 500kV 新能源汇集站工程
	千万千瓦级新能源送出规划	
	500kV 新能源汇集站设计	
	远海风电中频不控整流技术	远海风电中频不控整流送出工程

续表

示范项目	关键技术	示范工程
水电强调节：水利水电可调节资源多形态发展	常规水电增机扩容潜力评估	混合式抽水蓄能工程
	中小型抽水蓄能布局规划	
	流域可再生能源一体化发展模式	
	抽水蓄能差异化发展与运用策略	

全域层面，融合地域特色、资源特性和电网特质，精心构建全域示范“八景八图”。立足典型区域资源禀赋和数字化基础，通过安全低碳城市景、绿能共富山区景、电碳协同云上景、电力看碳数据景建设，形成电力低碳转型风景；唤醒灵活资源提升系统调节能力，通过山海源荷互济景、有源新型配网景、微网平衡控制景、多能直流耦合景建设，展现源网荷储协同风景；贯穿新能源送出、消纳、存储、结算等关键环节，通过风电柔性送出图、绿电安全消纳图、氢电高效耦合图、绿电数智结算图建设，绘制新能源高质量发展蓝图；聚焦电网技术创新和业务智能化应用，通过跨区柔性互联图、县域智能源动图、数智运维站所图、数智巡检线路图建设，擘画电网高质量发展蓝图。全域层面“八景八图”示范工程项目如表 3–2 所示。

表 3–2 全域层面“八景八图”示范工程项目

省级示范目标	项目名称	内容概括	类别
大受端清洁低碳转型和可持续发展的省级示范	杭州泛亚运城市级低碳新型电力系统综合示范	安全低碳城市景	电力低碳转型风景
	丽水全域绿色共富新型电力系统示范	绿能共富山区景	
	国网新能源云电碳协同浙江湖州示范	电碳协同云上景	
	电力看“双碳”大数据应用示范	电力看碳数据景	
源网荷储统筹协调一体化发展的省级示范	宁波能源电力低碳转型先行综合示范	山海源荷互济景	源网荷储协同风景
	嘉兴海宁面向高比例分布式资源的新型配电网综合示范	有源新型配网景	
	金华微网集群省地县三级协同控制示范	微网平衡控制景	
	绍兴镜湖多能耦合直流配电示范	多能直流耦合景	

续表

省级示范目标	项目名称	内容概括	类别
新能源就地消纳和主动支撑的省级示范	台州大陈岛柔性低频输电示范	风电柔性送出图	新能源高质量发展蓝图
	台州新能源消纳与稳控示范工程	绿电安全消纳图	
	宁波慈溪氢电耦合直流微网示范	氢电高效耦合图	
	“双碳”目标下可再生能源结算数智化转型实践	绿电数智结算图	
电网弹性提升应对“两个不确定性”的省级示范	杭州城市电网 500kV 供区柔性低频互联示范	跨区柔性互联图	电网高质量发展蓝图
	新昌山城——智能“源”动示范	县域智能源动图	
	数字化特高压站示范	数智运维站所图	
	输电专业“立体巡检＋集中监控”示范	数智巡检线路图	

4 浙江多元融合高弹性电网建设成果

新型电力系统建设是一项开创性工程、战略性任务。在没有现成经验可以借鉴的情况下，国网浙江电力坚持系统观念、创新思维，用两年多时间进行了前瞻研究、统筹设计、探索实践多元融合高弹性电网，在方向上、行动上完全契合新型电力系统建设要求，对新型电力系统的理解和认识已从物理系统、技术系统逐步迭代到能源安全、经济社会高质量发展体系。本章主要介绍浙江省多元融合高弹性电网建设框架体系、主要实践成果及已取得的阶段性成效。

4.1 多元融合高弹性电网内涵及支撑体系

4.1.1 多元融合高弹性电网内涵

多元融合高弹性电网是浙江新型电力系统建设的核心载体和关键路径，是海量资源被唤醒、源网荷储全交互、安全效率双提升的电网，具有高承载、高互动、高自愈、高效能四大核心能力，可实现保障能源安全、推动低碳发展、降低用能成本的“三重目标”，推动构建新型电力系统，引领浙江高质量实现碳达峰。多元融合高弹性电网内涵图如图 4–1 所示。

（1）定位方面。多元融合高弹性电网是个“继往开来”的系统，是在坚强智能电网基础上的升级转型，是新型电力系统建设的核心载体。

（2）要素方面。

1）沉睡的资源既包括负荷侧没有被调动的资源，如需求响应负荷，以及秒级、分钟级可中断负荷，也包括源侧、网侧资源，例如外来电参与省内调峰、电源侧的储能配置及互补潜力、电网设备的动态容量释放等。还包括如综合能源梯级利用等未来新业务。海量一方面指上述资源深度深、体量大；另一方面是指系统调节手段从传统的依靠少量大型机组集中式调节转变为依靠海量广域分散式的调节资源的集群响应。

2）柔性指的是源、网、荷、储“即插即用”方式的柔性，电网动态定容和动态运行方式优化的运行柔性，对用户开展无感响应的控制柔性，推动新能源按照比例配置储能设施的政策柔性。互动指网与源、网与荷、源与荷，以及大电网与微网、能源网，均处在互动过程中。

3）安全效率双提升是资源充分唤醒、各环节充分互动的结果，通过灵活资源“两库”（储备库及应用场景库）建设、优化引导电源布局、源网荷储友好互动支撑平台建设、动态增容、推动市场改革机制配套及政策落地等调动手段实现双提升。

（3）能力方面。高承载是指网架足够坚强，可以承载高比例外来电、高比例清洁能源消纳、高比例电力电子设备入网；高互动是指“源随荷动”“网随荷动”变为四侧互动，激发负荷侧响应力和储能调节能力；高自愈是指运行上灵活应对风险，快速修复故障，坚强抵御冲击；高效能是指设备运行效率大幅提升，投资有效益，建设有价值，在资源共同参与下，提升全社会综合能效。

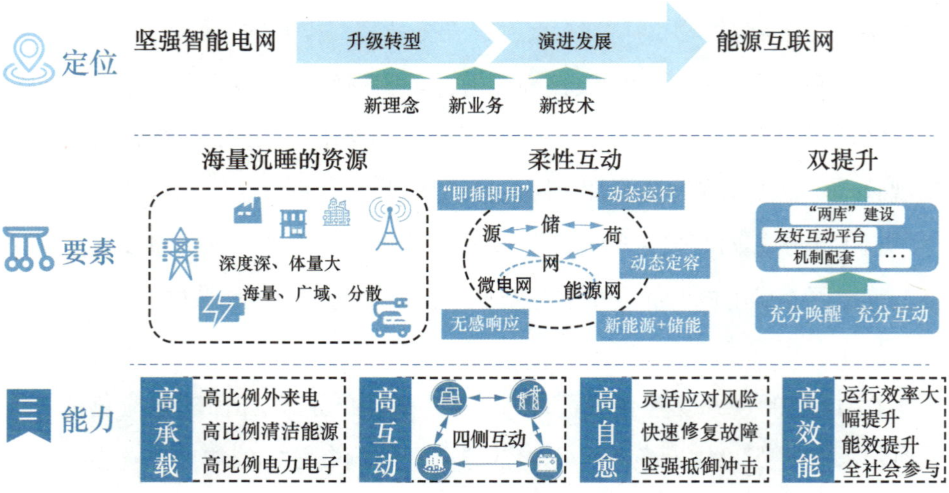

图 4-1 多元融合高弹性电网内涵图

4.1.2 “四梁八柱”支撑体系

源、网、荷、储四个电力系统核心环节，是构建新型电力系统的客观需要，是多元融合的物理基础，构成高弹性电网建设的“四梁”。通过源源互补、源网协调、网荷互动、网储互动和源荷互动等多种交互形式，更经济、高效和安全地提高电力系统调节能力。

从传统电网规划建设、生产运行、营销用户、市场交易和信息科技五个主要业务出发，贯彻高质量发展理念，形成基础提升的网架柱、安全柱、资源柱、市场柱和数智柱；结合演进、效率、互动等新要求，拓展延伸形成融合柱、效率柱、互动柱，共同构成为“四梁”赋能的“八柱”，是实现高弹性的支撑体系，“八柱”业务架构演进示意图如图 4-2 所示。

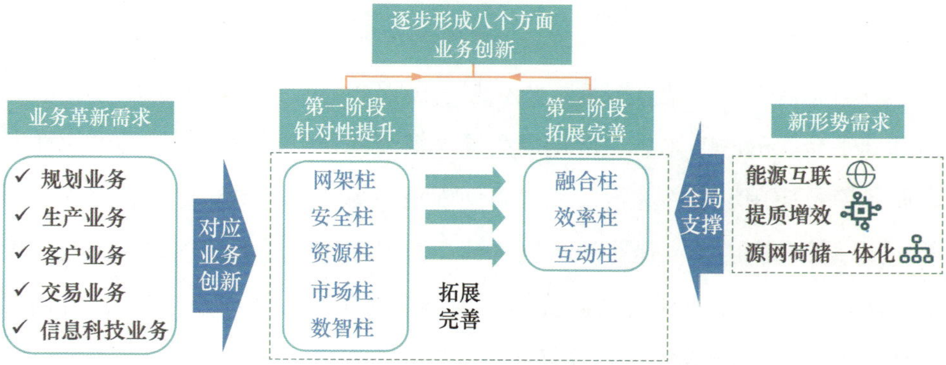

图 4-2 “八柱”业务架构演进示意图

网架柱实现清洁能源占比及电力电子设备占比“双高”情境下的广域资源安全灵活配置；融合柱推进源网荷储四侧“即插即用”全覆盖，实现多种能源优势互补；效率柱释放规划、设计、运行、用电环节的交叉裕度，推动系统降冗余促安全；安全柱促进“三道防线”整体升级，加强自主防御和自愈恢复能力，实现安全效率双提升；资源柱以多层级负荷聚合调动资源优势，促进需求侧分布式资源双向互动；互动柱移峰填谷缩小峰谷差，推进电力平衡转变为电力电量平衡统筹兼顾；市场柱形成规则保障，激发互动活力，促进价值实现；数智柱推动两化融合，依托科技进步为电网发展注入强大动能。浙江多元融合高弹性电网支撑体系框架图如图 4-3 所示。

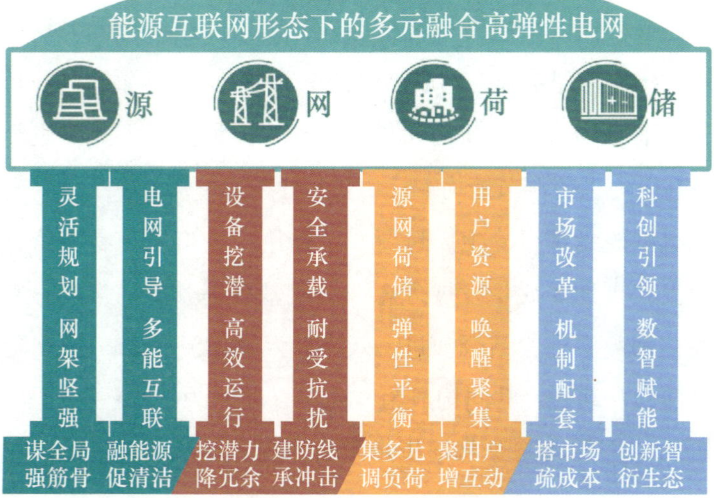

图 4–3 浙江多元融合高弹性电网支撑体系框架图

（1）灵活规划网架坚强旨在谋全局、强筋骨。贯彻“以电为中心、电网为基础平台”的战略思想，从全局统筹谋划高弹性电网发展。开展灵活性资源储备库及应用场景库建设，加快弹性规划平衡技术及差异化容载比动态调整应用。推动省内特高压交流环网构建，开展配电网灵活性规划与交互式规划。构建全景式高弹性电网评价体系，建立效能提升红利全环节共享机制，从规划源头提高电网灵活高效调节能力。

（2）电网引导多能互联旨在融能源、促清洁。发挥电网配置能源资源核心平台的作用，引导优化电源布局，推动源、网、荷多方主体参与储能建设，保障清洁能源消纳，适应高弹性电网建设需要。推广全景式即插即用系统化应用，提升设备接口动态投切能力。运用互联网思维多方引流，探索能源互联网新业态，拓展能源互联网新技术示范应用，促进电网向清洁低碳高效的能源互联网演进，提升全社会能效。

（3）设备挖潜运行高效旨在挖潜力、降冗余。以挖掘设备潜力、挤掉运行冗余、提升运行效率为目标，创新管理理念，利用多元感知和灵活调控等技术，开展设备动态增容、断面限额在线计算、短路电流柔性抑制、潮流柔性控制、网络重构优化、配电网降损增效等应用，实时评估设备载流能力，提升电网动态运行极限，减少电网空充设备，改善电网潮流分布。

（4）安全承载耐受抗扰旨在建防线、承冲击。以增强电网抗扰能力、加快故障自愈、提升系统安全水平为目标，完善高弹性电网安全理论，扩展防御理念，强化“三道防线”，建立电网主动解列控制与快速恢复控制新防线，建设电网动态运行极限综合防御系统，确保电网在低冗余、高承载状态下安全稳定运行，实现安全效率双提升。

（5）源网荷储弹性平衡旨在集多元、调负荷。打造源网荷储友好互动系统平台，依托各类资源的集群、聚合、协同关键技术，提升电网资源汇聚和协调控制能力，推动调度模式由传统的“源随荷动”向“源荷互动”的新模式转变，实现电网安全、新能源消纳、效率效益新的平衡。

（6）用户资源唤醒集聚旨在聚用户、增互动。唤醒负荷侧海量沉睡资源，引导用户用电行为，聚合互动潜力、谋划互动收益，广泛拓展参与电力市场的可控负荷类型和规模，发挥市场机制在唤醒多类型互动资源的基础性作用，激活市场活力，培育负荷聚集商，以强交互能力支撑电网弹性。

（7）市场改革机制配套旨在搭市场、疏成本。完善市场机制，提高机制适用性，建立各类电源、可中断负荷、储能参与现货和辅助服务市场的框架体系、准入规则、交易策略、价格机制，推动优化政策环境配套，合理疏导灵活性资源建设和运营成本。

（8）科创引领数智赋能旨在创新智、衍生态。通过科技进步为电网发展注入新动能，助推“大云物移智链”信息技术在电力系统广泛深度应用，与先进能源电力技术融合发展，带动电网升级，智能终端全覆盖，电网状态全感知，云平台和中台支撑多元智慧应用，电力大数据价值得到发挥，推动系统运行管理呈现数字化、可视化、智慧化的特点。

4.2 典型实践成果

多元融合高弹性电网建设以“节约的能源是最清洁的能源、节省的投资是最高效的投资、唤醒的资源是最优质的资源”三个理念为指引，破解能源安全可靠、清洁低碳、经济高效“三元矛盾”。通过“四梁八柱”支撑，贯通源、网、荷、储四个核心环节，实现网架、融合、安全、效率、资源、互动、市场、数智等八方面业务创新，通过“八柱”的研究建设为“四梁”赋能。

4.2.1 网架柱谋全局强筋骨

国网浙江电力着力构建高弹性电网坚强骨架，加快构建省内特高压交流环网；依托特高压骨干网架，优化区域电网结构，形成全省电力流特高压调节为主、区域性调节为辅的新格局；尝试采用多供区柔性互联技术，提高电网调节灵活性。重塑高弹性电网规划标准，按照高弹性电网建设新要求，结合 GB 38755—2019《电力系统安全稳定导则》的变化，修订《浙江电网规划设计技术原则》；充分考虑多元负荷、新能源与电网互动融合发展要求，加强规划设计的广度和深度。拓展配电网规划灵活性、互动性，利用智能配电网大数据，开展基于平滑用户负荷特性的网格划分与网架构建，深化配电网统筹规划辅助决策功能开发。

4.2.1.1 多元融合高弹性电网发展指数指标体系

为了直观呈现多元融合高弹性电网发展理念和成效水平，形象描绘未来电网发展的全景蓝图，树立不同国家地区之间电网相对发展水平的重要标尺，秉持“三个理念”，按照“分两步走，实现两个率先”的要求，坚持“目标导向、问题导向、结果导向”的指导原则，创新提出“多元融合高弹性电网发展指数”指标体系。

多元融合高弹性电网发展指数指标体系由弹性指数（Resilience）、效能指数（Efficiency）、互联指数（Interconnection）三个维度的结果性指标和 42 项省级指标、21 项地市级的过程性指标构成，多元融合高弹性电网指标体系图如图 4–4 所示。以结果性指标直观呈现高弹性电网发展理念和成效水平，以过程性指标衡量高弹性电网推进实施的进展情况。

1. 弹性指数方面

弹性是指外力作用下物体形态变化及恢复的能力。电网的弹性指数定义：在高比例外来电和大规模新能源挤压下，电网静态承载和动态恢复的响应能力。测算上，以刚性的外来电和新能源规模综合占比表征外部压力，以静态承载和动态恢复表征电网响应能力。外部压力指数和电网响应能力指数相乘得到弹性指数，弹性指数测算图如图 4–5 所示。

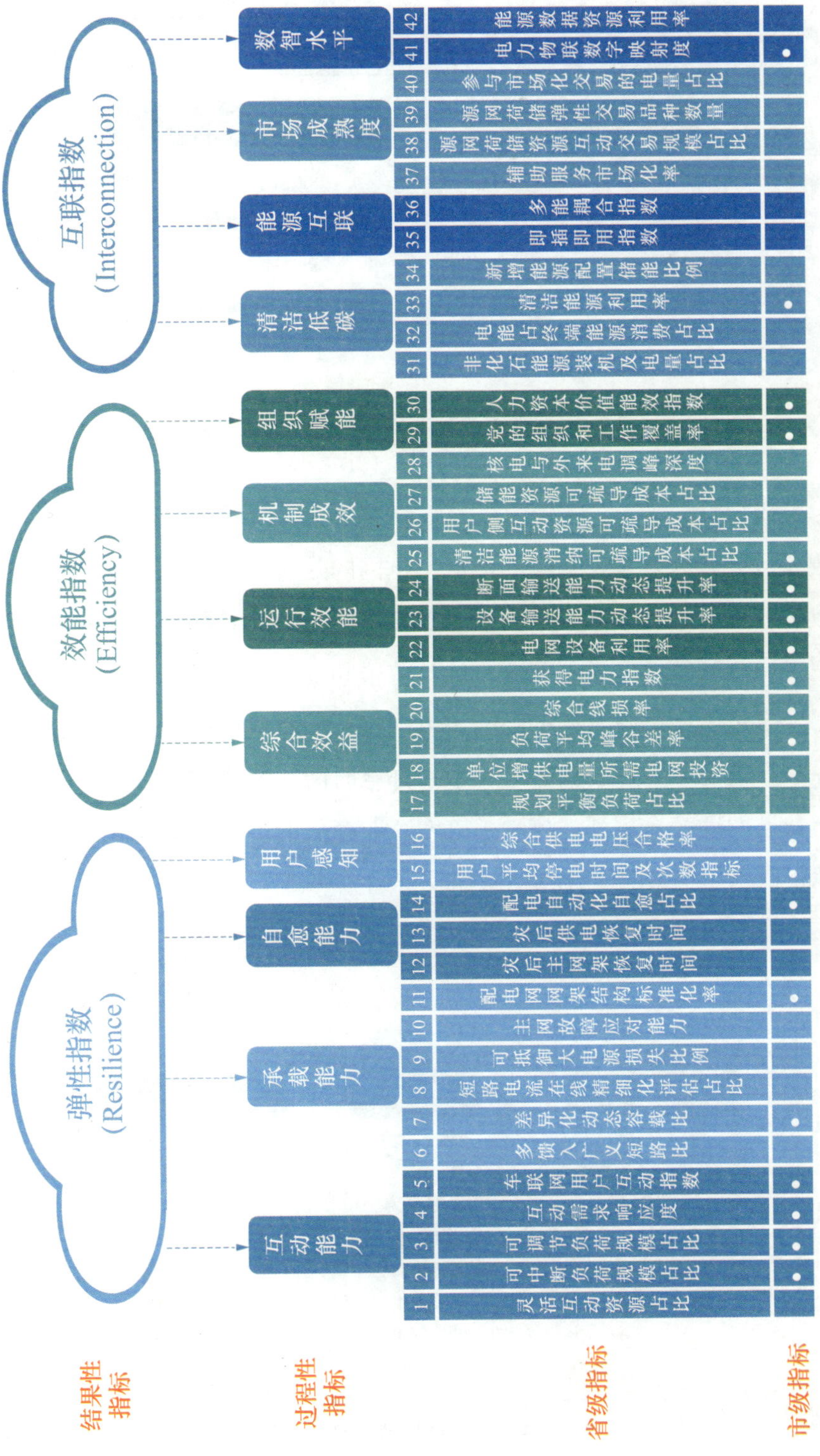

图 4-4 多元融合高弹性电网指标体系图

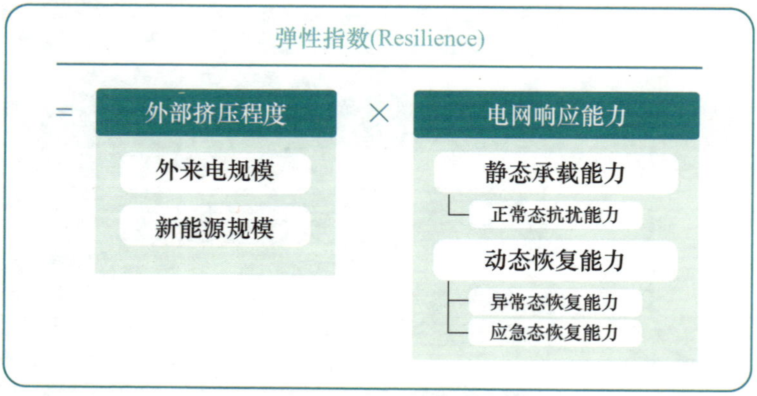

图 4-5　弹性指数测算图

2. **效能指数方面**

效能可分解为效率、效益和能耗。电网的效能指数定义：电网综合利用率指数、获得电力指数和全社会综合能耗下降指数的总和。测算上，电网综合利用率由规划效率、设备效率、运行效率和投资效率四个维度的指标综合表征，全方位引导沉睡资源的唤醒和电网投资的高效利用；获得电力指数参照世界银行的定义，主要由办电环节、办电时间、花费成本、供电可靠性和电费指数透明度综合表征，体现了电网企业释放的广泛社会效益；全社会综合能耗指数由单位 GDP 能耗水平表征。三个分项加权求和得到效能指数，效能指数测算图如图 4-6 所示。

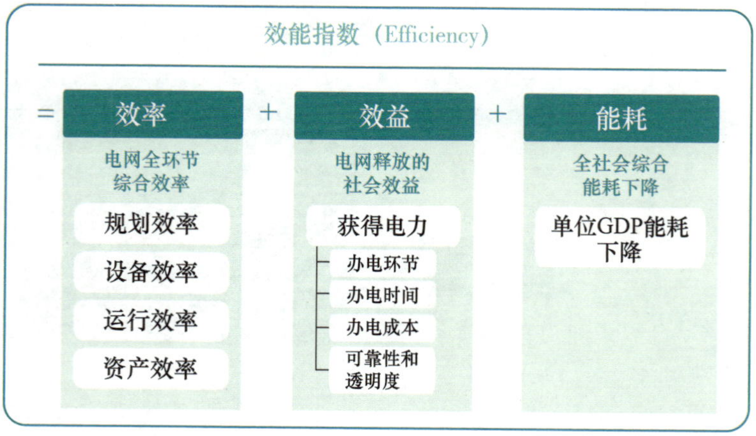

图 4-6　效能指数测算图

3. 互联指数方面

互联指数描绘的是能源互联网发展的未来图景，表征电网向能源互联网的演进水平。电网互联指数定义：互联供给侧清洁能源主体、互联需求侧电能消费终端和能源充分参与市场化交易的规模总和。测算上，以电能在终端能源消费中的占比衡量需求侧的互联水平，以非化石能源装机及电量综合占比衡量供给侧的互联水平，近期供给侧和消费侧以参与电能量市场的电量规模占比衡量市场化水平，远期拓展至辅助服务市场和其他种类的能源形式的市场。三个分项加权平均得到互联指数，互联指数测算图如图 4-7 所示。

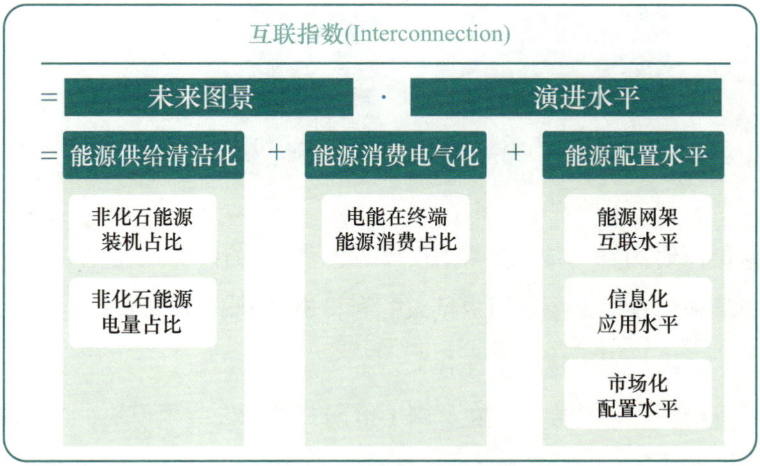

图 4-7　互联指数测算图

4.2.1.2　基于“网上电网”的负荷“两轴”研究及应用

当前城市的用电发展问题主要依靠新建变电站对应配电网工程来解决，但一方面，用户报装容量大但实际负载率低导致电网一次性投入成本高、变电站轻载、变电站间隔利用率低等问题，电网资源得不到有效利用；另一方面，同类型特性的负荷集中接入，致主变压器负荷峰谷差进一步加大。为解决以上问题，结合“网上电网”平台功能提出基于负荷时间轴和特性轴的研究及应用。

1. 主要研究实践思路

在“网上电网”中开展负荷时间轴与特性轴的建设，对不同业态性质用户的历史负荷发展曲线和负荷特性进行统计分析并建立模型库，负荷时间轴和特性轴研究模型示意图如图 4–8 所示。

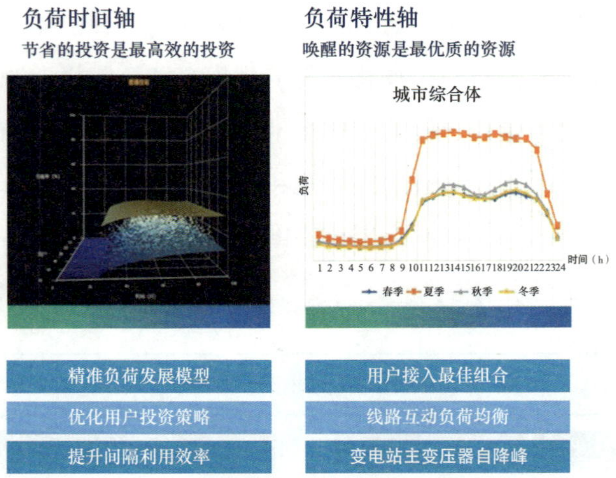

图 4–8 负荷时间轴和特性轴研究模型示意图

根据负荷时间轴的成果，给用户与负荷增长曲线相匹配的供电裕度，提升电网资源利用效率，指导用户接入配套投资和配电网规划建设投资，并“在网上电网”中进行用户接入的深化应用。

根据负荷特性轴的成果，在“网上电网”中开发应用模块，通过分析主变压器、线路、用户负荷特性，自动拟合变电站间隔交换方案，降低主变压器尖峰负荷 3%~5%；指导迎峰度夏“一线一策”方案，指导用户、清洁能源的接入。

2. **主要成效**

在配电网规划和用户接入规划方面，首次实现基于负荷时间轴和特性轴的数字化评估、智能分析和策略拟合。以钱江世纪城为例，通过负荷时间轴的研究和对应配电网工程提升 4 座变电站间隔资源利用效率，解决变电站轻载问题；降低大用户接入距离 70%；优化电网投资 2.4 亿元，单位增供电量所需电网投资指标减低 40% 以上。

在变电站负载治理方面，首次实现基于负荷特性轴的数字化自动评估、智能分析和策略拟合；通过负荷特性轴的研究和对应配电网工程解决杭州市萧山区 6 座重载变电站站内主变压器负荷不均衡问题，降低单台主变压器尖峰负荷3%~5%。

4.2.1.3 金华义乌“商贸+物流”特色网荷互融示范建设项目

义乌是一座建立在市场上的城市，同时作为国家“一带一路”的重要节点，物流规模全国第一，快递量占到全国8%。在义乌商贸、物流两大产业蓬勃发展的背后，义乌电网也存在容载比低、尖峰持续时间短、轻载线路比例高、网荷互动低、存在无功缺口等问题。

1. 主要研究实践思路

针对义乌城市产业特征、负荷特征和存在的主要问题，从挖掘配电网资源潜能、推动用户荷储互动、创新市场商业模式等方面提出相应实施举措。

（1）挖掘配电网资源潜能。商贸和物流负荷耦合优化，基于商贸、物流城市特征，选取相邻区域的恒风汽车充电站和义乌国际家居城进行潮汐负荷特性研究，针对性开展不同负荷特性用户就近或源端耦合，实现用户间峰谷负荷互补，从时间和空间维度提高设备利用效率和弹性，减少电网投资。轻载专线综合利用，对长期轻载专线进行盘点分析，与用户签订专线综合利用协议，专线所有权、使用权、运维权“三权分离”，通过轻载专线间隔“一拓二”、与公线联络等方式，在间隔紧张区域提高现有资源利用效率。

（2）推动用户荷储互动。聚合碎片化资源，开发聚合控制软件平台和配套无感响应控制器，通过该平台聚合海量分散用户侧沉睡资源，实现统一调度、分类控制、削峰填谷。无感响应控制器已通过省公司“首台首套”初审。就地无功平衡，唤醒储能、车辆到电网（vehicle to grid，V2G）充电桩等交直流转换设备，在电网高、低峰时，切换进入静止无功发生器（static var generator，SVG）模式实现无功补偿，将电网无功就地平衡。

（3）创新市场商业模式。与铁塔公司合作推动5G基站备用电池“唤醒”项目，挖掘节能增效价值。建立多站融合边缘数据中心商业模式，探索多站融合的市场潜力。引入社会资本开展储能业务，引入区块链技术提升需求响应分配透明度，与中国工商银行合作探索“储能贷”金融产品，多措并举创新储能市场商业模式，加快储能市场发展。

2. 主要成效

项目在国际陆港园区进行试点，后期在全市推广。国际陆港区域的建设在配电网技术指标、经济效益、社会效益上取得明显成效。配电网技术指标方面，实现配电完全效率双提升，供电可靠率达到99.99%，综合线损率达到2.6%。改善电能质量，满足58Mvar缺口的无功补偿容量，电压合格率达到100%。经济效益方面，节省投资2850万元，同时通过5G基站能源侧储能的能源管理为综合能源创造可观收益。社会效益方面，减少碳排放、优化营商环境、降低5G运营成本、深化社会能效管理。

4.2.2 融合柱融能源促清洁

国网浙江电力着力拓展综合能源示范应用，加快能源互联网先进技术的实践落地，推广嘉兴海宁城市能源互联网综合示范工程的成功经验，助力浙江省能源领域清洁、低碳、高效转型发展。探索能源互联网新业态，围绕电网衍生构建能源生态圈，加速打造分布式光伏智慧服务、智慧车联网、多站融合、虚拟电厂和能源电商等能源互联新业态，促进电网向能源互联网演进。推动多方主体参与储能建设，积极促进电源侧储能建设，深入研究电网侧储能发展路径，充分发掘用户侧储能潜力。

4.2.2.1 嘉兴禾城多元融合智慧能源站

1. 主要研究实践思路

在节约能源、节省投资、唤醒资源的理念指导下，针对变电站资源综合利用方面能源融合不充分、应用场景不丰富、附加价值不广泛的问题，以220kV禾城变电站为依托，试点建设集智能变电站、数据中心站、应急电源站、分布式能源站、电动汽车充电站等为一体的多元融合智慧能源站，实现能源流、数据流、业务流三流合一。

创新采用第三路电源代替柴油发电机作为备用电源，实现“高密度、高容量、高效能”的多站融合数据中心；新建三联供能源站一座，有效提升能源利用效率、降低能耗水平；新建电动汽车充电站微综合体一座，同时配建智能化营业厅和休息室，提升服务质量和对外形象；新建应急电源站一座，接受省调控制，实现两级调度。在此基础上，工程向多能聚合和友好互动进一步拓展和升级。工程统筹协调站内源（冷热电三联供、光伏发电）、网（智能变电站）、荷（电动汽车、数据中心）、储（电化学储能电站）各类主体，汇聚站外整个220kV供区内优质互动资源，建设站级的集成监控和协调控制系统，以站为主体接受省级源网荷储系统调度，实现故障紧急支撑、站内资源复用、灵活潮流控制、用户集群响应、低碳高效供能等应用场景。

2. 主要成效

多元融合的智慧能源站的建成能有效聚合兆瓦级需求侧资源，提升供区输变电设备利用率，在站内实现多能耦合供能，提升系统能效。①集中展示多元融合理念。②盘活存量变电站资源，实现增值。③孵化培育科技创新成果，构建可复制可推广的“多元融合智慧能源站”浙江样板，打造浙江高弹性电网的示范窗口。④实现运营增值，通过削峰填谷、需求响应、数据中心增值实现收益，预计年收益率9%。

4.2.2.2 高弹性电网形态下的零碳虚拟电厂探索与实践

2020年，国务院新闻办公室发布《新时代的中国能源发展》白皮书。国网公司提出要锚定“双碳”目标加快实现进程，构建多元化清洁能源供应体系。丽水电网独具生态禀赋，清洁能源总装机362.88万kW，占全市能源装机的97.9%，且未来仍有近1000万kW抽水蓄能和超400万kW风电、光伏等资源的开发潜能。同时，接近全比例清洁能源发电的电源结构，加剧了“三元矛盾”问题。

1. 主要研究实践思路

积极探索建设高弹性电网形态下的零碳虚拟电厂，通过技术赋能、管理助力、政策破局等多元协同发力，破解清洁能源发展难题，实现电网高效经济运行，助力丽水打造“国家级零碳示范区”。

坚持技术赋能。面向高弹性电网形态下的电网调度精益化管理需要，打造电源全监测体系，构建水系一张图，建设省地水电智慧调度应用，开展流域水电和集群水电发电能力预测。建设高弹性应用模块，动态分析源网荷储资源弹性，辅助调控运行决策。

依托管理助力。跨部门整合多专业人才，强化攻关队伍建设，凝聚发展合力。实现网厂间技术、信息共享，开创电源调管共赢格局。打通政企合作通道，引入水利、气象等信息化、数字化建设成果，高效低成本解决数据资产采集问题。

借助政策破局。积极对接政府相关部门推动《优化调整丽水小水电上网峰谷时段方案》落地。落实可调负荷需求响应专项资金池，提升需求响应参与度，深化虚拟电厂的“源网荷储”友好互动。促成“国家级零碳示范区”低碳电网建设方案纳入地方“十四五”规划，着力完善零碳虚拟电厂政策机制。

2. 主要成效

高弹性电网形态下的零碳虚拟电厂建设在服务电网需求、技术变革、降本增效、地方发展四个方面取得明显成效。

服务电网需求，打造百万千瓦级零碳虚拟电厂，协助浙江省网首次实施虚拟电厂辅助电网调峰 43 万 kW，有效提升浙江电网弹性调节能力。

引领技术变革，以共建、共享、共赢的理念建设省地水电智慧调度、百万级零碳虚拟电厂等首面首域示范，加速推进能源生产和电网调度的数字化转型。

实现降本增效，提升电源消纳和生产效率，实现电网高承载、高效能运行。促进高弹性电网建设，减少一次电网网架的刚性投资。

服务地方发展，助力地方经济新跨越，实现标准煤用量和二氧化碳排放量双下降、生态系统生产总值（gross ecosystem product，GEP）价值千亿级增长。

4.2.2.3 高弹性电网下储能电站质量标准检测平台及运维平台建设

电化学储能作为新兴的储能模式，凭借其优良的有功、无功控制特性和友好的互联接口，可以广泛发挥平抑波动、增加消纳能力、增加供电可靠性、削峰填谷等功能，使得电力实时平衡的“刚性”电力系统变得“柔性”，是建设能源互联网形态下多元融合高弹性电网的核心关键设备和基础单元。储能电站能否安全稳定运行，很大程度影响着电网的弹性强度。为解决现阶段储能电站规模化、产业化应用面临的储能标准体系尚不成熟、管理机制不健全、储能电池存在安全隐患、信息化辅助功能不完善等诸多亟须解决的问题，需开展高弹性电网下储能电站质量标准检测平台及运维平台建设。

1. 主要研究实践思路

紧抓本质安全，严守接入标准，建设储能电站质量标准检测平台。秉持科学管理、安全第一的原则，从源头上开展储能电站到货抽检和整站并网检测工作，建设国网公司电池储能技术共享（浙江）实验室（约5000m^2），实验室在国网科技部指导监督下，已于2020年12月12日在华云科技仓前基地正式揭牌。同时积极开展相关标准规范制定，如《浙江电化学储能电站设备验收规范（试行）》《储能梯次利用电池测试规范（试行）》等。

加强过程管控，利用数智化手段，建设基于预防的储能电站在线运维平台。开发预防性诊断运维平台，通过云边协同和大数据分析，勾勒出储能站健康面貌和生命特征，实时监测电站运行，并提前预测安全状态，加强运行过程管控，通过数据分析结果指导运维，防止安全事故发生，逐步实现“少人值守和无人值守”的目标。

2. 主要成效

储能电站质量标准检测平台已开展国网浙江电力全部电网侧8座储能电站的检测工作，其中共检测发现17次不合格。检测的结果证实了储能电站关键设备到货抽检及并网检测工作的重要性。检测平台为浙江省电网侧储能电站的建设，在性能、安全、电网影响等方面做出了权威可靠的检测结论，是储能项目安全稳定投运的有力保障。

储能电站在线运维平台已完成宁波越瓷变电站储能电站试点接入，并在开展新一批移动储能基地的接入工作。未来计划实现国网浙江电力电网侧储能电站全覆盖。

4.2.3 效率柱挖潜力降冗余

国网浙江电力着力电网动态运行极限提升，实现电网输送能力的动态提升；研发柔性潮流控制装置，通过调整线路等效阻抗，改变电网潮流自然分布特性，实现潮流柔性优化控制，提高电网供电能力。短路电流柔性抑制，研制基于20ms级高速开关和快速保护技术的短路电流柔性抑制装置，在短路故障时优先开断高速开关，改变电网结构，降低短路电流，满足常规开关遮断容量要求。研发短路电流在线精细化计算与决策应用功能，实现35~1000kV设备短路电流在线精细化分析、短路电流控制决策及多馈入直流短路比计算，灵活恢复长期停运设备，提高电网设备利用率。配电网降损优化节能，利用终端智能感知技术、三相不平衡治理、无功优化就地补偿技术、负荷错峰优化互补技术进行配电网降损节能。电网运行效能综合评价，建立设备运维效能综合评价指标体系及电网运行效能综合评价指标体系。

4.2.3.1 基于多元数据的输电线路动态增容示范建设项目

虽然浙江省电网总体坚强，但大受电轻负荷时段和检修方式下部分断面重载、满载情况仍比较突出，部分线路负荷率较低，导致个别区域、部分时段存在局部电网受限的情况。未来 3~5 年全省共有近 120 条 220kV 线路存在不同程度的受限情况。浙江土地稀缺，线路廊道十分紧张，新建线路不仅建设周期耗时长，而且投资大、政策处理上困难。输电线路动态增容是解决电网输送瓶颈的有效方案，具备投资小、灵活布置、见效快、成效显著等优点。

1. 主要研究实践思路

依据经典发热理论，在智能运检管控平台研发部署线路输送能力实时计算数学模型。开展输电线路增容改造工程，前端加装微气象、导线精灵等多功能小型监测装置，如图 4-9 所示，实时获取环境参量（温度、风速等）和线路运行工况（导线和电缆表面温度、导线弧垂、土壤温度等），实时开展线路动态输送能力核算与设备安全性评估。

图 4-9 架空线路导线精灵和微气象安装图

通过降低密闭高压电力电缆排管内环境温度和加速高压电力电缆本体散热，使高压电力电缆本体温度降低，提高电力电缆输送能力；在高压电力电缆上加装光纤测温和热电偶测温装置，实现高压电力电缆表皮温度、环境温度和土壤温度等动态增容相关数据的远程采集，通过专家系统算法，实时评估安全通流能力。高压电力电缆动态增容改造现场图如图 4-10 所示。

图 4-10 高压电力电缆动态增容改造现场图

实时接入未来 72h 权威气象预测数据，依据经典发热理论，开展日前输送能力核定预测，为满足 N-1 的工况，特别是临时的电力调度，提供相应依据。

2. 主要成效

完成输电线路（包括架空输电线路和电力电缆）动态增容算法模型研发与平台部署，具备线路输送能力动态实时核算、日前预测与设备安全性评估等能力，建成“前端实时采集—后台实时计算—调度实时调用”线路动态增容规模化应用场景。

完成 220kV 洛龙 / 迦龙线、甘祥 / 甘福等 44 条关键瓶颈线路动态增容改造，线路输送能力平均提升 8%，断面输送能力累计提升 400 万 kW，有效缓解舟山、湖州、宁波等地局部供电能力不足状况。天咸 4485/ 天祥 4486 动态增容成果解决涌港变电站基建施工期间北仑春晓供区 15 万 kW 供电缺口；洛龙 / 迦龙线增容成果，有效提升鱼山石化基地供电能力；湖州甘祥 / 甘福线路增容后，断面输送能力提高 15 万 kW，单日可减少燃气电量购入成本 60 万元。

4.2.3.2 分布式潮流控制器示范建设与应用

电网运行过程中潮流分布不均衡造成部分运行断面限额偏低，降低电网运行效能。湖州市 500kV 妙西变电站供区甘泉—祥福双线、扬子—妙西双线共 5 座 220kV 变电站。受甘泉—祥福双线断面潮流制约，湖州长兴供电能力受限，局部供电能力高度依赖长兴天然气机组长期顶峰发电。杭州市 500kV 瓶窑变电站供区湖瓶双线、窑大线断面潮流分布限额不可控，若发生湖瓶双线同杆故障，窑大线潮流 569MW，大大超过线路短时输送能力。

1. 主要研究实践思路

为快速提升区域电网的整体承载力和安全性，调节电网潮流分布，提升电网运行效能，应用一种基于大功率电力电子技术的新型柔性潮流控制装置（distributed power flow controller，DPFC），将项目可研、初设、制造、建设、调试、运维六大环节作为主要抓手，推行“精细实”管理，精准施策，指导项目合理规划；精心部署，推进项目落地实施；精细落实，提质增效保安全；精密制造，严把设备验收关；精确调试，确保设备可靠投运；精益管理，提升首台首套管理水平，积极探索出一套行之有效的管理方法，安全、高效、优质地完成国际首个 220kV DPFC 示范建设工程，湖州 220kV 祥福变电站 DPFC 示范建设工程如图 4-11 所示，形成了可复制、可借鉴、可推广的“浙江经验”。

图 4-11 湖州 220kV 祥福变电站 DPFC 示范建设工程

2. 主要成效

湖州 220kV 祥福变电站 DPFC 投运后，单线四级感性满出力时可转移断面潮流 6.08 万 kW，双线四级感性满出力时可转移断面潮流 6.37 万 kW。有效将 220kV 甘泉—祥福过载线路上的电流“挤压”到承载力更大的妙西—扬子线路上，从而动态优化电网潮流分布，有效缓解重载线路的“超限”压力，实现区域电网电力传输的精准控制，提升区域供电能力，有力服务地方经济社会发展。

在变电站站址和线路廊道资源日趋紧张的情况下，相比于新建线路，在保持现有网架结构不变的前提下，加装 DPFC 装置可节省输变电投资 2200 余万元。祥福变电站 DPFC 投运后，还可支撑长燃燃机停运后负荷安全供电，减少燃机开机带来的运营损失，减少购电成本。

4.2.3.3 浙江电网短路电流整体控制解决方案

随着特高压直流和新能源发电的快速发展，短路电流问题越发呈现“双刃剑”特征：一方面过低的短路容量影响特高压直流和新能源的安全稳定运行；另一方面过高的短路电流会制约设备运行和网架建设。浙江地域面积小，负荷密度大，短路电流控制问题已成为制约浙江电网发展和安全经济运行的主要矛盾之一。常规的短路电流控制措施会削弱网架强度，现有短路电流精细化管理水平有待进一步提升。作为全面推进多元融合高弹性电网建设的重要组成部分，浙江电网短路电流整体控制解决方案为电力系统短路电流问题提供了新的经济、有效的技术手段，对提升电网运行效能、转变电网发展方式、推动电力装备制造业升级意义重大。

1. 主要研究实践思路

突破基于拓扑动态调整的短路电流柔性控制技术并示范应用。突破快速开关和快速控制保护两个关键装备和技术，当短路电流水平超标且电网发生短路故障时，快速开关（小于 25ms）和快速控制保护（小于 6ms）装置率先动作，改变电网结构从而降低短路电流，之后再由常规开关完成组合开断，消除短路故障。故障消除后，快速开关将自动合上，恢复正常运行方式。2020 年 12 月 15 日，宁波天一变电站 220kV 正母分段快速开关和快速控制保护装置顺利启动，如图 4–12 所示。12 月 18 日，经过人工短路接地试验的实战检验，快速控制保护装置在 2.2ms 内下达分闸指令，快速开关在 20.1ms 内完成故障开断，均优于设计指标。试验完整模拟了电网受到扰动后快速开关动作柔性控制短路电流的全过程，验证了短路电流柔性控制技术的有效性。

构建 35~1000kV 全电压序列短路电流在线精细化计算及辅助决策高级应用。基于省地电网全局感知信息，利用多源数据融合技术和中低压网络拼接技术，将新能源机组、直流系统等模型参数信息融合至输电网模型中，扩展设备建模范围和精度，构建 35~1000kV 全电压序列短路电流在线精细化计算及辅助决策高级应用，实时计算电网短路电流水平并分析发展趋势，提高短路电流精益化管理水平，有助于调度运行人员实时掌握全网短路电流水平和趋势，及时恢复拉停设备，提高电网设备利用率，提升供电能力和供电可靠性。

图 4-12 500kV 天一变电站短路电流柔性抑制示范示意图

2. 主要成效

创新短路电流综合控制体系，将常态化的短路电流控制措施转变为动态控制，将电网固定分区方式转变为灵活分区方式，提高电网设备利用率，延缓输变电工程升级改造及新建需求，有力支撑电网发展方式转变。研发国际首台首套快速开关和快速控制保护装置，建立快速开关和快速控制保护装置设计、运行、维护标准体系。建成国际首个 220kV 短路电流柔性控制示范工程，可推广和可复制性强，具有良好的示范效应。掌握短路电流柔性控制核心关键技术，在快速开关和控制保护、试验技术领域获得突破。

4.2.4 安全柱建防线承冲击

国网浙江电力着力完善高弹性电网安全理论，深化电网安全特性认知，研究高弹性电网的运行控制理念及其综合防御体系理论。强化三道防线建设，拓展防御范围，研究极端情况下电力系统弹性恢复力评估和快速恢复策略优化技术，提升电网快速恢复能力。增强电网抗扰能力，加快故障自愈，提升系统安全水平。

4.2.4.1 高弹性电网防台抗灾体系建设

地理区位和气象环境决定了浙江极易受到台风侵害，台风引起直接灾害和次生灾害对人民生产生活造成重大影响，也极易引发电网大范围的倒杆及设备受淹，引发大面积用户停电。全力打造高弹性电网防台抗灾体系是高质量建设国网浙江电力防台抗灾示范窗口的迫切要求，是服务人民美好生活的必然举措，是建设多元融合高弹性电网的生动实践。

1. 主要研究实践思路

秉承多元融合高弹性电网建设“三个理念”，开展高弹性电网防台抗灾体系专题研究，系统性、科学性、创新性地提出一套电网防台抗灾理论体系。

总结高弹性电网防台抗灾体系的内涵与特征。内涵：通过技术、设备、数智、组织等多元赋能，注重安全与效率双提升，构建具备高弹性特性、具有多维立体防台抗灾能力的电网，实现极端灾害下用户“少停电、快复电”。特征：综合高效、灵活可靠、深度感知、快速复电。

明确电网防台抗灾总体目标。实现“13 级及以下台风，电网不发生 110kV 及以上变电站全停，不发生 110kV 及以上输电线路倒塔，用户 24h 恢复供电；14~15 级强台风，用户 48h 恢复供电；16 级及以上超强台风，用户力争 72h 恢复供电”。

制定三层三级四维评价体系。三层评价对象：地市、县区、网格。三级防台标准：重点防台、次要防台、一般防台。依据供电区域划分、50 年一遇基准风速风区、历史受灾概率等因素量化加权确定。四维评价指数：电网坚强指数、设备可靠指数、运维管理指数、应急保障指数。

从网架结构、设备设施、运维管理、应急保障四个方面入手确定电网防台抗灾十六项重要举措，高弹性电网防台抗灾体系建设总体思路如图 4-13 所示。

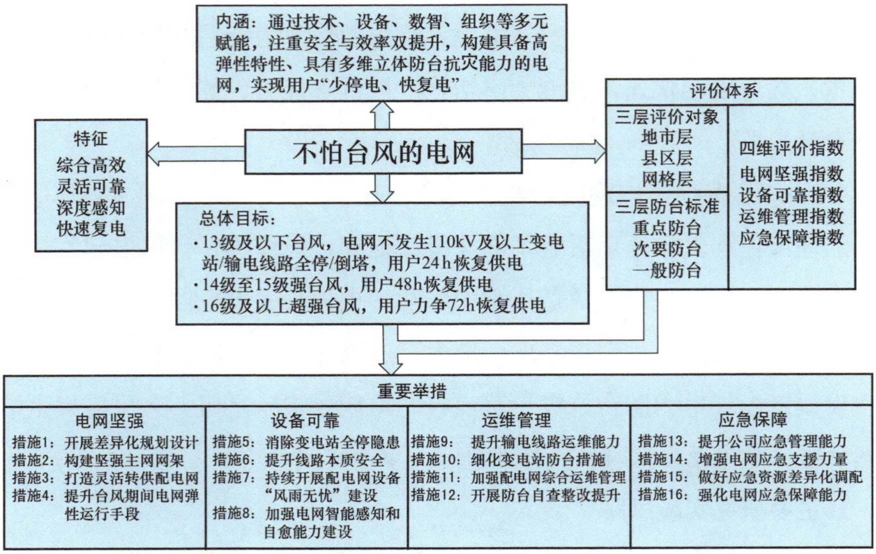

图 4-13 高弹性电网防台抗灾体系建设总体思路

2. 主要成效

从技术、管理两方面入手，着力提升电网防台抗灾能力。修编《浙江电网规划设计技术导则》，设立电网防台设计标准专篇；编制《国网浙江省电力有限公司防汛防台发展规划专业指导手册》，明确规划、可研、投资、计划等四个业务环节的落实保障方案。

以温州为试点推动防台抗灾高弹性电网“三层三级四维”评价体系落地应用。全面完成温州全市网格评价打分，根据评价结果提出差异化提升措施；绘制温州地区全景式防台抗灾能力评价图，全面展现网架设备、运维检修及应急保障等方面的薄弱环节；进一步提升“三层三级四维”评价体系的科学性和实用性。

4.2.4.2 衢江衢南山区高弹性配电网规划

规划区域位于衢江区的南部山区，规划面积 762km^2。区域内光伏、小水电、风电、抽水蓄能等清洁能源发展空间大。衢南山区平均海拔 200~500m，冬季低温可至 −4~−6℃，极端情况可低至 −10℃，空气湿度较大，山区电力线路极易遭受雨雪冰冻灾害。以衢南山区为典型代表打造不怕冰灾、满足高比例新能源消纳的典型山区高弹性配电网。

1. 主要研究实践思路

构建不怕冰灾的山区高弹性电网：首先应用传统电网规划手段，通过差异化规划和设计原则，提高山区电网建设标准，优化网架及廊道，提升抗灾能力。其次依托储能技术，以“线路 + 储能”（利用夜间多次充放电，提升导线温度防止覆冰，提升灾后负荷转供能力）、“台区 + 储能”（在灾后抢修无法达到的偏远山区实现灾后微电网运行，保障居民用电）为主要弹性技术手段，构建不怕冰灾的山区高弹性配电网（首域）。

建设满足高比例新能源消纳的山区高弹性电网：首先加快推动政府出台“光伏 + 储能”配置相关文件，落实光伏电站需按装机容量配置 10% 储能的要求，保障光伏资源的全额消纳，提高光伏资源利用率。实现“新能源 + 储能”分散消纳，满足就地消纳。

在 220kV 全旺变电站侧布置 50MW/100MWh 的移动储能中心，满足光伏片区集中消纳，提高光伏利用率。储能模块化集中布置，并具备可扩展性。同步建设新能源集中消纳协调控制系统，统一运维调度，实现可调、可测、可观、可控功能，解决分散布置运营成本高、无法统一调控的弊端。逐步形成电网引导、全社会参与，具备综合能源服务特点的储能商业运行新模式。

2. 主要成效

打造不怕冰灾、满足高比例新能源消纳的衢南山区高弹性配电网建设。取得以下四方面的成效：

（1）改善供电质量，提升抗灾能力。提升山区电网自愈能力和抗灾能力，保障供电可靠性。综合电压合格率提升至 99.95%，供电可靠性提升至 99.96%。

（2）延缓电网投资，提升消纳能力。延缓 35kV 变电站等电网投资，新增消纳能力 50MW，延缓电网投资 4000 万元。

（3）提升能源利用效率，实现多能互补。实现多种能源的集中管理利用和多能互补，充分发挥其削峰填谷的作用，有效增加电网的调节手段和调节能力。

（4）电网引导社会参与，创新储能商业模式。共同推进储能建设，共摊运营成本。能够实现盈利，并形成较为成熟的商业模式。

4.2.4.3 温州永嘉极端灾害下山区分布式自愈电网实践

温州永嘉北部山区地形复杂，电网薄弱，110kV 岩头变电站承担北部山区 12 个乡镇 13 余万户居民的供电任务。频发的台风、强降雨、冰灾等极端自然灾害给电网可靠供电带来了严峻挑战。用户的高可靠性用电要求与薄弱的电网网架现状矛盾突出。

依据极端灾害下山区分布式自愈电网建设思路，在上级电网故障尚未修复的情况下，下级停电区域通过“源”侧的水电站，发电车或者储能车间的协同控制；“网”侧的“北斗 + 电力”技术电网快速拓扑重构；“荷”侧的可调节负荷控制，快速构建多元融合应急微电网，实现大电网化整为零，若干区域微电网分布式自愈，从而及时恢复居民和重要负荷供电。

1. 主要研究实践思路

运用电网仿真技术，实现科学研判：①多元多场景下山区电网灾害预警。建设“极端灾害下山区分布式自愈电网”研究实践中心，运用电网仿真技术模拟山区多元多场景，开展最优潮流计算，作为山区电网灾害预警的依据。②多元多场景下山区电网灾情研判。通过对多元多场景下山区电网试验数据和系统仿真结果的分析，模拟山区受灾面积和停电区域，实现山区电网灾情科学研判。

制订电网恢复策略，实现“化整为零”：①构建弹性电网网架。通过电网仿真技术，及时发现电网网架的薄弱环节，并开展有针对性的电网补强。将区域电网化整为零，在关键节点预置移动电源即插即用接口，方便灾后临时组网，研究电网子系统（孤岛）划分、子系统负荷选择及恢复路径优化策略。②完成电网故障恢复策略。在电网地理接线图中融合气象、地理、电网工况、交通路网等多维信息，通过对安装于电网 10kV 主线分段处的北斗智能开关实施远程控制，故障隔离时间可从 43min 降至 6min 以内。

挖掘电网弹性资源，实现多源联动：①灵活运用山区丰富的水电资源。优化区域内水电出力，实现局部地区的功率平衡。②充分调动发电车等移动资源。通过自主研发不间断双向并网智能控制系统，实现移动电源与大电网的多场景无缝切换深度应用。

2. 主要成效

极端灾害下山区分布式自愈电网建设可大幅提高配电系统应对台风灾害的能力，提升电网整体的弹性和韧性。可实现灾后电网快速恢复供电，满足局部受灾区域的持续稳定和正常用电需求。多维度指导电网在极端灾害后通过“源、网、荷、人、技、物”等多资源协同，实现电网灾后分布式自愈。利用有限的资金投入和新技术的高效利用，改变传统电网元件加固和网络补强的建设模式，既节约投资又增强电网弹性自愈能力，大大降低灾害带来的经济损失。

4.2.4.4 柔性励磁系统示范应用

在能源转型背景下，电力系统中电源结构和电网结构发生重大改变，电网面临高比例清洁能源和高比例电力电子装置的“双高”发展挑战。浙江电网作为典型的大受端电网，大量直流集中馈入，常规电源开机规模不断降低，局部地区负荷集中，“大受电，小开机”成为电网运行新常态，系统电压稳定问题成为影响电网安全稳定运行的新难题。此外，浙江新能源装机目前已经达到1869 万 kW，成为浙江第二大装机电源，随着“碳达峰、碳中和”碳排放目标的提出，能源转型步伐加快，大规模新能源并网带来的宽频振荡风险日益突出。

为支撑多元融合高弹性电网建设，解决“双高”电网的上述“卡脖子”难题，瞄准常规电源机组支撑电网安全运行的核心控制环节——励磁技术作为突破口，提出新理论、开辟新领域、探索新路径，开展柔性励磁技术的创新研究，开展世界首个柔性励磁系统示范工程的建设，通过技术赋能从电源侧充分挖掘内生资源。

1. 主要研究实践思路

开展柔性励磁系统关键技术及样机研发攻关，多项关键技术取得突破。励磁系统是发电机组的核心控制设备，但常规励磁装置作为传统电力电子装置已经超过 20 年未更新发展。该项目将全控型绝缘栅双极型晶体管（insulated gate bipolar transistor，IGBT）器件首次应用于大功率励磁系统中，创新提出由电压源型换流器和直流斩波器共同构成的新型功率拓扑，突破晶闸管相控拓扑输出限制，基于柔性励磁自激升压能力，大幅提高发电机的电压控制水平，基于交流侧无功解耦控制能力，构成定转子双通道阻尼控制器，提升次同步和超低频振荡阻尼水平。实测结果表明，柔性励磁的顶值电压提升 2 倍以上，振荡阻尼水平大幅提升，励磁变压器谐波损耗降低 50%，轴电压得到有效抑制。

通过产、学、研、用联合攻关，建成世界首个柔性励磁系统示范工程。由于柔性励磁技术涉及发电机组实时控制，实践风险高，世界范围内未有先例。充分发挥“产、学、研、用”的协同攻关优势，确保示范工程的高质量建设及可靠运行。示范工程于 2020 年 11 月 23 日开始安装调试，11 月 30 日一次性并网成功，12 月 4 日通过带负荷连续运行考核，实现柔性励磁技术从实验室研究向工程应用的跨越转变。

2. 主要成效

该项目实现了首个柔性励磁系统示范工程的成功投运，标志着我国率先掌握了基于 IGBT 的新一代发电机励磁控制技术，实现对常规电源涉网控制潜能的深度挖潜，大幅增强电网电压控制和宽频振荡抑制能力。柔性励磁技术可进一步推广至大型火电、水电、燃气以及调相机组中，支撑多元融合高弹性电网的建设，满足新能源和负荷快速增长下电网高承载的安全稳定运行需求，支撑以电力为中心的能源经济转型。

4.2.5 资源柱集多元调负荷

国网浙江电力着力源网荷储资源监视，全景感知源网荷储各环节实时运行状态，精准掌握可控负荷资源实时信息。源网荷储协调优化，针对性开展负荷侧调频、调峰、备用等需求侧响应，实现电网运行效能提升，充分利用负荷侧资源需求弹性，提升电网灵活调节能力。源网荷储协同控制，深度挖掘电网的灵活调节能力，有效提升电网新能源消纳水平，促进电网经济高效运行。源网荷储分析评价，对负荷侧资源聚合商在调节性能、偏差分析、经济收益等方面进行分析评价，不断改进和提升调节资源的各方面性能，通过对需求响应调节特性的评估和辨识，闭环修正源网荷储协同决策策略，实现调节性能的动态提升，指导电网运行优化。

4.2.5.1 高弹性电网多元平衡体系探索与实践

随着能源转型持续深入推进，电源结构与电网格局发生重大变化，电网运行面临保障安全稳定和清洁低碳的双重挑战。为有效拓展调节资源，增强电网弹性，提升电网运行质效，以电力平衡供需矛盾为切入点，在不改变电网物理形态的前提下，构建能源互联网形态下的高弹性电网多元平衡体系，实现电网安全、新能源消纳和效率效益新的平衡。

1. **主要研究实践思路**

建设智慧调度平台，实现电网智慧驾驭。建设“共享、智能、开放、安全”的高弹性电网智慧调度平台，以一平台、多场景、微应用的组织方式，全方位、全业务、全流程支撑电网实时运行一体化控制，提升大电网智慧驾驭能力。

形成协同管理机制，提升资源管理水平。成立省地县纵向贯通、营配调横向协同的灵活资源挖掘、建设及应用管理模式，多方联动实现高效协同管理；修订浙江电网可中断负荷调度运行管理规定，规范高弹性电网负荷调控运行。

构建可调度资源库，强化多元资源聚集。建立“毫秒级 / 秒级 / 分钟级 / 小时级 / 日级”多时间尺度可调度资源库，持续接入源网荷储调节资源，与营销需求响应平台互联互通，并试点接入省电动汽车、海宁尖山、宁波杭州湾等聚合资源。

挖掘源端调节能力，提升电网互动水平。针对统调核电、地区小水电、外来电等源端资源，提出多类型源端弹性提升技术路线，多措并举唤醒电源调节潜力，试点建设丽水全域水电虚拟电厂，开展省地自动发电控制（automatic generation controe，AGC）协同控制技术应用。

主动培育市场模式，激发负荷市场活力。积极对接国家能源局浙江监管办公室，促请出台第三方独立主体参与国网浙江电力辅助服务支持性文件，推动可调节负荷资源、储能及负荷聚合商等主体有序参与提供电力辅助服务。

突破创新技术方案，保障系统安全防护。基于 4G、5G 无线公网实现秒级可中断负荷接入控制，制订《可中断负荷快速响应系统网络安全防护方案》，强化安全防护水平；探索区块链调控技术，保障指令的透明性及可追溯性。

2. **主要成效**

资源接入方面，完成 100 万 kW 秒级可中断负荷接入，并实现省电动汽车 55 万 kW、海宁尖山 1 万 kW、宁波杭州湾 4 万 kW 灵活性资源高效接入；调控能力方面，建设高弹性电网智慧调度平台，实现分区及地区可调节资源聚合监视及控制功能，具备灵活性资源常态化参与电网互动能力；市场机制方面，促请政府印发《第三方独立主体参与浙江电力辅助服务机制试点工作方案》。

4.2.5.2 支撑高弹性电网的售电及聚合交易服务平台示范建设

平台聚焦电力用户和售电公司亟须通过负荷代理进行聚合后，作为整体参与交易及营销业务的需求，采用多级聚合、分层控制的形式参与电力市场技术支持系统和电力需求侧实时管理系统的方式，能够有效提高对多元融合高弹性电网建设战略支撑能力。主要从中长期、日前、日内、实时等全周期尺度，充分考虑用户侧参与售电和负荷侧专项市场的需求，打造全省综合能源服务商聚合联盟，聚集地区综合能源公司以及社会第三方聚合商，通过全局资源优化配置，参与中长期购售电、现货能量市场和辅助服务市场，实现各方收益最大化。

1. 主要研究实践思路

完成系统基本功能的开发，原则上系统部署在互联网大区，紧耦合运营模式下的二级聚合商也位于互联网大区，松耦合运营模式的社会负荷聚合商部署在互联网。

售电交易模块已完成用户信息档案管理、零售签约管理、批发购电管理、电量跟踪与统计、零售用户电量结算等功能模块的开发。

聚合交易模块已完成多级负荷聚合基本功能开发，包括商模型设计、业务流程设计；完成邀约型用户申报、资源统计、出清计算等功能开发，在支撑公司开展聚合商参与国庆节期间填谷响应工作基础上，完善聚合资源池建设工作。

2. 主要成效

结合“互联网 +”技术，提出基于云平台的售电及聚合交易服务平台框架设计体系，设计能源互联网背景下电力交易服务平台的主要功能。

构建基于源网荷互动体系下的多主体互动开放商业模式体系，提出综合能源多级服务商的紧耦合 / 松耦合运营模式，对内实现相关业务的重构升级和引流赋能；对外面向各类市场主体开展金融担保、履约保函等多元衍生服务。

创新构建多级协同合作博弈的多形态灵活调节资源聚合管理和效益分配技术，分析用户侧多形态灵活调节资源的物理特性、运行状态以及经济特性，研究用户侧可控资源的建模方法与市场接入模式。

设计综合能源服务商参与多品种电力交易辅助决策方法，设计保障用户自主性的日前调峰参与流程。研究建立提高用户参与度的激励制度和惩罚制度。

平台已完成宁夏西能售电、长广配售电、金华横电等四家售电公司入驻，累计完成近 20 亿 kWh 电量的签约，涉及零售用户 220 余户；开展聚合商参与国庆节期间填谷响应工作，利用平台共聚合填谷资源 197.5MW，累计响应量 3137.192MWh，获得响应补贴 35.71 万元。

4.2.6 互动桩聚用户增互动

国网浙江电力着力灵活负荷资源入库，积极落实用户负荷响应，保障电网安全稳定运行和清洁能源全消纳。汇集工业、商业楼宇、充电桩等多种负荷类型。建成电力需求侧实时管理系统，支撑需求响应快速健康发展。丰富需求响应业务类型，实现百万千瓦秒级可中断负荷用户接入，支撑高弹性电网平衡系统建设；探索公平型、经济型、可靠型等的负荷出清响应模式，满足多目标电网调控需求。

4.2.6.1 用户侧资源唤醒集聚示范应用

随着浙江省经济高速发展及清洁能源示范省创建，全省用电需求持续增长，可再生能源比例逐年提高，受电规模不断增加，电网调节压力显著提升，需全面启动高弹性电网用户侧工程，唤醒用户侧海量负荷资源，高效灵活实现网荷互动。

1. 主要研究实践思路

精准挖掘，实现多元负荷聚合。重点挖掘 5 大高耗能行业工业用户（水泥、钢铁、纺织、通用制造、铸造）、商业楼宇、低压分散用户、负荷聚合商集团用户分钟级负荷资源，应用大数据分析技术，从用电规模、用电特性、用户分布等维度全面分析各类用户用电情况，分类施策唤醒可中断负荷资源。

精准匹配，满足多场景电网弹性需求。深入开展“双百万行动”，满足局部电网故障、电力供需平衡、节假日填谷等多场景削峰填谷需求，助力电网安全、经济、清洁运行。创新应用，研发主动需求响应平台。基于用电信息采集系统，自主研发电力需求侧实时管理系统。充分运用互联网的理念和技术，将需求响应系统与“网上国网”App、负荷聚合平台、营销系统、调控云平台等多个系统无缝对接，全面提升电网与用户双向互动能力。

2. 主要成效

负荷聚合规模实现突破。深度挖掘聚合商、工商业、居民等全品类沉睡负荷，实现全省最高负荷7%的日前负荷响应能力和85万kW的实时负荷响应能力，成功聚合中国铁塔、中国电信等6家聚合商平台，聚合代理用户4万余户，户数规模全国第一。

体系建设获得实效。建成全国首个一体化用户互动系统，运用“大云物移智链”等信息技术，实现协议签订、邀约竞价、市场出清、补贴核算等全业务线上流转，2020年实施需求响应117次，累计参与用户22万户次，有效响应电量1319万kWh。

技术创新进展迅速。研制首台内嵌“国网芯”、具备边缘计算能力的用户互动终端，以及首套与工业生产自动化控制系统联动的物理信息系统；并在此基础上研发首个面向水泥产业集群的负荷集控系统，实现跨物理空间的产业负荷集控，示范应用成效显著。

政策支持取得突破。推动省政府下发年度专项文件，部署“双百万行动”，11个地市政府发文明确里程碑建设计划，12个区县政府出台专项补贴。推动浙江能监办出台第三方独立主体参与辅助服务支持政策，为负荷资源参与辅助服务奠定基础，全面提升社会综合能效。

4.2.6.2 百万千瓦秒级可中断负荷用户接入工程

百万千瓦秒级可中断负荷用户接入工程作为能源互联网形态下多元融合高弹性电网的战略性重要任务，是浙江电网“源网荷储柔性互动”的重要环节，通过汇聚社会上各层级海量可中断负荷，构建100万kW秒级可中断负荷快速响应系统，为省公司多元融合高弹性电网智慧调度平台提供负荷可观、可测和可调功能的基础支撑，实现负荷的精准控制，电网资源的高效优化配置，有效增强电网弹性承受和恢复能力，是浙江电网兼具高弹性和安全性的重要保障。

1. 主要研究实践思路

系统分为主站层、地市子站层和用户接入层三个层级。三个层级之间实现负荷模型、实时数据、调节策略的交互，共同完成对可中断负荷的快速精准切除。主站层包括多元融合高弹性电网智慧调度平台配套功能、省调 D5000 系统配套功能及地调 D5000/OPEN3000 系统配套功能和省公司负荷调节主站。对上通过正 / 反向隔离装置与智慧调度平台进行信息交互，对下通过构建通信专网与负荷调节子站进行信息交互，实现各地市子站的负荷资源分类信息接收和上报；子站层主体由全省 11 个地市可中断负荷快速响应系统子站构成，通过与用户接入层可中断负荷终端交互，实时采集、汇集用户负荷信息，将本地区可中断负荷总量上送至主站层；负荷调节子站接收调度系统下发的调节总量需求，将其分解为接入可中断负荷终端的调节指令，并下发调节指令，同时将执行结果反馈给负荷调节主站和地调 D5000/OPEN3000。用户接入层主体为全省 720 套可中断负荷终端柜，柜内可中断负荷终端收集并向系统子站上送可中断负荷总量信息，接收并执行系统子站下发的切负荷和“提醒负荷恢复”命令，同时提供装置故障和异常信息；为实现系统内外网、跨区等信息交互的安全性，同期对省公司安全接入平台、地市安全接入装置和配套安全防护设备进行改造，并完成主子站交互专用通信通道建设和电力 5G 核心网建设。

2. 主要成效

共实现完成负荷接入 100 万 kW，涉及用户 622 个、用户终端 720 套。通过挖掘可调节负荷，由传统“一刀切”的负荷控制手段转变为对负荷的精细化、选择性秒级精准切除控制，在保障电网安全稳定运行的基础上，确保用户损失最小化，实现电源、电网、用户三者友好互动。首次采用无线公网方式，基于边缘计算技术，实现 5G 模式下“四遥”信息通信。实现国网公司自主定义的无线信息加解密首次应用于调控业务。首次探索与运营商的新型商业合作模式，将运营商核心网部分控制面功能落地于电网侧，为后续 5G 电力业务的应用推广提供试点基础。项目以用户侧负荷资源多场景规模化响应和精细化落实，缓解电网调峰压力，有效延缓电网配套设施建设投资 10%，实现“源随荷动”向“源荷互动”的领域突破，形成“需求弹性、供需协同”的高弹性电网。

4.2.7 市场柱搭市场疏成本

国网浙江电力着力研究各类电源参与的市场机制，研究制订各类电源参与调峰的市场机制和调度权责，明确各参与市场电源主体的产品类型、准入原则、交易机制、结算方法、监管规则，研究清洁能源消纳隐性成本分摊机制。推动负荷响应实现的市场体系建设，梳理负荷资源可以提供的辅助服务类型，明确分类负荷参与电网备用、调峰、调频等服务的资源特征。提出近期构建负荷专项市场、中远期适时并入现货市场的分阶段市场框架、交易规则和市场组织方式；同步设计负荷资源参与分阶段市场的友好互动路径。

4.2.7.1 多元融合高弹性电网市场机制建设与应用

随着新能源快速发展和省外来电占比持续上升，传统电网可调节资源空间不断压缩，浙江电网面临着电网安全、新能源消纳、效率效益新平衡等多重挑战。为推进浙江电网转型发展，确保公司构建多元融合高弹性电网的战略目标实现，创新开展多元融合高弹性电网市场机制建设，通过市场赋能唤醒社会沉睡资源，疏导各项成本，促进源网荷储友好互动，丰富国网浙江电力市场内涵。

1. 主要研究实践思路

以“一项机制”为核心，全面建立源网荷储协调互动的市场机制，探索发电侧、负荷侧与储能侧多资源、多品种、多主体、多交互的应用场景；以“一个系统”为支撑，建设源网荷储互动交易子系统，支撑多元融合高弹性电网市场机制试点交易；以“一套政策”为保障，逐步建立健全配套产业、价格、成本疏导等政策；以“一批试点”为抓手，开展“三点一区”市场机制试点示范，引导源网荷储资源深入参与电力市场交易。

2. 主要成效

（1）首创全景式多元融合高弹性电网市场化交易框架，包括电源侧、负荷侧、储能侧共 19 种资源类型（如图 4–14 所示），涵盖负荷响应交易、绿电交易、能效专项交易在内的 12 种市场机制（如图 4–15 所示）和 28 项应用场景。

图 4-14 19 种市场资源类型

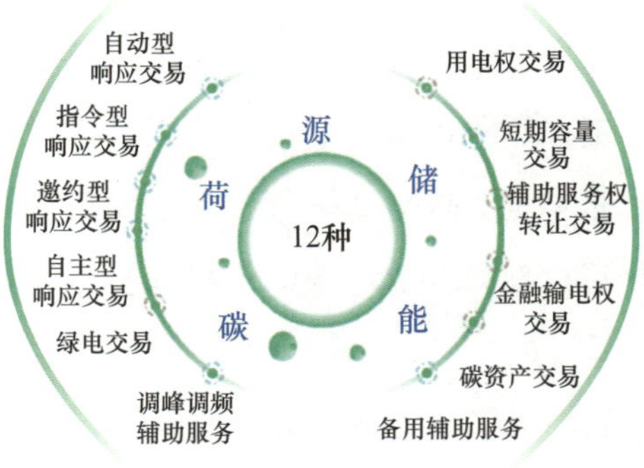

图 4-15 12 种市场交易机制

（2）实现省内绿电交易“首域”突破，积极探索省内绿色电力交易市场机制，推动浙江省发展改革委正式印发《关于在宁波泛梅山多元融合高弹性电网建设示范区开展绿电力交易试点工作的通知》，组织开展第一笔省内绿电交易试点，发出首张浙江绿色电力交易证书，绿电交易逻辑示意图如图 4-16 所示。

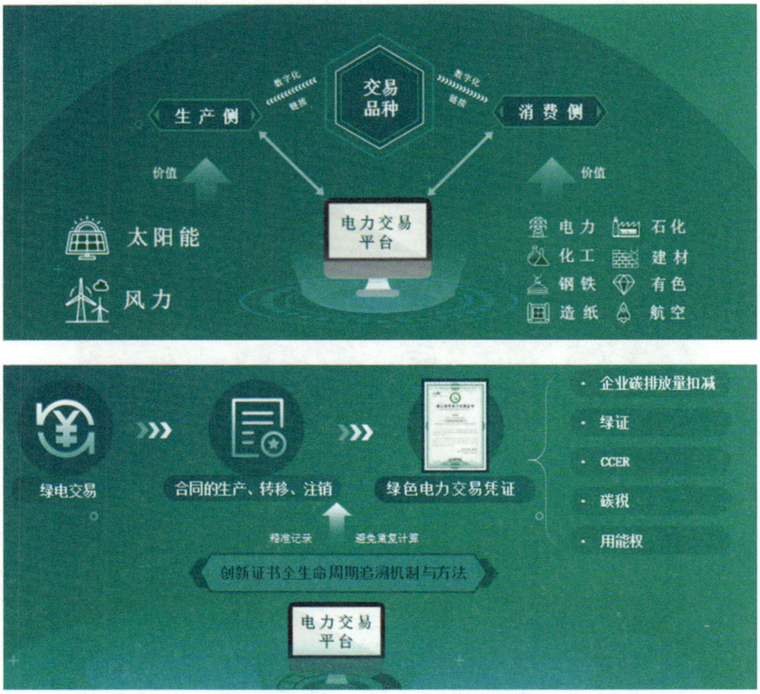

图 4-16 绿电交易逻辑示意图

（3）创新探索抽水蓄能 / 储能电站市场化交易机制，测算宁波溪口抽水蓄能、湖州长兴储能电站以不同方式参与电力市场的收益情况，专项分析风电、光伏、核电与抽水蓄能 / 储能电站联合运行模式，首次提出浙江抽水蓄能“三步走”市场化运行建议和储能参与市场交易专项试点方案，推动储能参与现货市场结算试运行。

（4）实现源网荷储交易子系统模拟试运行。建设从市场注册、信息发布、交易组织、执行评估、落地结算的全流程源网荷储交易子系统，实现全场景的市场主体参与多品种、多时序的高弹性电网市场化交易。

4.2.7.2 创新负荷响应交易新模式

1. 主要研究实践思路

传统需求响应资金来源有限，国家对建立市场化需求响应、建立市场化用户辅助服务分担共享意识提出要求。国网浙江电力创新设计“1234”负荷侧交易市场体系（一类市场主体、两种资源类型、三大交易市场、四项交易品种），

“1234”负荷侧交易市场体系如图 4–17 所示。以负荷聚合商为市场主体，聚合可中断负荷（毫秒级、秒级）和可调节负荷（分钟级、小时级）两种资源类型，覆盖中长期、现货和辅助服务三大交易市场，构建邀约型、指令型、自动型、自主型四项交易品种。市场体系为电网提供削峰、填谷、调频服务，实现市场化需求侧响应机制，探索负荷聚合商参与交易新模式，丰富国网浙江电力市场内涵。

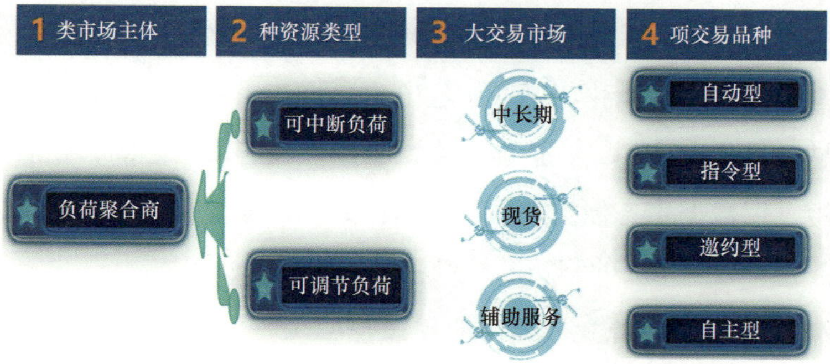

图 4–17 “1234”负荷侧交易市场体系

负荷侧交易市场体系的特点优势如下：

（1）降本增效。负荷响应专项市场补偿费用由市场机制进行疏导，可大幅降低电网公司补贴成本，有利于扩大响应规模，促进负荷响应常态化开展。

（2）激发意识。负荷响应专项市场激发市场用户辅助服务分担共享意识，促使市场用户主动提升可调节能力，更积极地参与削峰填谷。

（3）促进互动。负荷响应专项市场基于市场供需形势触发启动，与电力市场运行紧密联系，远期负荷资源参与响应将与发电侧资源联合出清，进一步提升源荷互动能力。

2. 主要成效

2020 年组织开展 3 次负荷响应市场化交易试点，实现削峰填谷约 52 万 kW；2021 年在丽水地区开展首次负荷响应市场化竞价专项交易试点；推动浙江省发展改革委、浙江省能源局发布《关于开展 2021 年度电力需求响应工作的通知》，明确在丽水等地区启动负荷响应专项市场试运行，负荷响应专项市场试运行方案另行制订；编制《浙江省高弹性电网负荷响应专项市场试运行方案》，力争 2021 年 7 月启动负荷响应专项市场试运行（重点开展邀约型）。

4.2.8 数智柱创新智衍生态

国网浙江电力着力建设“数智电网”支撑平台，构建行业领先的云平台和企业中台，支撑跨专业、跨层级海量智能终端统一接入、统一管理，深化一体化云平台、数据中台、业务中台和 AI 中台建设和应用，全面推进企业管理云平台和外网公共服务云建设。不断沉淀、提升共性服务，实现数据融通共享和多元化应用灵活支撑。推动能源大数据中心建设，充分挖掘数据价值，推动数据产品化、商业化应用，构建电力数据在民生、征信、金融、智慧城市等领域的合作和应用，打造能源大数据商业化应用生态圈，拓展数据价值变现渠道，以数据生态催生数据产品迭代升级，加速数据产品输出，拓展公司新业务，扩展公司新的利润增长点。

4.2.8.1 省级能源大数据中心建设与应用

电力作为能源生产消费的核心中枢，能源数据天然归集效应突出，长期以来积累了海量能源流动数据，在建设能源大数据中心上具有不可替代的核心优势。国网浙江电力积极响应政府号召，立足自身优势，以打造能源数据共享平台、政府决策支持平台、行业创新发展平台和智慧用能服务平台为定位，聚焦“双碳”行动和经济社会发展，于 2020 年 10 月，基本建成浙江省能源大数据中心，初步具备国内领先的省级能源大数据服务能力和服务水平。主要做到“三个创新”，实现“三个领先”。

1. 主要研究实践思路

“标准先行”，实现数据平台架构领先。能源大数据中心作为实现“双碳”目标的基础性支撑工程，建设及运营工作缺少成熟经验可以借鉴，国网浙江电力坚持“标准先行、规范引领”的原则，于 2020 年 9 月率先完成《能源大数据中心业务架构》《能源大数据中心总体架构和技术要求》两项标准编制及国网公司企业标准立项。同时，针对能源数据采集、接入、管理等方面的难点痛点，联合浙江省能源局开展两项地方标准编制及立项，有望填补行业空白，实现对省级能源大数据中心规划、设计、建设、运营的全方位规范引领。能源大数据中心总体架构及业务架构示意图如图 4–18 所示。

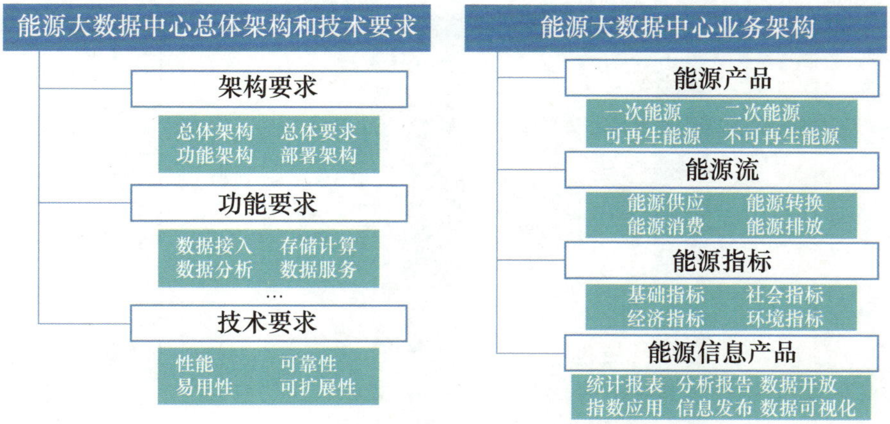

图 4-18 能源大数据中心总体架构及业务架构示意图

“省地一体”，实现数据实时共享领先。建设“省地一体”能源大数据统一平台与对外门户，推动省地贯通、联动运营，平台服务用户统一访问、数据统一管理、资源统一监控、信息统一发布。目前已汇聚电力、煤炭、石油、天然气等各类用能数据 7500 余万条，覆盖八大高能耗行业 57787 户规上企业及 2600 家重点用能企业，累计构建 528 个数据模型，对外数据服务 100 个，提供可直接使用数据集 17 个。率先构建集能源流动全过程、地域行业企业等多维度于一体的能源运营、能效与碳排放监测分析体系，实现多种能源准实时（t–1）运行监测。湖州、嘉兴、衢州等市级能源大数据中心已获当地政府授牌。浙江省能源大数据中心“省地一体”示意图如图 4–19 所示。

“价值挖掘”，实现数据多元应用领先。以挖掘数据核心价值为重要手段，围绕服务政府科学决策、经济社会发展、企业能效提升、社会民生改善四条主线，累计上线“能源碳码”“双控监测”“电力复工复产指数”“转供电费码”“中小微企业景气指数”等产品 20 余项，为浙江省发展改革委、商务厅、经信厅、大数据局、防汛防台办等提供有力支撑，服务浙江高质量发展、高效能治理。浙江省能源大数据中心数据多元应用示意图如图 4–20 所示。

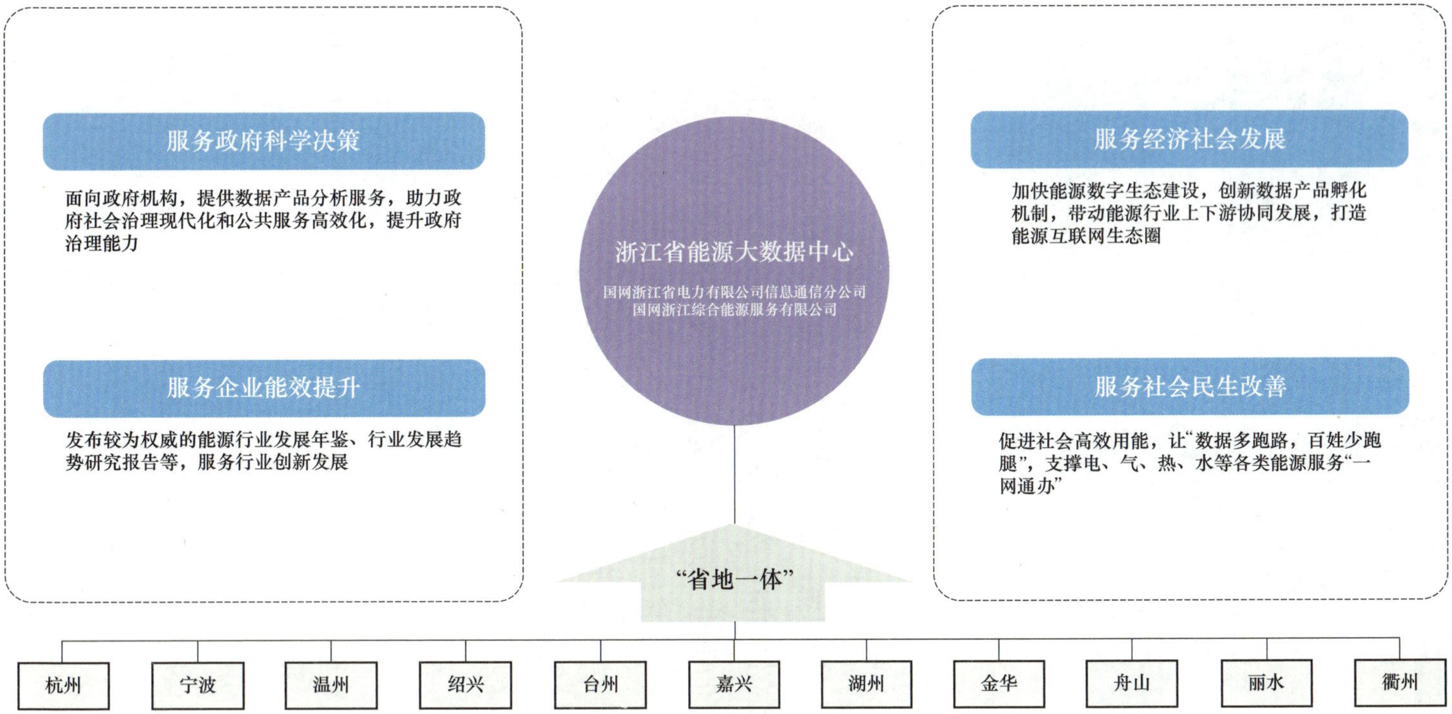

图 4-19　浙江省能源大数据中心“省地一体”示意图

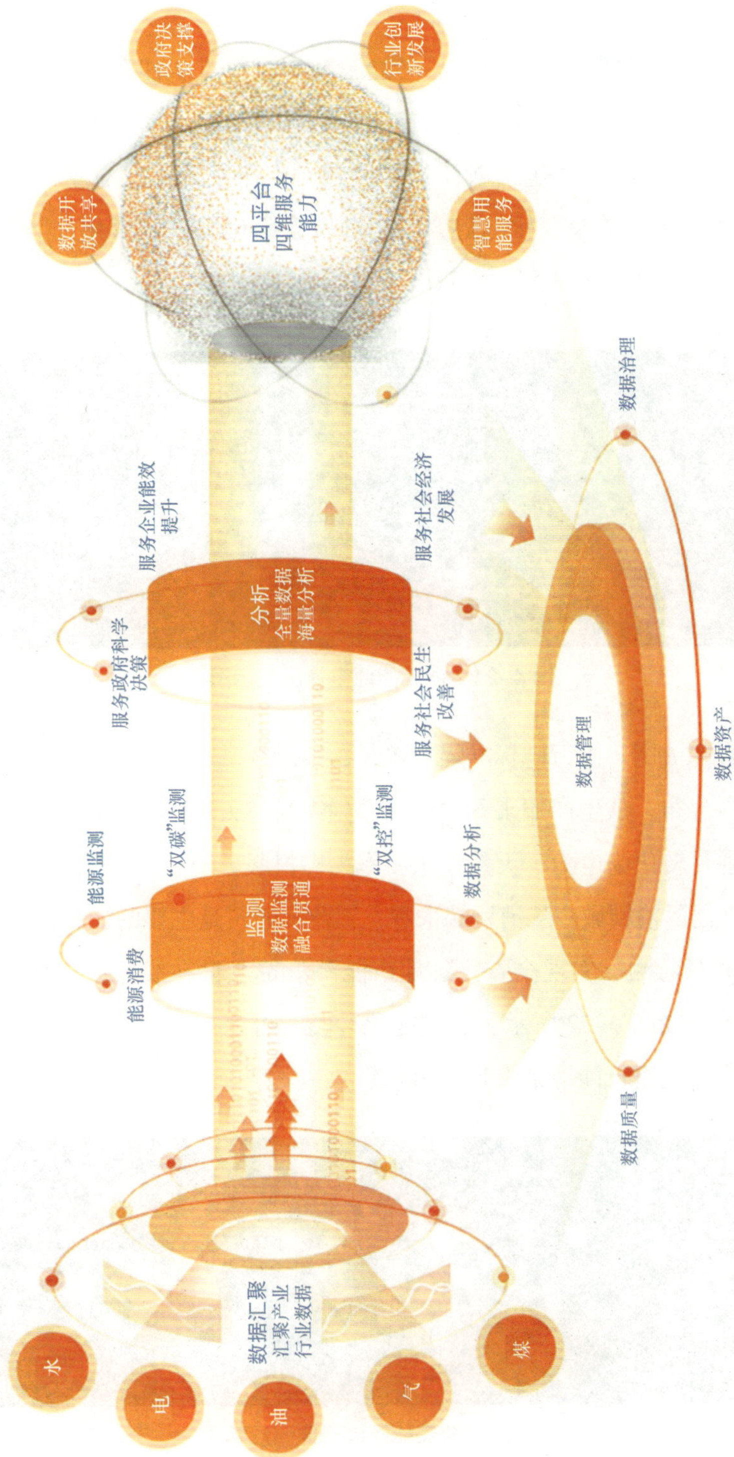

图 4-20 浙江省能源大数据中心数据多元应用示意图

2. 主要成效

能源全景。汇集浙江省内全品类能源数据，重点从能源供应、能源消费两大主线，以宏观的角度纵观浙江能源产业发展全貌，浙江能源全景展示图如图 4–21 所示。展示图包括浙江省能流图、本年累计供应总量和消费总量；能源供应多元化组成及变化趋势、能源消费多元化组成及变化趋势等，为全省能源供应和消费形势研判、宏观政策制定提供决策支撑。

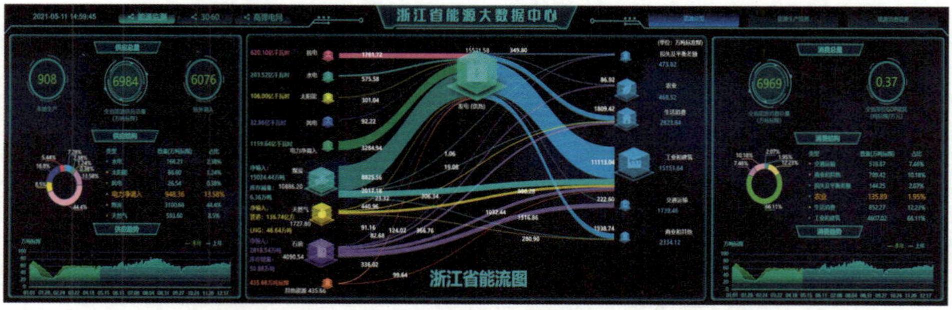

图 4–21　浙江能源全景图展示图

浙江省能流图。以万吨标准煤为单位，展示全品类能源生产供应到各领域消费的流向分布。从生产端来看，可以看到煤炭、天然气、石油为主要一次能源。煤炭主要转化为电力，天然气主要作为燃料服务于工业和建筑领域，石油主要流向交通运输领域。从消费端来看，工业和建筑是主要的能源消费领域。

能源消费监测、实现全省、各地市能源消费总量在线监测，浙江能源消费监测展示图如图 4–22 所示。根据能源种类，可以从电力、天然气、石油和煤炭等四个维度进行能源消费情况分析。

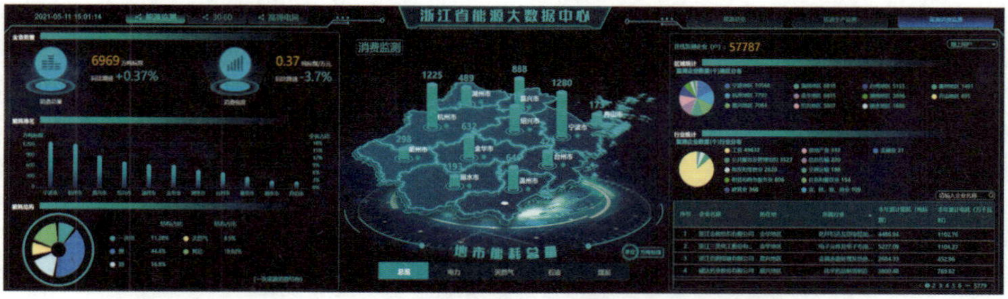

图 4–22　浙江能源消费监测展示图

从区域维度的监控情况来看，杭州市能耗总量排名第一，全省能耗结构仍旧以煤炭为主。从图 4-22 可以看出，浙江省能源大数据中心实现了 5 万多户规上企业数据接入与综合能耗在线监测，规上企业主要分布在宁波、杭州地区，集中于工业领域。通过对行业、产业、企业的能源消费监测，有助于有关部门实时掌握消费结构，为制定相关扶助政策提供有力支持。

产业链景气指数。以电力数据与行业经济数据为基础，从产业链中行业经济的传导视角出发，将经济影响因素与产业结构调整纳入分析模型，构建区域内不同行业的产业链景气指数，实现各种场景下的景气情况综合分析，有助于政府与企业及时掌握各个行业的发展现状，提前预测各个行业的发展趋势，把握其周期与拐点，为行业发展规划、产业结构转型提供决策支撑，同时支撑社会资源的优化配置。浙江产业链景气指数监测展示图如图 4-23 所示。

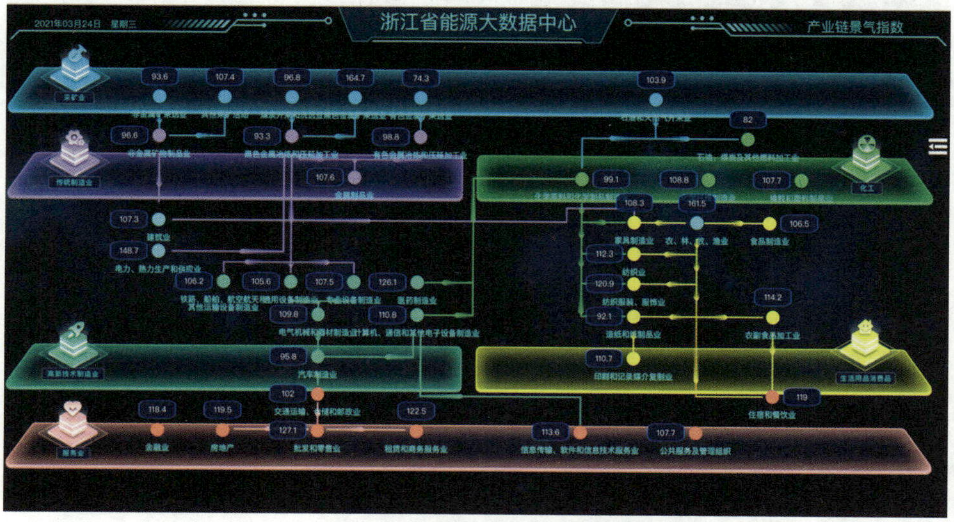

图 4-23 浙江产业链景气指数监测展示图

企业复工电力指数。疫情期间，全国首创“企业复工电力指数”，动态监测企业复工、复产情况，政企协同，构建省、市、县多级协同的专业工作网络，助力政府掌握全省 430 余万企业的复工复产情况，出台扶持政策。

夜间经济活跃度指数。以“面向浙江、聚焦区县、多源数据、突出动态、精炼内核、逐步迭代”为总体思路，通过分析省、市及区县等不同层面的夜间经济活跃度在时空维度上的差异，构建一套浙江省夜间经济活跃度的评价体系，从消费的视角对浙江省夜间经济发展的现状与趋势进行综合、客观的了解，为浙江省发展高质量夜间经济提供系统评估和决策借鉴，浙江夜间经济活跃度指数监测展示图如图 4–24 所示。

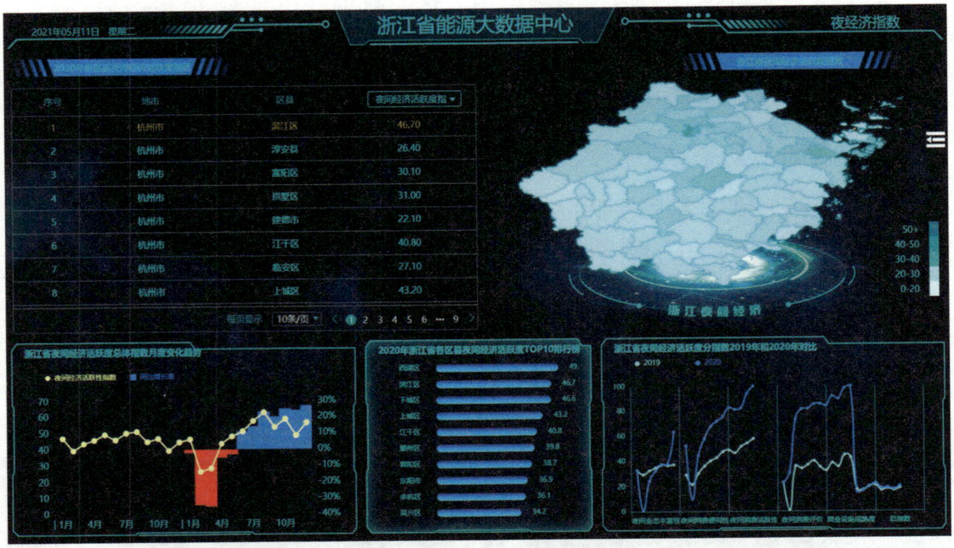

图 4–24 浙江夜间经济活跃度指数监测展示图

乡村振兴指数。运用海量行业、居民用电等数据，构建产业发展、富裕程度、宜居水平、供电保障、绿色用能五大指数，透彻分析乡村居民用电强度、村民流动、医疗、文教配套等 15 个方面的情况，多维度精准“画像”乡村振兴面貌，助力各地政府精准施策，补短板、强产业、促发展、惠民生，浙江乡村振兴指数监测展示图如图 4–25 所示。

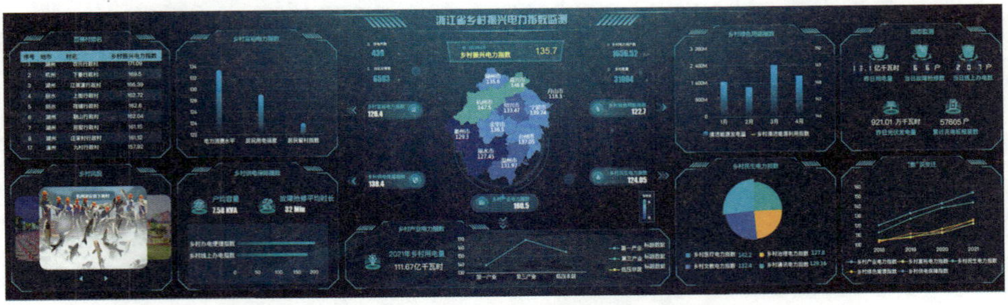

图 4–25 浙江乡村振兴指数监测展示图

4.2.8.2 “人工智能 + 大数据”的智慧调控管理

随着电网规模、调度操作、监控信息呈爆发式增长，而调度、监控两人值班模式始终未变，如何高效甄别电网海量信息，如何快速精准处置电网故障，如何解决人员承载力瓶颈，成为亟待解决的问题。围绕“走在前、做示范”的先进理念，基于调度智能控制系统、调度生产管理系统和调控云等大数据平台，利用泛在感知的电网事件化技术、自然语言处理技术、机器自学习、人机交互等人工智能技术，打造全国首台全能型主网调控机器人，通过构建智慧调控建设体系、智慧调控应用体系、智慧调控安全保障体系和智慧调控提升体系，形成“人工智能 + 大数据”的智慧调控管理新模式。

1. 主要研究实践思路

构建智慧调控建设体系。组建跨专业柔性团队，将各部门、多专业统一纳入建设体系当中，建立工作机制，明确工作职责，按照理论研究、方案设计、应用实践和总结优化四个阶段进行全过程管控。构建智慧调控应用体系。以智能信息交互、智能运行监视、智能故障处置、智能信息联调、智能电网操作五大应用为抓手构建智慧调控应用体系，实现电网运行全业务信息感知、全过程在线决策、全系统协同控制。构建智慧调控安全保障体系。协同安监、运检、信通等部门统一制订智慧调控系统上线管理规定，规范系统功能测试、优化、应用流程；全过程增量式制订系统使用说明书，完善调控机器人运维保障，确保系统稳定、可靠运行。构建智慧调控提升体系。开展人工智能引擎基地建设，对智慧调控能力进行量化，提出包含 1 个结果指标和 7 个过程指标的评价体系，以此构建智能学习可培养、智能反应可提升、智能应用可训练的提升体系。

2. 主要成效

提升电网态势感知能力。实现金华电网信息的监控全覆盖，监视准确率 100%，2020 年累计生成电网事件 11195 起，故障信息收集效率提升 3 倍以上，有效减轻调控员工作强度，提高分析和工作效率。提升调控操作智能化水平。实现语音智能成票，预令辅助、正令辅助，安全防误校核辅助，提高操作效率，确保操作过程安全可靠。提升电网协同处置能力。由机器代替人工完成信息收集，推送相关电网信息，业务交互代理，辅助调控、运检、营销、互联网等相关部门人员进行业务处理，有效提高各部门业务处理联动性，提升大电网安全管控水平。提升电网调控业务本质安全。唤醒沉睡资源，打破系统、专业、部门之间的数据壁垒，实现多元数据综合判断，增强调控决策信息的完整性和时效性。

4.2.8.3 高弹性电网形态下的物联感知数智化台区

低压台区分布广泛、供用电环境复杂，在台区运行管理过程中存在户变关系不明确、物理拓扑不清晰等问题，易造成台区线损数据误差大，新增负荷安排不合理，影响供电抢修策略的合理性、安全性和抢修及时性，进一步制约了高弹性配电网的建设和发展。此外，电动自行车入户充电引起的火灾时有发生，对广大用户用电安全构成重大威胁，引起全社会高度重视，严重制约了客户服务的优化提升。基于此，优化整合台区内电力设备海量数据资源，充分发挥台区内智能量测设备的友好智慧互动能力，建设数智化台区，实现拓扑自动识别、线损精益管理、用能安全监护和停电主动上报等智能应用。

1. 主要研究实践思路

首创提出一种基于特征电流和频域分析的低压台区拓扑识别方法，以833.3Hz 的调制频率控制负荷通断，产生频率为 783.3Hz 或 883.3Hz、峰值400mA 的携带设定信息（包括帧头、地址码等）的电流信号，通过去负荷、均值滤波和帧同步算法，避免频谱泄漏，保证拓扑识别的准确性。

提出以营配融合终端为中心的数智化台区功能架构，物联感知数智化台区架构如图 4–26 所示。研发了能源控制器、智能断路器、多芯模组化电能表等智能量测物联感知设备，奠定数智化台区硬件基础。

提出基于谐波特征及 $U–I$ 曲线特征的负荷感知算法，研制具备负荷感知功能的智能电能表，实现电动自行车入户充电准确识别，积极与政府有关部门联动，共同推进应用落地。

2. 主要成效

通过首创基于特征电流的拓扑识别方法及设备，实现低压台区拓扑的智能识别，减轻现场运维人员工作量，降低现场运维成本，同时能够有效解决因低压台区户变关系不清而导致的线损无法准确计算的问题，实现线损精益化管理。

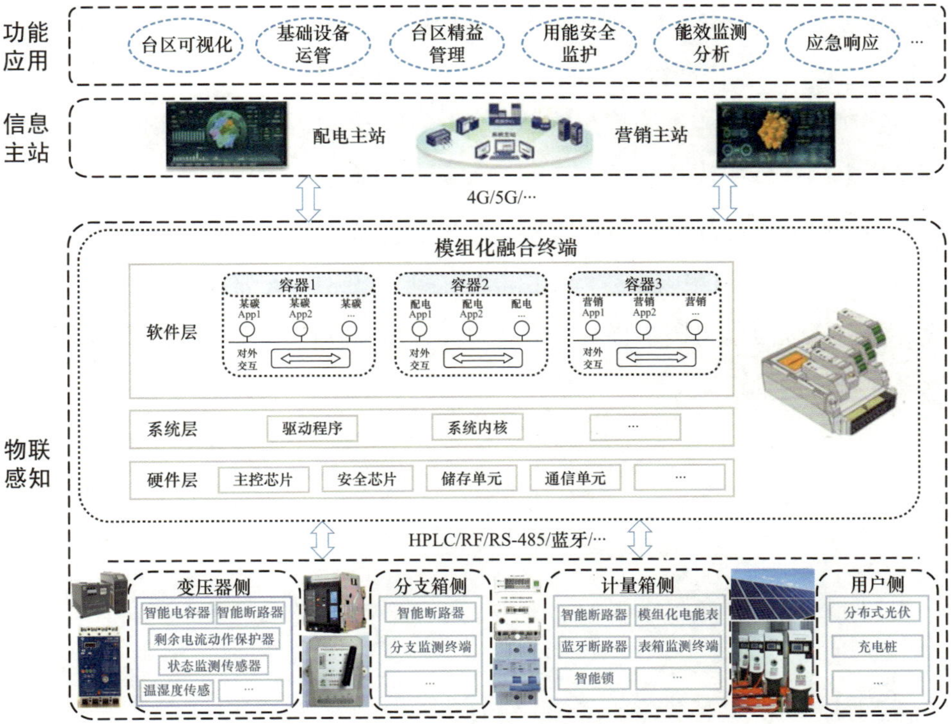

图 4-26 物联感知数智化台区架构

通过研发负荷辨识算法及设备，对电动自行车入户违规充电情况进行准确识别，实现用电安全预警，识别数据成功推送给公安、消防等部门。

通过数智化台区建设，结合台区拓扑关系，实现停电故障区段、停电客户的综合自动研判和快速、准确定位，变“被动抢修”为“主动抢修”，提升客户服务水平。针对线路计划停电和故障停电，基于台区拓扑关系实现停电信息的点对点精准通知，主动回应客户关切，提高客户满意度。

4.3 建设成效

4.3.1 整体评价

多元融合高弹性电网作为浙江新型电力系统建设的关键路径和核心载体，在多元融合高弹性电网的建设中围绕清洁低碳、安全可靠、经济高效的三重目标，聚焦“高承载、高互动、高自愈、高效能”的四大核心能力开展。通过多元融合高弹性电网发展指数指标体系评价，2020 年省级指标在国内处于领先水平。在 42 项省级指标中，36 项指标取得提升，4 个指标保持 100%。

1.“弹性指数”评价

2020 年，浙江电网弹性指数得分为 0.57，较 2019 年提升 0.13，多元融合高弹性电网弹性指数对比图如图 4-27 所示。纵向时间维度，外部压力指数由 0.70 增加至 0.71，外部挤压持续处于高位，外来电规模占比 35%，新能源装机占比 16%；电网响应能力指数由 0.63 提升至 0.81，正常态抗扰、异常态恢复、紧急态恢复能力同步提升。横向空间维度，弹性指数与 0.68 的国际领先水平还有一定差距。

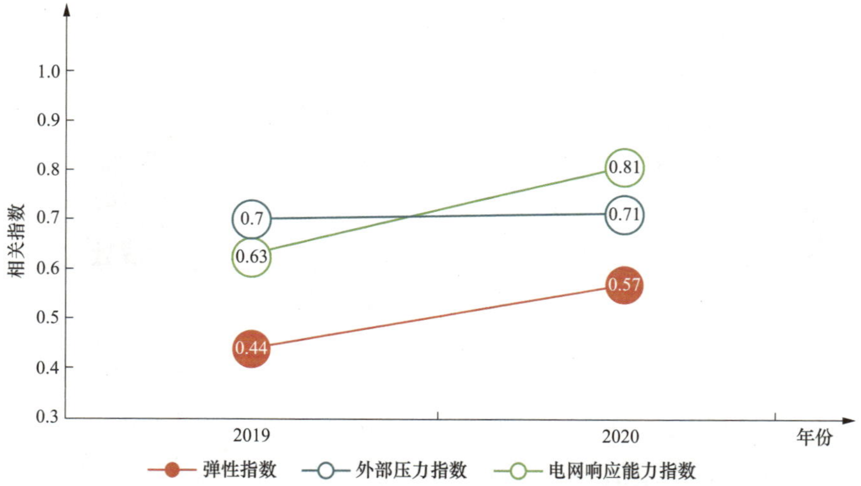

图 4-27 多元融合高弹性电网弹性指数对比图

2.“效能指数”评价

2020 年，浙江电网效能指数得分为 0.46，较 2019 年提升 0.12，多元融合高弹性电网能效指数对比图如图 4-28 所示。纵向时间维度，效率方面、动态增容、多级降损等多项提质增效工作初显成效，电网全环节综合效率拉动指数上升；效益方面，获得电力指数在较好的基础上进一步巩固领先水平；能耗方面，综合能耗小幅下降，仍处在低位。横向空间维度，能耗水平与发达国家相比差距明显，是制约效能指数达到国际领先的主要因素。

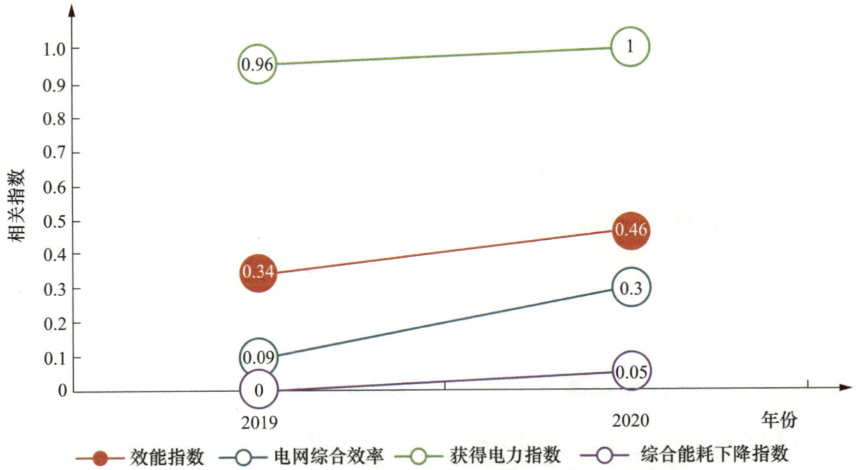

图 4–28　多元融合高弹性电网能效指数对比图

3.“互联指数”评价

2020 年，浙江电网互联指数得分为 0.57，较 2019 年小幅提升 0.06，多元融合高弹性电网互联指数对比图如图 4–29 所示。纵向时间维度，“十三五”期间，电网的清洁替代和电能替代为浙江的能源供给清洁化和能源消费电气化奠定了良好的基础；能源配置方面，“能量路由”“即插即用”“多能耦合”等多项工作仍处于理论探索阶段，未有实质性落地。横向空间维度，发达国家得益于资源禀赋和充分的市场化，指标水平相对较高。

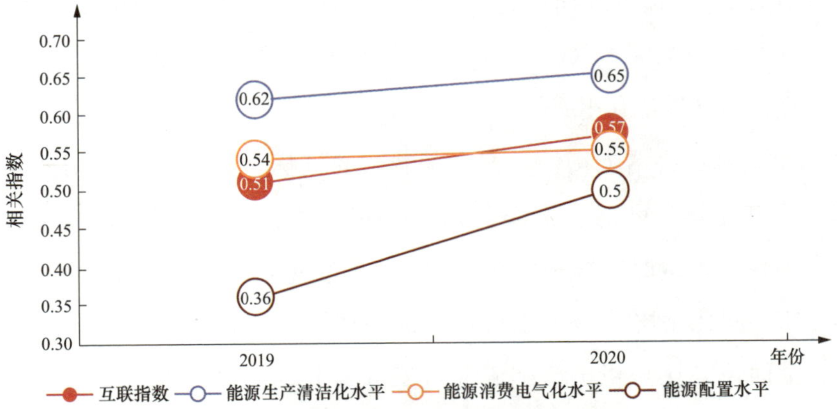

图 4–29　多元融合高弹性电网互联指数对比图

4.3.2 “八柱”建设成效

（1）电网高质量发展，灵活规划网架坚强。2020 年，规划统筹引领作用进一步彰显。在网架结构方面，浙江省 220kV 网架结构标准化率从“十三五”的 87% 提升至“十四五”的 96%，以标准化、高适应性的网架构建能源配置基础平台；在容载比方面，浙江省差异化动态容载比（220kV）为 1.93，同比下降 0.06，系统冗余进一步释放；在线损方面，结合供售同期管理新契机，深挖源网荷储各环节降损潜力，全省综合线损率为 3.7%，同比下降 0.11 个百分点，处于国内外领先水平。在投资方面，单位增供电量所需电网投资平均值为 0.512 元 /kWh，同比下降 13%，投资效率进一步提升。

（2）能源高效综合利用，电网引导多能互联。2020 年，浙江省单位 GDP 能耗为 0.38t 标准煤每万元，同比下降 3.2%，“十三五”累计下降 14%，能源“双控”达标。新能源装机占比达到 16%，增长 1 个百分点。非化石能源装机与电量占比 36%，同比提升 1.5 个百分点，其中装机占比 40%，提升 1 个百分点，电量占比 32%，提升 2 个百分点。电能占终端能源消费占比 38%，与 2019 年基本持平。

（3）降冗增效释放潜力，设备挖潜高效运行。2020 年，设备、调控专业密切配合，通过主变压器、线路动态增容、限额动态计算、网络重构优化等措施，使设备输送能力提升 10%，断面输送能力提升 5%，释放主变压器供电能力 450 万 kW，提升断面输送能力 400 万 kW。浙江省经济负载主变压器、线路占比分别为 45%、28%，综合得到电网设备利用率为 37%，同比提升 1.5 个百分点，电网设备利用率趋于经济。

（4）应对灾害增强韧性，安全承载耐受抗扰。2020 年，国网浙江电力统筹电网建设运行和应急抢修全流程资源，大力推进电网防台抗灾体系建设，灾后供电恢复时间缩短至 60h，同比下降 50%，灾后主网架恢复时间缩短至 65h，同比下降 25%。以抗击“黑格比”台风为例，浙江在台风登陆 45h 后全面恢复用户供电，圆满通过实战检验，满足《浙江省人民政府关于进一步加强防汛防台工作的若干意见》提出的灾后 72h 内全面恢复供电的要求。

（5）多元聚合灵活互动，源网荷储弹性平衡。2017~2019 年，负荷年平均峰谷差率分别为 33.3%、33.9%、34.0%，呈现持续上升趋势。2020 年，通过 95% 尖峰负荷开展供需平衡，充分调动需求响应资源参与迎峰度夏度冬，推动政府出台电价政策，进一步降低低谷段电价，逆转了峰谷差率持续上涨的态势。2020 年平均峰谷差率下降至 33.5%，较 2019 年下降 0.5 个百分点，源网荷储协调互动成效初步显现。

（6）资源唤醒量效提升，电网引导多能互联。在规模上，2020 年浙江省秒级可中断负荷、分钟级可调节负荷分别达到最大负荷的 1.2%、0.9%。在成效上，互动需求响应度达到 90%，其中，应邀用户数占总签约用户的 80%，参与度较高。实施的响应量与系统需求负荷占比达到 100%。接入车联网平台充电设施占比有所提升，总体达到 20%。

（7）政策推进服务交易，市场改革机制配套。电力市场建设稳步推进，调频等辅助服务逐步纳入市场，2020 年电力市场试运行 38 天，辅助服务市场化率提升至 3.1%；源网荷储交易品类愈加丰富，交易品种扩展至自动型、指令型、邀约型、自主型 4 种，交易体量持续提升，规模达到 52 万 kW，取得零的突破；参与市场化交易的电量占比提升至 64%，较 2019 年提升 30 个百分点，市场优化能源资源配置的价值初显。

（8）数字支撑推进转型，科创引领数智赋能。在推进公司数字化转型发展方面，2020 年国网浙江电力能源业务与数字技术深度融合，促使电力物联数字映射度提升至 80%。启动省地两级能源大数据中心建设，建成异地多活内网云平台（新增宁波节点）、外网云、内外网物联平台、人工智能平台等；发布企业复工电力指数等大数据产品，基于区块链的供应链金融、电子合同签署和停电保险已上线试运行。

5 “四能四力”建设实施体系研究与实践

浙江新型电力系统建设以高弹性电网为关键路径和核心载体，着力破解电力安全可靠、绿色低碳、经济高效“三元矛盾”，提升系统调节能力。“四能四力”建设实施体系的提出，是对多元融合高弹性电网理念的继承和发展，是围绕“系统调节能力提升”核心任务对新型电力系统理论的再思考和再深化。本章主要阐述“四能四力”建设实施体系基础内涵、研究方向及阶段成效，其中研究方向中利用典型实践项目进一步深化。

5.1 “四能四力”基础内涵

浙江是典型的大受端电网，为应对大规模外来电和新能源的不确定性，提出了构建大受端电网下的新型电力系统省级示范区建设目标，以多元融合高弹性电网为核心载体和关键路径，围绕“系统调节能力提升”核心任务，发挥数字化牵引作用，通过放大四个关键“能”、强化四个支撑“力”，推动新型电力系统跨越升级。

1.“四能四力”秉承“三个理念”的理论基础

以“唤醒的资源是最优质的资源、节约的能源是最清洁的能源、节省的投资是最高效的投资”三个理念为指引，不忽视1kW弹性资源、不浪费1kW社会能效，物尽其用四侧调节能力、吃干榨尽全域能效水平，多措并举、全社会共同参与实现系统调节能力提升。

2.“四能四力”坚持“三重目标”的前进方向

端牢电网企业能源饭碗，聚焦浙江电网面临的“两个不确定性”问题，提出“系统调节能力提升”核心任务，通过“政策赋能、丰富储能、科学用能、坚决节能”和“电源合力、电网弹力、数字活力、创新动力”的“四能四力”提升路径，实现“清洁低碳、安全可靠、经济高效”三重目标。

3.“四能四力”丰富“四梁八柱”的框架体系

“四能四力”是在多元融合高弹性电网“四梁八柱”的框架设计体系下，结合保供保价新形势和主要矛盾变化形成的建设实施体系。为高效提升系统调节能力，需要聚焦具有较大提升空间的关键点，通过“四能”，实现政策、储能、用能、节能等方面的突破，发挥关键撬动作用，为系统调节能力提升打通核心脉络；挖掘具有建设基础的支点，通过“四力”，充分发挥电源、电网、数字、创新等业务的根基作用，支撑灵活资源高效互动，为系统调节能力提升贡献力量资源。

5.2 研究方向与典型实践

5.2.1 政策赋能

5.2.1.1 研究方向

国网浙江电力着力打造全社会共享共担氛围，完善低碳循环导向的体制机制，助力激发市场潜力；着力突破能源绿色转型机制，助推政府出台分时电价、新型储能电力工程费用分担政策机制，推动建立“弹性资源”价格机制等，有效激活绿色低碳价值；着力构建浙江特色电力市场，首创绿色电力市场化交易机制，率先开展全国首笔绿电市场化交易，建立国际认可的绿色电力消费认证体系。

1. 打造全社会共享共担氛围

（1）推进《浙江省电力条例》立法。为保障浙江高水平建设国家清洁能源示范省、高质量发展建设共同富裕示范区，提升共建共担的法制环境和权责义务，国网浙江电力加快电力立法进程，推动建立清洁能源系统成本疏导机制，实现全社会能源生态共建、清洁低碳共享、减排成本共担。2022 年 9 月 29 日，国内首部保障“双碳”目标落地、促进新型电力系统建设运营的地方性电力法规《浙江省电力条例》正式发布，并将于2023年1月1日起正式施行。《浙江省电力条例》提出建立健全统一开放、竞争有序、安全高效、治理完善的电力市场体系；建立公平、独立、规范、高效的电力交易机构，引导电力市场主体有序参与电力市场交易；供电企业应当提高电网智能和储能水平，增强吸纳可再生能源电力的能力；鼓励可再生能源发电企业通过自建、租赁、购买储能设施或购买储能容量的方式，解决自身调节能力不足问题等。

（2）强化外来电刚性执行。2021年以来，由于电煤价格上涨、电厂存煤不足、发电意愿不强等因素，全国范围内出现短时电力供应紧张，造成部分省间中长期交易协议难以真正履约，扰乱了电力市场交易秩序。着眼于维护全国经济一盘棋，政府、电网企业等应当协力，加强与相关省份沟通，并请能源监管部门强化电力市场监管和协议刚性履约约束，规范电力交易市场秩序，保障外来电的稳定供给。

省间现货交易和华东备用辅助服务市场是省间中长期交易的有力补充，浙江积极利用省间现货和华东辅助服务市场，实现日前和实时跨区灵活调剂，提升华东区域内市场化调节能力，充分利用市场机制来提升电力保供能力。于2022年1月10日，浙江电力交易中心发布《省能源局关于做好2022年度电力市场化交易相关工作的补充通知》提出，外来电参与方式发生巨大变化，部分省外电可直接与购电侧签约。

2. 突破能源绿色转型机制

（1）推动完善高耗能行业阶梯电价机制。为落实国家能耗双控制度和坚决遏制"两高"项目盲目发展，发挥价格机制，倒逼企业加强节能降耗和转型升级作用，助推经济高质量发展和美丽中国先行示范区建设。2021年10月3日，浙江省发展改革委和浙江省能源局发布《浙江省关于建立健全高耗能行业阶梯电价和单位产品超能耗限额标准惩罚性电价的实施意见（征求意见稿）》。通过实施超限额电价，有效推动"两高"行业节能减排、淘汰落后产能，引导能源资源优化配置和精细化管理，建立健全能够促进企业创新绿色高效发展和产业转型升级，充分反映浙江省发展战略意图、市场需求特点和能源资源稀缺程度的价格调节机制，助力浙江省实现能耗双控和“双碳”目标任务。

（2）开展可再生能源结算数智化。坚持政策和市场两手发力，强化政企联动，推动能耗“双控”向碳排放总量和强度“双控”转变。国网浙江电力提出“碳能电”的研究主线，研发了碳基因决策分析、新能源动态资源禀赋分析、新能源消纳分析、碳电协同网络流分析等数智软件，取得碳电协同指标指数体系、能流图、碳流图、新能源经济消纳容量图等 12 项碳电标志性成果。2022 年 7 月 11 日，国网浙江电力碳电协同实验室投入运行，围绕碳电协同理论、低碳电力系统规划设计等方向进行突破，依托“经济—碳—能源—电力—经济”动态循环路径，精准测算各行业、各产业能源消耗水平和二氧化碳排放量，服务新能源与电网协调发展，实现电网碳排放的可观、可测、可析。碳电协同设计智慧云平台示意图如图 5–1 所示。

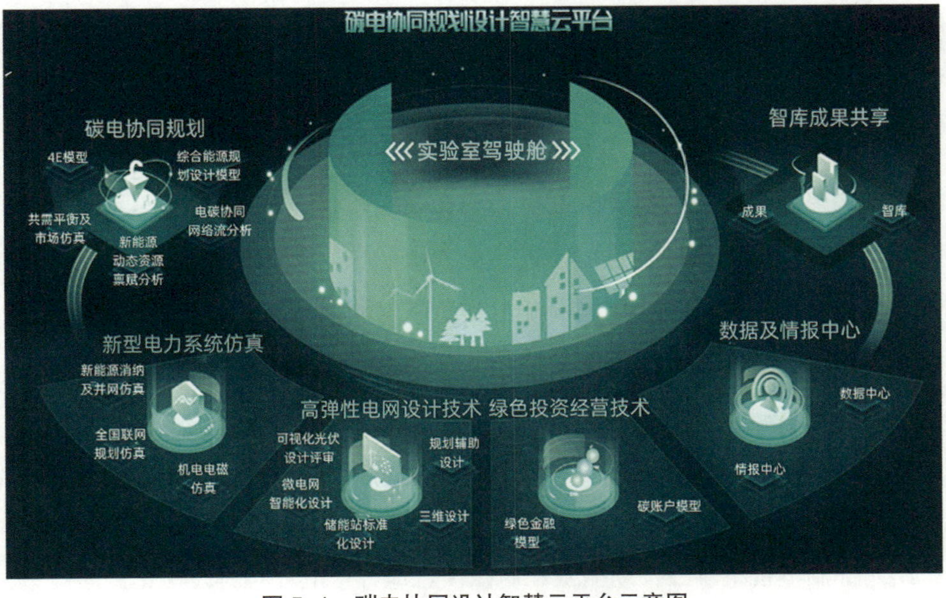

图 5–1　碳电协同设计智慧云平台示意图

（3）健全浙江电力市场履约管理实施细则。为防范浙江电力市场履约风险，加强合同履约管理，保障电力市场交易的规范运作和可持续发展，持续做好市场主体政策宣传解释，浙江电力交易中心于 2021 年 9 月 29 日印发了

《浙江售电市场履约管理实施细则（试行）》（浙电交易市场〔2021〕33号），规定了售电公司计算并确定履约保函首缴金额的原则。2022年3月编制了《浙江电力市场履约管理实施细则（征求意见稿）》，就履约保函收取主体、收取标准、最低缴纳额度、补缴时间、退还时间、可交易规模释放流程、应急结算流程等内容进行修改完善。

（4）推进电力需求响应方案实施。为推进电力需求响应市场化机制建设，培育需求侧响应资源，浙江电力交易中心创新开展了负荷侧资源参与源网荷储互动机制设计，首创国内需求响应市场化交易机制，包括一类市场主体、二种资源类型、三种交易时序、四项交易品种。即以负荷聚合商为市场主体，聚合毫秒级、秒级、分钟级和小时级响应速度的可中断负荷和可调节负荷两种资源类型，覆盖中长期、日前和实时交易时序，构建自动型、指令型、邀约型、自主型四项交易品种。根据负荷调节速度、季节变化等因素，首创“容量+电量”两部制补贴方式，合理补偿日内用户备用成本。2021年5月，浙江省发布《关于实施公共机构电力需求响应集中示范工程的通知》，启动公共机构需求侧响应改造三年行动计划，强化省、市、县三级联动，杭州、嘉兴、金华、丽水等地的16个区县已出台地方性需求响应专项补贴。

3. 构建浙江特色电力市场

随着新型电力系统建设的推进，电力市场也面临“低碳与安全并重，同时考虑经济性”的转型。国网浙江电力从制定源网荷储互动交易多元价格机制、推进绿色电力市场化交易等方面发力，积极构建浙江特色新型电力市场。

（1）制定源网荷储互动交易多元价格机制。

1）电源侧。全国首创天然气发电上网电价机制优化方案，率先试点天然气机组平价上网，重构天然气机组电量电价定价方式，并进一步优化天然气机组两部制电价机制。推动丽水和衢州出台地方水电峰谷时段优化调整政策，创新优化地方水电上网电价机制，合理调整峰谷电价时段（高峰时段由8:00~22:00调整为7:00~11:00、13:00~23:00；低谷时段由22:00~次日8:00调整为11:00~13:00、23:00~次日7:00），高效配置电力通道资源，支撑新能源发展。

2）电网侧。首创配电网跨省协同电费结算新机制，有序扩大华东区域配电网跨省电费协同结算试点应用范围，全面打通省间配电网互保互济“最后一公里”，入选长三角一体化发展首批“最佳实践”。

3）负荷侧。国网公司受端省份首创分时电价优化机制，科学重构峰谷时段，合理拉大全年峰谷价差，构建季节性（夏季、冬季）尖峰电价机制；强化电价市场化改革与分时电价协同，完整保留分时电价核心机制。创新构建省、市、县“三位一体”的电力需求响应补贴资金体系，充分融合省级电价机制与地方财政等赋能作用，合力提升需求响应实施效果。

4）储能侧。合力推动国家发展改革委完善抽蓄电站价格机制，明确抽发损耗和容量电价在核定输配电价时统筹考虑，打破抽水蓄能成本难疏导的困境。在嘉兴落地“5G 基站 + 储能”商业模式，分享节能效益，增强电网运行弹性。在湖州切实落地“新能源 + 储能”联合运营、共担成本、共享收益商业运营模式。

（2）推进绿色电力市场化交易。

1）省内试点。2021 年 5 月，交易中心积极推动浙江省发展改革委、省能源局联合印发《关于做好 2021 年浙江省绿色电力市场化交易相关工作的通知》，浙江成为全国首个出台绿电交易落地政策及试点配套支撑文件的省份。

2）全国推广。2021 年 9 月，全国首次绿电试点交易正式组织开展，浙江组织省内 62 家市场主体参加全国首次绿电试点交易，达成交易电量 3.0075 亿 kWh，是市场主体参与数量最多的省份，占国网公司供电范围内参与市场主体的 28%，取得了良好的社会反响，扩大了绿电交易的影响。

3）连续开市。交易中心认真总结首场绿电交易经验，结合燃煤发电上网电价改革对电力市场建设的影响，进一步完善绿电交易机制，研究形成了浙江省绿色电力市场化交易常态化实施工作方案。2021 年 11 月起，绿电交易在浙江进入常态化开市阶段，开启“日常模式”。

4）再创新高。2022 年，浙江电力交易中心积极推动绿电交易纳入浙江省电力中长期交易规则，截至 3 月底已规范组织省间及省内绿电交易 14 场次，成交电量首次突破 10 亿 kWh。

5.2.1.2 典型实践

1. 需求响应专项市场试点

2021 年 8 月下旬至 9 月初，迎峰度夏期间，国网浙江电力营销部联合交易中心、属地政府在宁波市北仑区和丽水市各开展了一次电力需求响应专项市场试点，电力用户通过市场化方式申报响应容量和价格，按计划开展削峰响应，并积极探索共享共担需求响应服务费用。

宁波专场试点交易在宁波泛梅山多元融合高弹性电网省级示范区开展，共有 45 户电力用户参与了试点交易申报，8 月 30 日至 9 月 4 日期间负荷响应容量累计出清 1.84 万 kW，其中最低出清价格 3.27 元 /kWh，最高出清价格 3.77 元 /kWh，预计响应总费用为 13 万元，除部分费用由北仑区政府通过专项资金承担之外，其余响应费用皆由该区域内参与交易的电力用户共享共担。

丽水专场试点交易于 9 月 1 日通过电力交易平台、“网上国网”端口向丽水市 4107 户普通直接交易用户进行了负荷响应邀约，最终成交 60 户，响应容量出清 5 万 kW，响应出清价格 3.8 元 /kWh，预计响应总费用为 19 万元，将由丽水市的全体普通直接交易用户共享共担。

以上两次需求响应专项市场试点证明，通过合理的市场机制引导，让用电企业与电网“互动”起来，可有效缓解局部区域阶段性的短时供电压力，既满足了企业用电需求，又能保障电网供用平衡，避免电量损失。市场化方式唤醒了海量可调节资源的调峰潜力，激发了电力市场主体共享共担辅助服务的意识，有效保障了迎峰度夏期间局部电网电力供需平衡。

2. 多元价格机制示范

依托丽水全域共富零碳新型电力系统综合示范项目，开展基于“双碳”目标下的水电价格机制优化与实践，率先优化地方水电峰谷电价机制，科学合理调度小水电发电，保障全市安全稳定可靠供电，减少电量损耗，避免一窝蜂挤占通道，合理配置电力通道等资源，支撑新能源发展。

（1）建设内容。

1）因地制宜开展发用电特性分析。通过对丽水市小水电的出力特性、发电量、分时上网电价等数据分析，并从大工业、一般工商业、居民家庭等维度分别对丽水市用电负荷特性进行分析，实现了电力电量与负荷的关联分析。

a. 小水电日出力特性分析。用电峰谷交替出现。丽水电网全社会用电负荷峰谷交替变化，正常高峰负荷为 140 万 ~160 万 kW，低谷负荷为 100 万 ~120 万 kW。高峰、低谷各有 3 个时段，其中 11 : 00~13 : 00、17 : 00~22 : 00、0 : 00~7 : 00 为负荷低谷时段，7 : 00~11 : 00、13 : 00~17 : 00、22 : 00~24 : 00 为负荷高峰时段。目前水电上网峰谷时段有 2 个，峰时段 14h，谷时段 10h，部分时段与电网峰谷时段不对应，引起峰谷时段错位，不能很好地起到调峰作用。

关口负荷“峰谷倒置”。网供关口负荷昼夜“峰谷倒置”，8 : 00~22 : 00 为网供负荷低谷时段，其他时段为网供负荷高峰时段，峰谷差较大。因峰谷电价差大，水电站往往通过“昼发夜停”追求发电效益，8 : 00~22 : 00 峰电价期间水电集中发电送出，22 : 00~ 次日 8 : 00 谷电价期间停发，水电集中开停机造成丽水网供负荷与全省其他地区迥异的“峰谷倒置”现象。

b. 光伏出力特性分析。丽水光伏发电发展迅猛，光伏最大出力在 11 : 00~13 : 00，也是水电大发时段，恰好又是电网低谷时段，是丽水能源外送最紧张的时候。受峰谷电价驱动，小水电集中在白天峰电价时段发电，特别是丰水期时，大量水电站在白天满发，电网送出承载面临巨大考验，使原本送出压力较大的电力通道更加不堪重负。据统计，丰水期 3~6 月光伏出力超 60% 最大出力的天数达 85 天，占总日历天数 122 天的 70%，也就是丰水期大量时间是水电和光伏叠加送出。

结合丽水地区用电负荷情况及通道利用情况，对峰谷时段调整后的装机消纳能力进行评估分析，光伏最大出力在中午 11 : 00~13 : 00，在光伏大发时段可调停水电机组，水电大发时白天较晚上出力高 40 万 kW，因此水光可错峰发电 30 万 ~40 万 kW，可增加光伏装机 50 万 kW。

c. 分用电性质负荷特性分析。通过对大工业用户、一般工商业用户和居民用户的用电典型日负荷分析，整体日负荷波动较大，负荷峰谷较为明显，在 11 : 00 ~ 13 : 00 之间，均为用电负荷低谷。

2）科学合理调整小水电峰谷时段。基于上述发用电特性分析，统筹考虑丽水当地新能源装机占比、系统调节能力等因素，为确保电网安全运行，提升电网运行效率效益，更长远地促进小水电健康发展，支撑经济社会可持续发展。建议适当优化小水电峰谷时段，在保持峰谷小时数不变的情况下，高峰时段为7：00~11：00、13：00~23：00；低谷时段为11：00~13：00、23：00~次日7：00（11：00~13：00 2h高峰时段与22：00~23：00和7：00~8：00两个低谷时段互换），实现与电网峰谷时段相对应。

3）内外协同推动政策创新突破。经过前期充分研究和论证，国网浙江电力撰写《关于优化调整丽水小水电上网峰谷时段的请示》，正式向丽水市发展改革委提出申请，阐明该项工作的必要性和重要意义，得到丽水市发展改革委的支持认可。丽水市发展改革委向浙江省发展改革委提交《关于要求调整丽水小水电上网峰谷时段的请示》（丽发改价格〔2021〕63号），建议省发展改革委统筹考虑丽水实际情况，优化调整丽水小水电上网峰谷时段。浙江省发展改革委发文（浙发改价格函〔2021〕322号）正式复函，调整丽水小水电上网峰谷时段，高峰时段由8：00~22：00调整为7：00~11：00、13：00~23：00；低谷时段由22：00~次日8：00调整为11：00~13：00、23：00~次日7：00；明确调整后的峰谷时段自2021年5月1日起执行。丽水市发展改革委发文对丽水地区水电峰谷时段平移调整进行正式通知。

（2）实施成效。

1）安全效益提升。通过科学调整峰谷时段，进一步满足发电侧和需求侧负荷的均衡，实现电价管理水平的整体大幅度提升，进一步提升水电价格机制的精益化管理水平。通过将部分水电上网峰谷时段进行互换，能让小水电站主动调配到用电高峰发电，做到源网荷储协同一体，减少调配火电资源弥补电网缺口的需要，实现本地用电需求的最大化可再生能源供给，极大改善丽水地区的供需矛盾。科学制定地方水电峰谷电价优化体系，可有序在全省范围推广。

2）经济效益显著。

a. 大幅降低电网损耗。11：00~13：00是用电低谷时段，22：00~23：00、7：00~8：00是用电高峰时段，水电发电与电网调峰时段不对应，不能实现就地平衡，关口负荷峰谷差达60万~90万kW，峰谷时段调整后关口负荷峰谷差降低 30 万 ~ 45 万 kW，每年可降低电网损耗 1600 万 ~ 2300 万 kWh。

b. 减少电网投资。“十三五”期间，通过丽水西南电网补强工程、万象—松阳 220kV 线路工程、濛州—宏山 220kV 线路工程建设，总投资 3.77 亿元，提升新能源送出能力 30 万 kW，按照峰谷时段调整后提升 50 万 kW 送出能力计算，220kV 电网可减少电网投资 6.2 亿元。“十四五”期间，投产 500kV 丽西输变电工程，总投资 30 亿元，提升新能源送出能力 250 万 kW，如果按照峰谷时段调整后提升 50 万 kW 送出能力计算，500kV 电网可减少电网投资 6 亿元。

c. 增加光伏消纳，加速光伏致富。经实际测算，小水电峰谷电价时段调整后，在非集中降雨时期，丽水小水电可在光伏大发时段（11：00~13：00）让出通道 20 万 ~ 40 万 kW，助力全省新能源有序消纳，将有助于丽水整县整区“光伏富裕”工程实施，加速“十四五”光伏新增装机翻倍跃增，拉动投资超 60 亿元，增创土地租赁和税收近 10 亿元，让山区人民享受新能源发展红利。

3）社会效益突出。

a. 助推“双碳”战略落地。通过水电上网峰谷时段的优化调整实施，有力促进丽水高弹性电网建设，助力丽水全域绿色能源虚拟电厂建设，提高电网运行弹性，提升电网承载能力，增强新能源消纳送出能力，减少服务能源送出建设电网带来的生态破坏，实现绿色能源生态价值变现和清洁调峰降碳。仅 2021 年元旦，丽水绿色能源虚拟电厂参与全省调峰，减少燃煤机组调峰 43 万 kW，提高全省在网机组负荷率 1.27 个百分点，减少发电耗煤 94t。

b. 提升行业效益。通过应用此项创新成果，使小水电行业长期维持在成熟期水平，使已开发的小水电站在保持较高运作效率的同时获得最优的经济效益，未开发的小水电站能够在较高的回报预期下逐渐获得稳定经济效益，行业经济效益稳定性和持续性得到极大的提升。

c. 助力乡村振兴。光伏等新能源大力生产，将加速能源绿电替代，以 100% 绿电提升丽水“山”字、“景宁 600”等品牌价值，服务生态餐饮民宿、农副加工等发展，实现城乡农民创收增收，实现绿电“增富造富”，大幅提升山区人民收入。

3. **市场交易机制示范**

结合杭州泛亚运城市级低碳新型电力系统综合示范项目，交易中心先后促成能源局印发《杭州亚运会绿电交易工作方案》，浙江省发展改革委、浙江省能源局、亚组委办公室和国网浙江电力联合印发《杭州亚运会绿色电力专项行动方案》，明确通过开展绿电交易实现亚运会100%全电量绿色电力供应。根据亚组委和省能源局的要求，亚运绿电的总需求规模为3亿kWh，已组织两批次亚运绿电专项交易共5场，总成交交易电量2.27亿kWh。亚运绿电用户共61户，包括57家亚运场馆、3家亚运村及1个亚运指挥中心，覆盖杭州、宁波等全部六个地市，上述场馆于2022年1月已开始使用绿电，截至2022年3月，已结算绿电电量0.17亿kWh，实现了亚运场馆百分之百绿电供应。

5.2.2 丰富储能

5.2.2.1 研究方向

国网浙江电力打造华东抽水蓄能基地，坚持多元化、规模化、商业化方向，以发展抽水蓄能为重点，提升系统主动支撑和灵活调节能力；支持新型储能发展，积极推动各级政府健全相关配套政策，促进储能共建共享发展和资源高效利用；创新突破储能机制及商业模式，多维度探索“新能源+储能”、共享储能、“储能+电力服务”等。

1. **打造华东抽水蓄能基地**

（1）配合制订抽水蓄能中长期发展实施方案。国网浙江电力把握抽水蓄能投资发展最好机遇，加大优质抽水蓄能站址资源储备力度，开展省内中小型抽水蓄能资源摸排，从区域负荷需求、电网接入条件、新能源发展规划等多角度权衡资源站点优劣，形成满足社会发展需求、符合电网接纳能力的优质站点资源库，向省能源局推荐更多抽水蓄能项目。2022年5月，浙江省发展改革委、省能源局关于《浙江省抽水蓄能中长期发展规划项目调整报告（2021~2035年）》（征求意见稿）中明确“十四五”重点实施43座抽水蓄能电站、总容量5030万kW。

（2）加快推进抽水蓄能项目建设。2021年9月，国家能源局发布了《抽水蓄能中长期发展规划（2021—2035 年）》，紧水滩混合式抽水蓄能电站为“十四五”期间抽水蓄能重点实施项目。国网浙江电力下属单位已与云和县人民政府、华东勘测设计院签订合作框架协议，共同开发紧水滩抽水蓄能电站，加快推进示范项目建设。项目将围绕服务支撑清洁能源体系，大力推进“光伏 + 抽水蓄能”绿色转型发展，推动政企合作、打造国内一流的清洁能源项目。

2. 支持新型储能发展

为全面衔接、贯彻落实浙江省发展改革委、能源局发布的《关于浙江省加快新型储能示范应用的实施意见》（浙发改能源〔2021〕393 号），推动浙江省新型储能健康有序发展，结合国网公司关于支持新型储能发展的相关工作要求，国网浙江电力于 2022 年 2 月印发《国网浙江省电力有限公司关于支持服务我省新型储能示范应用的实施意见》，进一步统筹能源发展近期与长远需求、电网运行需要与储能技术条件，促进储能在电力系统源网荷各环节规模化应用，提升新能源利用效率与电网安全稳定运行水平，为 2022 年 5 月浙江省发展改革委、能源局研究编制的《浙江省“十四五”新型储能发展规划》中新型储能健康有序发展提供方向。

国网浙江电力为服务新型储能发展，牵头主导的《电化学储能系统接入配电网运行控制规范》《用户侧电化学储能系统并网管理规范》等三项国家储能标准获批立项，可有效指导规范新型储能并网。建成杭州亚运主场馆可移动共享储能应急电源基地、宁波 10kV 储能电站、金华移动共享储能基地、湖州滨湖综合能源站氢电双向转换及储能一体化系统，助力清洁能源高效消纳。

3. 创新突破储能机制及商业模式

（1）基本建立政策和市场体系。储能发展受政策和市场环境影响较大。2021 年，浙江出台分时峰谷电价政策，峰谷价差进一步扩大到 4∶1，为新型储能加快发展奠定了政策基础；《关于浙江省加快新型储能示范应用的实施意见》（浙发改能源〔2021〕393 号）正式印发，进一步明确新型储能发展的重点任务、技术参数标准和容量补贴政策，扶持力度大幅领先于其他省份。浙江是现货市场试点省，前期现货市场结算试运行已纳入储能参与模拟结算，获得投资者的广泛关注。

（2）积极探索各类应用场景。浙江省新型储能在应急电源、微电网、“互联网 +”智慧能源等应用场景和商业模式上均有应用。绍兴 35kV 中压直挂式储能电站，增强对电网的弹性支撑能力；浙江东福山新能源储能项目，提升新能源消纳能力；宁波 110kV 越瓷变电站 10kV 储能项目，有效增加当地电网调峰能力，节省电网投资；用户侧宁波旭升光储一体项目，通过源网荷储灵活互动，以峰谷差价空间维持正常运营；中国铁塔义乌 5G 基站储能项目，引入负荷聚合能效管控模块控制储能电池充放获取收益。

（3）构建“储能 + 电力服务”电网支撑服务。围绕新型电力系统省级示范区建设、共同富裕示范省建设叠加传统电网建设规划，浙江高比例峰谷差叠加分布式新能源快速发展，推动能源电力分层分区就地平衡，应用储能设备帮助削峰填谷，助力新型电力系统建设。通过针对性地设计“储能 + 电力服务”产品，精准制订电网侧储能电站“充放”运行策略，配合线路侧应急发电车使用，全面提升日常运行期间、迎峰度夏（度冬）期间、春节期间、紧急故障、停电抢修等时段电网运行的稳定性、安全性、可靠性、经济性。

5.2.2.2 典型实践

1. 储能政策

（1）在省级层面，浙江省相继出台了多项扶持政策，推动新型储能技术与产业发展。2021 年 5 月，浙江省发展改革委、浙江省能源局联合印发《浙江省可再生能源发展“十四五”规划》，指出要鼓励开展储能示范项目，一是要推进“可再生能源 + 储能”模式，建设若干“风光水火储一体化”可再生能源示范基地，不断完善储能政策，探索更为合理的储能商业模式，推动储能成本分摊疏导；二是发挥源网荷储协调优势，建设“源网荷储一体化”示范试点，将电、热、气等能源网络中生产、传输、存储、消费等环节互联互通，实现多种能源的协同转化与集成调配；三是要开展储能核心技术科技攻关，针对电化学储能、氢储能等关键技术实施重点突破。

2021 年 11 月，浙江省发展改革委、浙江省能源局联合印发《关于浙江省加快新型储能示范应用的实施意见》（浙发改能源〔2021〕393 号文），提出要从强化项目规划、开展项目示范、完善制度支撑及协同产业发展等四方面推动新型储能产业高质量发展，进一步明确新型储能发展的重点任务、技术参数标准和市场容量补贴，在提供财政资金支持、保障利用小时数、明确储能市场主体地位等 7 个方面充分体现浙江特色。工作目标方面，2021~2023 年，全省建成并网 100 万 kW 新型储能示范项目，“十四五”力争实现 200 万 kW 左右新型储能示范项目发展目标，重点支持集中式较大规模（容量不低于 5 万 kW）和分布式平台聚合（容量不低于 1 万 kW）新型储能项目建设。明确参数标准方面，要求新型储能示范项目按照工作寿命 10 年及以上设置；发挥调峰作用的新建储能示范项目，接入电压等级为 10kV 及以上，功率不低于 5 万 kW，额定功率下连续放电时间不低于 2h；联合火电机组调频的储能示范项目，单体功率不低于 1.8 万 kW，综合调节性能指标 K_{pd} 值不低于 0.9；采用锂电池的新建电化学纯电站，原则上交流侧效率不低于 85%、放电深度不低于 90%、电站可用率不低于 90%、充放电效率不低于 6000 次。加强资金支持方面，支持引导新型储能通过市场方式实现全生命周期运营，过渡期间，对于接受统一调度的调峰项目（年利用小时数不低于 600h）给予容量补偿，补偿标准逐年退坡，补贴期暂定 3 年［按 200、180、170 元 /（kW · 年）退坡］；联合火电机组调频的示范项目，K_{pd} 值大于 0.9 的按储能容量每月给予 20 万 kWh/MW 调频奖励一定煤量指标。

2022 年 2 月，国网浙江电力印发《国网浙江省电力有限公司关于支持服务我省新型储能示范应用的实施意见》，重点突破电源侧和电网侧储能，协同推进用户侧储能，积极推动储能关键技术、商业模式、政策和市场机制创新，引导储能应用与能源清洁低碳转型、电网高质量发展相适应。到 2023 年，推动全省建成电网侧大型（共享）储能项目 40 万 kW 以上，推动创新“新能源 + 共享储能”、储能配额制等模式，增强电网调节、新能源消纳和应急供电保障能力。到 2025 年，推动全省建成储能项目 200 万 kW 以上，推动完善储能电价机制、储能参与电力市场机制，“新能源 + 共享储能”、储能配额制等规模化发展，市场环境和商业模式基本成熟，储能在推动能源领域“碳达峰、碳中和”过程中发挥显著作用。

2022 年 5 月，浙江省能源局发布《浙江省“十四五”新型储能发展规划》，一方面明确全省“十四五”新型储能发展目标，提出“十四五”期间建成新型储能容量 300 万 kW 左右，根据浙北与萧绍区域、东部沿海区域及浙西南区域负荷、电源发展情况，针对性提出各区域新型储能建设规划。另一方面突出新型储能项目建设重点任务：①支持储能多元应用，梳理火储调频、电网侧独立储能、用户侧多元化储能示范项目；②鼓励试点示范，列举新型储能多元技术路线示范；③完善体制机制，提出进一步确立新型储能独立市场主体地位，优化价格机制，健全激励机制；④规范行业管理，完善技术标准体系，强化项目管理及安全、消防管理；⑤加大政策扶持，在金融财税等方面予以支持，加快全产业链建设，梳理自主核心产业应用示范项目名单。

（2）在地区层面，省内各区县（市）先后出台新能源配置储能地方性鼓励或强制性政策，实现“新能源 + 储能”政策全省覆盖；陆续发布储能补贴政策，对符合要求的用户侧储能项目给予财政资金补助。

温州市政府办公室发布《温州市制造业千企节能改造行动方案（2021—2023）》，对于实际投运的分布式储能项目，按照实际放电量给予储能运营主体 0.8 元 /kWh 补贴，连续补贴两年；乐清市政府已出台储能应用电价政策补贴，在现有基础上补贴 0.89 元 /kWh，高于国内其他地区，具有较大的投资吸引力；义乌市发展和改革局发布《关于推动源网荷储协调发展和加快区域光伏产业发展的实施细则（征求意见稿）》，对接受电网调度的储能系统按照峰段实际放电量给予 0.25 元 /kWh 补贴，补贴两年；绍兴市柯桥区发展和改革局发布《关于柯桥区整区屋顶分布式光伏开发试点实验方案的公示》，提出在柯桥区建设非户用分布式光伏项目配套储能设施的，对项目业主按 100 元 /kWh 发放一次性补助；海宁市发展和改革局发布《关于加快推动新型储能发展的实施意见（征求意见稿）》，提出支持引导新型储能通过市场方式实现全生命周期运营，过渡期间，对于接受统一调度的调峰项目（年利用小时数不低于 600h）给予容量补偿，补偿标准逐年退坡，补贴期暂定 3 年［按 200、180、170 元 /（kW · 年）退坡］，已享受省级补偿的项目不再重复补偿。

2. 绍兴 35kV 中压直挂式储能电站

2022 年 6 月 17 日，绍兴 35kV 中压直挂式储能电站正式并网运行。该储能电站是全国首座社会资本投资建设的35kV电压等级、直挂式、电网侧储能电站，采用磷酸铁锂电池作为储能单元，由2个配套电力设备舱和9个电池储能单元舱组成，最大功率为6MW。其中，9个用来储存能量的“大电池”可在白天存储无法消纳的新能源电量，并在夜间持续提供绿色电能；也可在夜间用电低谷期存储电量，白天用电高峰时段借用储蓄的电能为周边地区和企业供电，降低电网负荷压力。

储能电站周边地区分布着10多家新能源企业，高比例的新能源并入电网时必将给电网带来不小的冲击，该储能电站的投运能够增强电网的灵活调节能力，减少因大容量直流系统接入后给电网带来的冲击，发挥调峰调频辅助支撑、缓解电网阻塞、延缓输配电设备扩容升级等作用，让电力供应更加可靠。据测算，储能电站并网运行后，可以使上虞220kV道墟变电站的峰谷差率从现在的43.5%降至35.4%。此外该储能电站还能在电网故障时作为备用电源，提升故障后的恢复能力，保障周边企业的电力供应安全可靠。

该储能电站采用模块化级联多电平拓扑技术，实现了无变压器直挂并网，能实时灵活调节单元电池组的充放电特性，增强对电网的弹性支撑能力，相比于传统储能方式具有安全性能高、效率效益高、兼容性能强等优势，能够适应不同类型储能电池的特性，为储能发展提供了新的发展方向。

3.“储能+电力服务”电网支撑服务示范

10kV雉城储能电站是全省首座启动投运的大型电网侧储能电站，也是全国首座大型电网侧铅碳储能电站，对用电接力续航，形成“源网荷储”融合的高弹性电网起到了极大作用，设计容量24MWh，设计功率12MW，由6台2500kVA主变压器和6个储能单元组成。每个储能单元包含4台储能变流器（power conversion system，PCS）、4套电池管理系统（battery managemet system，BMS）和4个电池堆，每堆电池由840只铅碳储能电池组成，全站电池数量达20160只。以该储能电站进行“储能+电力服务”电网支撑服务示范，针对性设计“储能+电力服务”产品，具体如下。

（1）提升电网运行稳定性。

1）日常运行削峰填谷服务。在考虑湖州大电网负荷特性的基础上，结合湖州电网运行方式、次日检修、主网断面潮流缺口等因素，制订次日储能电站运行充放电计划方案，确定“充放”运行策略，经浙江省调审核下发后执行，有效削减金陵变电站供区负荷峰谷差，保障湖州电网平稳运行。

2）节假日无功补偿服务。充分利用储能电站 SVG 和 PCS 无功调节功能，接入地调自动电压控制（automatic voltage controe，AVC）系统，优先利用 SVG 进行无功调节，SVG 补偿不足时再通过改变 PCS 无功设定值并投入。储能电站最大可发出 7.4Mvar 的感性无功，相当于在 10kV 母线上装设了一台电抗器，同时又可以作为负载吸收有功功率，有效缓解春节期间长兴城区电网无功倒送大、力率管控难的问题，保证符合低谷期间电能质量。

（2）提升电网运行安全性。

1）紧急功率支撑服务。在湖州电网迎峰度夏、迎峰度冬期间用电负荷存在缺口的情况下，储能电站调整优化充放电时间，利用储能电站放电功率补偿断面功率缺口，保障尖峰负荷时段电网平稳运行、用户持续供电。在大电网出现故障缺口负荷时，瞬时接受省调 AGC 调节指令，储能电站从待机状态改为发电状态，有效支撑大电网负荷平衡。

2）黑启动备用电源服务。充分利用储能电站相比传统的火力发电机组，作为电网黑启动电源具备响应速度快、运行状况稳定等特点，将储能电站作为湖州电网黑启动电源，储能电站经 110kV 金陵变电站主变压器升压至 110kV，由 110kV 线路输送至 220kV 昆仑变电站，最终启动长燃厂。

（3）提升电网运行可靠性。

1）线路侧不间断供电服务。110kV 金陵变电站供电区域内 10kV 线路停电作业时，涉及的停电时户数体量较大，通过 10kV 应急发电车开展不停电作业，有效减少停电时户数，提升用户满意度。

2）母线侧不间断供电服务。金陵变电站主变压器及 110kV 线路检修时，利用储能电站在母线侧充当应急发电车，可以为无法转供的线路用户持续供电，放电功率可以满足 200 余个用电台区的用电需求，为电网接力续航。

（4）提升电网运行经济性。电网运行合同能源管理服务。根据负荷预测，110kV 金陵变电站负荷峰谷差为 38MW，昼夜负荷的峰谷差在 30%~50%。通过储能电站削峰填谷，有效降低 110kV 线路及金陵变电站输变电运行损耗。

5.2.3 科学用能

5.2.3.1 研究方向

国网浙江电力构建新型调度运行体系，实现“全业务信息感知、全系统协同控制、全过程在线决策、全时空优化平衡、全方位负荷调度”；深挖需求侧互动资源，应用创新平台和技术，持续加强网源协调能力，建成千万千瓦级灵活互动资源池“一键响应”。

1. 构建新型调度运行体系

随着新能源不断涌入，电力系统呈现了新形态、新特征，新能源单机容量小，电网控制对象激增至数万个，且位置分布广，传统电力调度系统还不能完全适应新型电力系统高效运行，在安全稳定、平衡保障等方面还有待提升。2021 年初以来，国网浙江电力积极探索新型电力系统调度体系建设，加快电网调度控制方式，从突出主网调度向全网协调调度转变。在电源侧，积极服务供给侧结构优化，优化新能源等机组并网投运流程，切实做到“应并尽并”，提升清洁电源和零碳电能占比。在电网侧，通过虚拟电厂聚合、柔性潮流控制、主配网无功协同、最优潮流优化等手段，进一步提升电网运行效能。在负荷侧，试点通过可中断负荷、负荷聚合商等提供辅助服务，积极参与电网调节互动，促进电力系统整体碳效水平提升。在储能侧，积极推动电源、电网、用户三侧储能，开展储能参与电力辅助服务市场工作。

2. 深挖需求侧互动资源

通过深化应用“大云物移智链”相关技术，推出面向全业务、全区域、全时间尺度“一键响应”需求侧管理新模式，唤醒海量资源整合利用，推动电力保障供应精细化、柔性化、市场化、数字化。针对短时、小容量的供电缺口，自动生成需求响应方案，在浙江全省已构建超过 1000 万 kW 的日前需求响应负荷资源池；针对长期、大容量的供电缺口，基于客户标签、行业负荷特性等多种因素，一键生成负荷管理方案，助力经济社会有序运行；针对紧急情况，依托海量电网资源和客户资源动态映射，可一键生成策略、启动可中断负荷，目前浙江电网已具备 200 万 kW 可中断负荷规模。

5.2.3.2 典型实践

1. 提升需求侧供电服务水平

（1）国网宁波供电公司——提升需求侧供电服务保障能力。

1）开展负荷精细化管理。梳理基本负荷、机动负荷、保安负荷、应急负荷“四张清单”，排定各类负荷响应顺序，建立分级快速响应模式。开展空调负荷柔性控制能力建设，推进“双百万”行动，建设中央空调负荷柔控平台，实现全市816户机关公共建筑、商务楼宇的近100万kW空调负荷集中监控，完成高耗能、低效益企业的百万千瓦分路负控改造，确保高峰时段负荷灵活可调。

2）探索建设市场化机制。联合属地政府，试点省内首个企业间用电权交易，促成两家企业交易高峰时段用电指标7万kW，实现需求侧负荷市场化调剂。针对局部区域用电增速过快造成电网供电短时受限，探索需求响应成本共担、资源共享的市场化机制，组织45户企业开展省内首个需求响应专项市场试点，累计响应电量3.8万kWh、补贴费用12.77万元。

3）促成政府出台配套政策。促成省能源局批复设置泛梅山多元融合高弹性电网市场机制示范区，推动11家区县政府全部出台需求侧管理相关政策文件，明确全市公共建筑中央空调全量接入平台、分路负控改造应改尽改，建立中央空调负荷和分路负控装置常态化运维管理机制。

（2）国网台州供电公司——构建“政企联合、部门联合、服务联合”需求响应客户综合服务体系。

1）建立客户画像，提供精准服务。对需求响应客户进行细分归类，包括行业分类、电价类别、功率因数、用电负荷、峰谷平电量等。根据用户用电规律，将用户分为平稳型、两班型、三班型与其他异常类型等用电高峰特征类别，形成初步客户画像标签，为用户签约提供需求响应类别选择参考。

2）提升需求响应客户获得电力水平。面向需求响应客户，提供全面、定制、便捷的专属服务套餐，在产业园区政策配套、业扩报装时限压缩等方面提供精准增值服务。强化政府协同，增加用户电力获得感，增强需求响应客户“黏性”。

3）推动优享服务常态化。实行“臻享服务”，由专属客户经理定期上门了解客户经营状况、设备运行状况，指导企业制订个性化求响应策略，提供需求响应竞价出清报量报价技术咨询等服务。开展需求响应客户诉求专题分析，追踪痛点问题闭环整治，提升客户参与需求响应工作积极性。2021 年需求响应客户服务满意度较同期提升 16%。

（3）国网舟山供电公司——强化需求侧服务。

1）争取政策支持强化“一键响应”基础。加强与各级政府汇报沟通，推动政府出台分路负控建设支持政策，实现 4 个区县全覆盖。将 1038 户有序用电和重点用能企业列入分路负控待改造清单，组织现场精准摸排，理清细化可控制负荷类型，确保安全、民生等重要负荷正常供电。加强与省内单体最大企业的沟通，研究高危重要客户非重要负荷分路负控可行性。

2）派员挂职挂岗，促进政企合作。在政企电力保供专班基础上，选派 2 名业务骨干到市县发改部门挂职挂岗，强化电力保供、需求侧管理、用能预算化管理、清洁能源建设等方面的交流合作，推动公司由“供电服务”向“供电 + 能效服务”业务延伸。

（4）国网衢州开化供电公司——出台负荷聚合商支持政策。

1）建立健全电力需求响应阶梯补贴机制。在省级补贴基础上，利用“亩均论英雄”改革差别化专项资金建立需求响应补贴资金池，按照“多响应、高单价”原则建立梯级补贴机制。2021 年累计为 18 个电力用户发放补贴资金 3.7 万元，其中单个用户最高补贴 1.2 万元。

2）大力支持负荷聚合商模式实体化运营。推动负荷聚合商模式落地，与愿意提供需求响应资源的用户签订合作协议，提供平衡机制、系统调峰、节能优化方案，实现需求响应潜力的深度挖掘和可中断电力负荷资源的聚合。

3）深化亩均效益综合评价结果运用。协同县经信局将电力需求响应、清洁能源使用、电能替代等工作成效纳入亩均效益综合评价体系，将评价结果作为有序用电“保障类、普通类、限制类”企业的分类依据，以差别化有序用电措施倒逼企业优化资源要素配置。

2. 提升需求侧用能精细化水平

（1）国网嘉兴供电公司——强化数智赋能推行精细用电。

1）开展分层分区精准需求响应建设。建成首个面向分层分区精准调控的虚拟电厂平台，首次在不同电压等级以及不同供电区域内建立多维度负荷分配策略，在各级网架上率先实现需求侧资源的动态映射、灵敏度分析，构建各场景典型负荷分配方法，实时动态匹配用户负荷，实现负荷侧精准调节，平均响应效率同比增长 30%，成果入选国家重大科技项目。

2）推出“靶向指数”助力政府用能管理。联合市发展改革委依托能源大数据中心，根据能效水平，从行业类别、用能权重、单耗评价三个维度，遵循“能效水平越高、分配用能越多、压减用能越少”原则，构建增能、限能两类靶向指数，支撑科学分配新增或者压减用能指标。发布嘉兴市 470 家年综合能耗 5000t 标准煤以上企业年度用能预算，嘉兴市规上工业的单位增加值能耗同比预计下降 4.4%。

3）立足产业关联，提升响应参与度。针对水泥、印染高耗能负荷占比近 50% 的情况，聚焦水泥—管桩、热电—印染—纺织等 8 个典型行业，构建产业需求响应关联系数，开展产业链需求响应关联度画像，推动产业上下游行业同步参与需求响应，最大限度保护产业链，需求响应参与度提升 20%。

（2）国网绍兴供电公司——“量子 + 分路负控”支撑精准用能管控。

1）加强技术攻关。充分发挥浙江省唯一“量子 + 电力”示范应用基地优势，试点开展营销用电信息采集系统量子加密技术应用，部署量子安全服务平台，搭建用采系统主站与采集终端数据传输量子通信隧道，以“无线公网 + 量子加密”模式替代传统内网光纤通信，助力实施分路负荷控制。

2）加速推广应用。浙江省内率先试点企业用户“量子 + 分路负控”终端接入，数据采集和试跳成功率均达到 100%。全面摸排高耗能企业、重点用能企业和参与有序用电用户的分路负控接入潜力，形成 167 户共 22 万 kW 的分路负控接入储备清单，打造商业综合体、重点用能企业等“量子 + 分路负控”

典型应用场景。常态化开展存量用户、10kV及以上永久用电的业扩报装项目分路负控接入，实现5000kW可控负荷“一键响应”。

3）深化政企协同。促进绍兴市节能办下发分路负荷控制改造支持性文件，明确选定用户接入负荷不低于最高负荷的50%，绍兴市建立45.12万kW分钟级分路负控资源池，合力推进用能预算化管理和精准管控。联合绍兴市发展改革委走访全市重点接入企业开展政策宣传，保障分路负控安装计划顺利实施。

3. 提升需求侧资源挖掘能力

（1）国网湖州安吉供电公司——深挖低压居民负荷资源。

1）提升协同响应水平。协同县发改局、经信局等多部门，建立需求响应联席工作机制。促成政府发文《安吉县需求响应工作方案》，鼓励居民参与需求响应，累计发动6000余户参与需求响应，响应电量3.5万kWh。

2）优化内部管理机制。以目标年需求负荷预测为基准，推动居民需求响应工作网格化，细分24个需求网格，由所属台区经理主动认领，交叉开展工作，提高效率。将该项工作纳入绩效考核，设置专项管控指标及考核奖励，提高工作积极性。

3）加强需求响应宣传调研。发挥电力大数据优势，通过现场走访、问卷调研，探索居民参与需求响应的负荷、时间、方式。针对不同年龄、地域、用电容量的用户，制订“一户一策”需求响应参与方案共计362个。立足融媒体分中心，开展需求响应进社区、进校园活动16次，发放电子宣传册10万余份，广泛开展需求响应宣传，引导居民参与需求响应。

（2）国网杭州市供电公司——精准化挖潜负荷资源。

1）数智化支撑需求管理。政企合作打造全国首个地市能源大数据中心，承接政府委托上线运营杭州能源双碳数智平台，汇聚规上企业电、气、热、油、煤等用能数据和政府侧数据，提升响应方案科学性。组建跨营销、调度等多专业的需求侧管理中心，建立协同指挥体系，确保高效运作。

2）精准化挖潜负荷资源。浙江省首推政府发文出资企业分路负控改造，实现负荷分路控制，兼顾有效响应和生产安全。针对都市负荷特性，探索商业楼宇精细用电管理，杭州嘉里中心负荷分类分级精细管理模式获国家能源局现场调研肯定并全省推广。创新挖掘数据中心机动负荷响应潜力，联合政府将 25 家数据中心柴油发电机纳入响应资源池，形成 9.5 万 kW 快速应急响应能力。

3）市场化探索用能预算。构建“刚柔并济”的企业用能预算管理策略，根据行业分类和能效水平对五大高耗能行业进行预算差异化管控，允许市场化用能权调剂和交易，确保双控目标和经济发展最优协同。推出“有保有压”的奖惩机制，强化执行进度过程管控，对能效明显提升和清洁能源利用较好的企业予以用能权激励，激发企业节能动力。

4. 提升需求侧响应质效水平

（1）国网金华供电公司——提升需求响应能力。

1）争取政策，支持创造良好环境。促成金华市发展改革委出台《关于明确有序用电违规企业处理相关规定的通知》，从政府层面推广负控跳闸功能，要求有序用电清单内专用变压器、专线用户必须全量接入公司负荷控制系统。加强负控装置可用性保护，将用户私自变动拆除设备行为纳入违约处罚，按 5000 元 / 次执行，提升负控装置实用性。2021 年完成负控跳闸功能安装 4150 户，试跳成功率达到 80% 以上。

2）强化数智赋能，提升管控效率。牵头研发有序用电线上应用模块，在“网上国网”App 上线应用。企业用户通过手机直接查看有序用电方案、负荷指标曲线、执行情况，提高有序用电执行透明度。公司员工可根据管辖客户执行情况，通过“网上国网”向用户推送负控安装、跳闸提示，线上发送整改（中止供电）通知书，减少告知环节时间 50% 左右。

3）深化技术创新，挖掘海量资源。聚焦商场、小微园区空调等小、散负荷，研发具备远程通信、监测和控制功能的智能断路器，实现对用户每低压分路精准切负荷，提升负荷管控灵活度。目前完成浙江省首个商业空调负荷精准远程中断控制，可控容量 132kW。

（2）国网温州供电公司——构建需求响应资源池支撑“一键响应”业务开展。

1）加强可中断能力建设。印发《关于加强全市负荷管控能力建设的通知》，全市 250 余家高耗能重点用能管控企业全部纳入可中断能力改造清单。

推动存量用户开展分路负控改造，对增量用户同步投运负控装置。

2）探索需求响应市场化应用。将需求响应工作纳入“亩均效益”综合评价体系，释放温州市千企节能改造行动储能项目补贴政策红利，调动分布式储能用户参与需求响应，实现用户一次响应、多重获利。

3）推进用电权交易落地。成立用电权交易数字化专班，协同发改、经信、统计等政府部门构建数字化线上交易平台，开发基于用电权交易的应用模块，促请政府出台全市用电权交易管理办法，推动用电权交易市场化、规模化发展。

（3）国网丽水供电公司——提升需求响应质效。

1）政企联动推动电力有序保供。促成市政府成立电力保供工作专班，落实60万kW有序用电负荷，将700余家“两高”企业首先排入年度错避峰用电方案，出台有序用电和高耗能等用户分路负控接入支持政策，日最大错避峰用电负荷40万kW，2021年用电指标合格率浙江省第一。

2）构建“双百万”资源池提升响应能力。发挥水电资源丰富优势，建成百万级绿色虚拟电厂，最大调峰能力60万kW，5次助力省网零碳调峰。建成荷侧多时间尺度的百万级需求响应资源池，负荷响应执行率位于全省前列。

3）共享共担开展市场化需求响应。浙江省创新开展“全市域范围实施、全市场用户共享共担”的日前削峰需求响应专项市场交易，向丽水市4107户普通直接交易用户发出邀约，中标60户，补贴成本由丽水普通直接交易用户按当月实际交易结算电量占比共同分担。

5. 分散式灵活性可调资源聚合示范平台

现有的电力需求侧系统难以满足分散式灵活性可调资源优化聚合、协同响应的要求，不能为分散式灵活性可调资源提供市场运营、客户服务以及市场交易品种等功能，不能支撑调频、备用等辅助服务灵活调度功能，亟须建立一套分散式灵活性可调资源聚合示范平台，对海量分散式灵活性可调资源进行集中管理。国网浙江电力以聚合管理海量分散式灵活性可调资源为基本思路，以支撑分散式灵活性可调资源参与市场化交易为目的，探索建立分散式灵活性可调资源聚合示范平台，并通过数据接口与电力交易平台、现货市场平台等进行交互；支持分散式灵活性可调资源通过示范平台参与电力市场，实现多元化资源的优化配置和灵活互济。

（1）资源接入。

1）实现市场成员全生命周期信息管理，接入分散式灵活性可调资源，聚集包括聚合商、分布式发电、储能、工业用户、综合园区、商业用户、居民等各类用户侧响应主体，构建交易业务信息管理体系，支持市场成员的基本信息注册、变更、审核、注销等操作，为市场成员提供快捷且高效的基础信息管理及入市、退市服务。

2）撮合分散式灵活性可调资源、聚合商、虚拟电厂间的电力辅助服务或需求响应交易等业务，支持交易品种和业务规则可配置，包括交易信息披露、交易申报、交易审核、交易计算出清、交易结果发布等。

3）建立分散式灵活性可调资源分层互动体系，探索不同电力辅助服务品种或需求响应事件下的交易品种，构建“虚拟电厂—聚合商—分布式资源”的集中—分散式调控主体交互模式，建立层级鲜明、区域清晰的可调资源管理机制，服务响应主体参与的源输配荷协同互济，有效提升分散式资源参与需求响应市场的积极性。

（2）运营策略。

1）制定运营管理规范，引导分散式中小资源通过可调资源聚合平台选择负荷聚合商、虚拟电厂，解决分散式中小资源和负荷聚合商、虚拟电厂之间的信息差问题；支持通过可调资源聚合平台开展区域性电力平衡专场交易，通过区域辅助服务，解决区域性电力平衡相关问题；支持分散式中小资源和负荷聚合商、虚拟电厂之间通过管理平台进行结算。

2）建立运营效益评估体系，构建虚拟电厂、负荷聚合商、可控负荷、储能、发电单元等分布式资源的调度成本和主体效益模型，研究分散式灵活性可调资源的聚合收益，评估各层级可调资源在平台多轮次互动中的交互效率。

（3）市场联动。

1）提出浙江电力市场环境下的虚拟电厂交易模式，在新型电力系统的背景下，面向电力辅助服务交易市场、电能量市场和需求侧市场等多交易市场的场景需求，建立虚拟电厂聚合分布式资源参与市场的交易机制，评估虚拟电厂的调度成本和市场收益。

2）提出适合虚拟电厂参与电力市场的收益分配机制，构建多市场主体博弈模型，通过分散式灵活性可调资源聚合示范平台，与电力交易平台高度融合，形成数据流、事件流、资金流的深度贯通，营造分散式灵活性可调资源参与需求响应、辅助服务市场的联动环境。

5.2.4 坚决节能

5.2.4.1 研究方向

国网浙江电力推动全社会能效提升，加快形成绿色生产生活方式，降低单位 GDP 能耗强度；构建“供电 + 能效服务”体系，提高能源电力数据的价值创造力、产业带动力，催生绿色价值；促进能源消费清洁低碳，推进工业、建筑、交通等领域绿色低碳转型，服务经济社会绿色低碳转型。

1. 推动全社会能效提升

国网浙江电力树立“能效是第一能源”“节约的能源是最清洁的能源”理念，致力于从“供电服务”向“供电 + 能效服务”延伸，引导全社会从“控能”转向“控碳”，将重心从“降价”转向“降量”，支持产业优化升级，落实国家全面节约战略，服务《浙江省“十四五”节能减排综合工作方案》，推动引导全社会节能减排，加快形成绿色生产生活方式，以柔性精细市场化方式努力提升全社会能效水平，推进能源领域高效智治。2012~2021 年，浙江省单位地区生产总值能耗累计下降 25.8%，以年均 3.7% 的能源消费总量增速，支撑了年均 7.2% 的地区生产总值增速。

2. 构建“供电 + 能效服务”体系

国网浙江电力服务地方绿色发展，构建“供电 + 能效服务”体系，启动能效服务“十百千万[1]”专项工程及消费侧碳业务，为客户开展能效深度普查，推进用电分析、能效诊断等能效服务，提升社会能效水平。自 2021 年 7 月在

[1] “十百千万”专项工程：打造十个十佳能效服务经理、百例典型企业能效案例、千人能效考核“人人过关”、万户企业公共用能系统能效诊断。

宁波市奉化区、新昌县、义乌市三个县域试点实施供电服务向“供电 + 能效服务”延伸，以供电服务为基础，聚焦客户用能优化，针对县域内用电客户全面提供能效服务。县域“供电 + 能效服务”以试点区县供电公司为主体，通过服务组织体系建设，依托信息化支撑平台，构建线上、线下高效协同的能效公共服务实施体系。

2022 年 3 月，国网浙江电力印发《关于高质量推进“供电 + 能效服务”三年行动计划的通知》，充分发挥电能在能源转化、输送、消费过程中的核心枢纽作用，将能效公共服务全面融入传统供电业务，通过“线上精准推送 + 线下主动服务”全方位实施能效公共服务，线上依托“网上国网”向客户推送能效账单、用能诊断报告，线下开展细分行业的用能诊断，实施针对性的能效提升措施，满足客户个性化能效提升需求。聚焦高耗能行业，提出“公共用能系统和工艺生产流程”两维解决方案，完美契合企业用能全场景；完成空压机、泵等公共用能系统服务产品开发，研究纺织、钢铁等行业工艺能效提升方案，开发宁波空压系统能效公共服务应用，通过系统能效排名机制唤醒节能意识，降低碳排放。充分发挥能源大数据中心作用，常态化开展多能流向、用能变化、用能总量分析研究，通过融合税收、电力及其他能源等内外部数据，建立一套评价企业能耗及社会绿色发展质量的体系，有效支撑浙江省深化“亩均论英雄[1]”“腾笼换鸟[2]”的改革。助力浙江省实施重点行业企业用能预算管理制度，探索多元激励约束机制，引导带动企业提升能效评级，推动产业质量和社会能效水平提升。

2022 年 8 月，国网浙江电力能效创新实验室揭牌成立，该实验室设置了能效检测与评估中心、能效技术创新中心和双碳政策研究中心三大职能中心，面向工业园区、公共建筑、交通领域等典型用能场景，具备源网荷储各环节

[1] “亩均论英雄”指以提高“亩产效益”为核心，围绕节约集约用地、节能降耗减排等重点，促进经济增长方式从粗放到集约、从量的扩张到质的提高，真正落实科学发展观，建立资源节约型、环境友好型的社会。

[2] “腾笼换鸟”指把现有的传统制造业从产业基地“转移出去”，再把“先进生产力”转移进来，以达到经济转型、产业升级。

典型设备及系统能效检测能力，并可向客户提供能效检测、能效评估及能效提升服务，有助于推动建立能效和碳排放对标监管体系，引导全社会从“控能”向“控碳”转变。国网浙江电力将以能效创新实验室为抓手，挖掘客户资源，在做好供电服务的基础上，为客户提供“供电 + 能效服务”，帮助客户了解自身用能情况，提出节能提效建议，实现高效用能、清洁用能、智慧用能等目标，进一步夯实节能减碳的技术支撑。

3. 促进能源消费清洁低碳

国网浙江电力倡导节约用电、高效用电、用绿色电，聚焦能源、工业、交通、建筑、农业和居民生活六大重点领域，积极拓展蒸汽、岸电、景区、物流等多维电能替代的广度和深度，解决传统能源消费终端深度降碳“最后一公里”难题，扩大清洁高效电能在终端能源的占比，带动传统工艺智能化改造，促进高温相变储热、高温蒸汽热泵等新兴技术的规模化应用，提升各领域能源利用效率。

（1）推动电网绿色减碳。对输电线路实施动态增容，改变刚性输电限额，有效缓解局部地区供电能力不足状况。在湖州投运首个 220kV 分布式潮流控制器示范工程，通过动态优化线路阻抗特性，优化局部潮流分布，提升区域电网设备利用效率，减少火电机组顶峰碳排。构建线损精益管理体系，开发网损最优化的配电网自动电压无功控制系统，推进绿色智慧变电站建设，开展高耗能变压器改造，精准治理高损耗线路和台区，促进电网节能高效发展。加强 SF_6 等温室气体回收处理、循环再利用和电网废弃物环境无害化处理，减少气体排放，保护生态环境。在 500kV 及以上新建工程中创新应用“绿建码”，精准评判工程各阶段碳排放水平，量化评估工程全过程节能控碳能力，推动绿色低碳临建、直升机运输、地基处理方案优化等举措落地，降低工程临时建筑区近 90% 的碳排放量，节省林木砍伐面积约 1.7 万 m^3。建立电碳因子与碳排放流测算模型，构建“电碳一张图”，实现全网电厂、变电站、用户的全链路碳排放数据精准计算和全过程监测，掌握“双碳”目标下的电网运行态势和能源网碳排态势。

（2）推进重点领域节能。

1）提升工业能源质量。积极运用电锅炉、热泵、蓄热技术，为工业企业提供“一企一策”能效提升方案。以杭州欣美成套电器制造有限公司为例，在工厂车间广泛应用电能替代、设备改进、建筑改造等节能关键技术，如图5-2所示。实现厂区全方位能效提升，获得浙江首张企业碳中和证书，获评施耐德电气全国首个“零碳管理评价”合作伙伴，形成可复制可推广的国际贸易低碳认证的园区示范样板。

图5-2 工厂车间应用电能替代、设备改进等节能关键技术

2）发展超低能耗建筑。面向政府机关、学校、医院、酒店、大型商业体、工业建筑等开展节能改造。宁波市奉化区行政服务中心经过改造，一年可节约电量约30万kWh，减少二氧化碳排放量约225t；杭州市余杭区的余之城商业综合体通过打造“零能耗建筑”，每年可节约标准煤约118t，减排二氧化碳366t；舟山市万邦船厂实施舟山供电公司自主研发建造的浙江省首个“不拆瓦”光伏建筑一体化屋顶光伏项目（如图5-3所示），该项目并网后预计年发电量650万kWh，减少二氧化碳排放量近4875t；湖州市鲁能公馆智慧社区通过建设包含直流配电网、屋顶光伏、小区储能、充电桩等多元素的低压能源网，降低电网能耗，助力城市减排。

图 5–3 “不拆瓦”光伏建筑一体化屋顶光伏项目

3）营造绿色办公环境。加强办公节能管理，统筹合理安排各类会议，创新办公信息化、智能化手段。推进无纸化办公，基于“i 国网”应用，探索建设“互联网 + 智慧办公”平台，推动办文、办公、办事全线上流转，实现跨专业、跨层级数据资源共享。积极开展智慧楼宇建设，降低办公大楼能耗，建设绿色食堂，推动公务车辆电动化、清洁化，倡导工程项目绿色技术应用。

4）服务交通绿色出行。深入推进电动汽车充电业务发展，完善高速公路充电网络，拓展公交、专车、物流等专用车充电市场。于 2021 年 3 月在杭州建成全国单期最大的石塘公交充电站，投运以来累计充电量达 1600 万 kWh，日均充电量 6 万 kWh，减少城市碳排放量约 12000t。

5.2.4.2 典型实践

1. 配电变压器“瘦身”改造节能促发展

配电网络是电网直接连接客户的网络，其间有数量庞大的变压器。根据 2021 年 6 月出台的 GB 20052—2020《电力变压器能效限定值及能效等级》标准，变压器能源效率的三个等级再一次提升。其中1级能效最高，损耗最低；2级表示产品较为节电；3级是产品市场准入指标；原3级标准的产品现已不允许生产和销售。

配电变压器普遍由铁芯、绕组、绝缘油、外壳、散热器、接线柱、储油柜等组成，在每个部件的通力合作下，才将电能稳定输送进千家万户。在运行中，必将产生损耗，即铜损耗和铁损耗。针对配电变压器损耗的原因，浙江省针对性地开展技术革新。一方面进行非晶合金、新型合金绕组、环保型绝缘油等高效节能材料创新和技术升级；另一方面加强立体卷铁芯结构、绝缘件、多阶梯叠接缝等结构设计与加工工艺技术创新。通过使用新材料、新组件、新工艺，成功降低变压器内部铁损耗和励磁损耗等。各型号配电变压器损耗水平代号如表5-1所示，配电变压器新旧国标型号损耗对比情况如表5-2所示。

表5-1 各型号配电变压器损耗水平代号

10kV三相油浸式电工 钢铁芯无励磁调压配电变压器损耗水平代号			
损耗水平代号	电压等级	空载损耗	负载损耗
S13	10kV	符合GB 20052—2020表1中3级能效规定	
S20	10kV	符合GB 20052—2020表1中2级能效规定	
S22	10kV	符合GB 20052—2020表1中1级能效规定	
10kV三相油浸式非晶合金 钢铁芯无励磁调压配电变压器损耗水平代号			
损耗水平代号	电压等级	空载损耗	负载损耗
SBH15	10kV	符合GB 20052—2020表1中3级能效规定	
SBH21	10kV	符合GB 20052—2020表1中2级能效规定	
SBH25	10kV	符合GB 20052—2020表1中1级能效规定	

表 5-2 配电变压器新旧国标型号损耗对比表

油浸式变压器新旧国标型号损耗对比					
旧国标型号	S11	S11（NX2）	S13（NX1）	S15（NX2）	S15（NX1）
新国标型号	S18	S20（NX2）	S22（NX1）	SBH21（NX2）	SBH25（NX1）
性能对比（GB 20052—2020 比较 GB 20052—2013）	空载损耗平均下降 20%	空载损耗平均下降 10%	空载损耗平均下降 20%	空载损耗不变	空载损耗平均下降 20%
	负载损耗不变	负载损耗平均下降 10%	负载损耗不变	负载损耗平均下降 15%	负载损耗平均下降 10%

由表 5-2 可知，型号不同、材质不同的配电变压器，在负载、空载的情况下，自身损耗都各有优缺点。需根据实际变压器使用运行情况，选择更为合理的型号，来减少变压器损耗。例如在人口较为稳定密集的区域，用电量稳定，选择大容量、负载损耗低的“电工钢带”款配电变压器是最优选择；而在人口季节性流动明显的区域，用电量波动大，选择中等容量、空载损耗低的非晶合金款配电变压器较为合理。

2022 年 6 月，节能型配电变压器正式在磐安县黄余田村台区“上岗”运行。2022 年国网金华供电公司共采购了 632 台节能型配电变压器，可满足金华市范围内数百家中小微企业用电新增、扩容需求，同时满足不符合国家能效标准要求的变压器轮换需求，降低电网能源损耗，实现节能增效，有力助推“双碳”目标实施。

据统计，2022 年仅杭州地区完成 1019 台高损耗配电变压器的更换工作，配电变压器被淘汰升级后，每年可降低配电变压器损耗电能约 471 万 kWh。根据杭州市电碳因子测算，相当于减少二氧化碳排放约 2415t。

2. 聚焦空调负荷管理助力保供电

2022 年迎峰度夏期间，浙江省面临历史同期最高平均气温、最高用电负荷、最不确定外来电等严峻局面。在全省夏季过亿负荷需求中，空调降温负荷占比已近 40%，成为电网峰谷差拉大、尖峰负荷凸显的重要原因之一，也给电网平稳运行和民生用电保障带来了巨大压力，迎峰度冬也将面临相似局面。为此，国网浙江电力聚焦空调负荷科学管理，提升全社会能效水平，力求做到“千瓦可控、度电可调”，实现“千瓦可控必控，度电应调尽调”。

（1）空调负荷特点。随着经济社会发展和生活水平提高，空调已遍布各行各业、千家万户，点多面广，集中管理挑战大，主要体现在“三多三难”。数量多，浙江省每百户拥有空调217.9台，位居全国前三；类型多，包括柜机空调、挂机空调、水空调、窗机空调、中央空调等；品牌多，比如格力、海尔、美的、海信、大金、三菱、奥克斯等，技术路线和管理平台不尽相同；评估难，室内设置温度、室外温度、空气湿度、建筑结构、人员密度等多种因素均会影响潜力分析预测；沟通难，在全省空调支持政策尚未出台的情况下，空调感知能力建设势必会面临海量的解释沟通工作；运维难，用户内部电气结构复杂，空调感知设备安装于用户红线内，后期运维难、风险大。

（2）工作体系。国网浙江电力以“千瓦可控、度电可调”“千瓦可控必控、度电应调尽调”为目标，快速行动，着力数字牵引，研究制订了空调负荷管理三年行动方案，按照“五个一”工作体系，快速推进，力达实效。

“一个专班”，汇集公司资深业务骨干，联合外部行业专家，经过10余次集中研讨，已形成13份研究报告和工作方案，并经省能标委专家组评审通过。

“一个目标”，力争实现今冬取暖负荷最大压减200万kW，目前已梳理形成11类5万余户典型空调用户清单。计划利用三年时间，实现全量全域空调可测可观、宜控则控、应调必调。

“一个机制”，推动建立各级能源管理部门牵头、行业主管部门为管理主体、供电公司支撑的空调负荷管理机制，分行政区域网格责任到边到底，形成政企合力。

“一个路线”，制订空调感知能力建设技术方案，分类形成基础监测型、增强监测型、分钟级调控型和第三方平台共享型等四大技术路径。

“一个平台”，搭建“三舱六模块”技术架构，打造“系统支持、政府指挥、网格管理”的数智管控体系。

（3）数字化支撑建设。充分发挥数字牵引和场景构建的关键作用，坚持问题导向、需求导向，着力空调负荷精细调控。深化“一键响应”应用，迭代升级“一键响应”功能，搭建空调负荷管理驾驶舱，推动空调负荷信息互联互通、分类分级管理；深化数智平台赋能，基于分行业空调“标签”，构建“五色管理法”，实施分色预警、分类管理、分户施策，精准赋能政府施策；深化感知能力建设，按照“应装尽装、宜调则调、由大到小、由简到繁”原则，力争年内完成5000户商业和1500户公共机构可调能力改造，2023年完成50%、2024年完成100%商业和非工业感知设备安装。

（4）目标和计划。国网浙江电力全面研究、全面部署、全面启动。在政策支持上，坚持政府主导、行业主管，积极推动各级政府尽快出台空调可调改造、使用管理等支持政策，目前已有3个地市、10个区县出台了正式文件。在技术保障上，升级新型电力负荷管理系统，贯通各方数据平台，推动空调负荷信息互联互通、分类分级管理。在宣传引导上，针对工业、商业、公共机构、居民等不同用户，通过金点子征集和空调节电进学校等专项行动，全方位宣传引导，推动全社会认同和参与，营造良好社会环境。

通过三管齐下，力争2023年夏季实现压减500万kW制冷负荷的目标。通过加快建设新型电力系统省级示范区，促进经济社会高效用能，助力打赢电力保供稳价控碳攻坚战、持久战。

3. 应用“绿建码”直观掌握工程绿色建造水平

国网浙江电力依托智慧基建平台，深化大数据应用，构建基于碳排放量的电网绿色建造评价体系，于2021年4月6日推出电网基建工程“绿建码”，实现了对工程建设全过程节能控碳效力的量化评估，为促进工程建设节能减排提供数据支持。

“绿建码”作为工程建设的绿色低碳标签，以电网基建大数据为核心，通过分析电网工程设计、施工、交付等多个维度要素，考虑各要素权重，量化赋分后形成红、黄、绿三色码。工程可根据“绿建码”分值开展相应工作，90分及以上为绿码，可以正常施工；70~89分为黄码，需要按要求开展提升工作；70分以下为红码，不得施工并要强制整改。目前，“绿建码”已应用于浙江电网所有在建的 500kV 工程。

“绿建码”在电网工程设计中，可根据线路路径是否避开城镇规划、施工是否采用了利于实现土地高效利用的技术手段、工程是否使用新设备及新材料以节能降耗等因素开展评分。在施工阶段，工程使用高性能、低噪声和低能耗机械设备的情况，以及保护生态环境的具体措施也都是评分项。以上信息在分别被赋分并加权评定后，项目管理单位可根据生成的“绿建码”，结合工程建设全过程数据，分析影响碳排放的因素，并精准制订节能减排策略。如在工程建设中推广采用轻型机械、无人机架线等手段，减少线路塔材运送过程中对林木的破坏；采用高低腿立塔减少土石开挖等方式，降低施工能耗；同时在施工结束后及时复绿，减少施工过程中的碳排放量。

“绿建码”不仅能直观反映当前工程建设整体碳排放水平，还可对全省绿色工地分布、各地区绿色基建情况开展详细分析，并运用数字化技术预测未来碳排放的趋势，支撑基建工作科学决策，助力电力能源领域绿色低碳转型。

4.“节电雷达”红黑榜提高全社会能效水平

为推动能源资源配置与经济社会发展相适宜，国网浙江电力和浙江省能源局合作，由浙江省能源大数据中心主持研发“节电雷达”系统，以帮助用电客户优化用能结构、提升用能效率，实现全社会能效水平提高。绍兴市滨海新区，利用其纺织、印染等传统企业与高科技属性的新兴制造企业产业集聚优势，在腾笼换鸟的产业迭代升级和数字化转型发展的关键时期，依靠“节电雷达”系统迈出了坚强而有力的一小步。

“节电雷达”系统采用回归算法理论，通过动态分析节电用户结构分布、节约电量区域排名等指标，识别全省节电倡议响应情况，一键扫描形成覆盖机关事业单位、工业企业、公共场所和居民用户的节约用电“红黑榜”，达到实时监测各领域单日节约用电情况效果，助力各地市区县政府部门和供电用户等第一时间掌握、收集、分析各区域、各领域、各时期的用电、节电情况，并适时推广有效的节约用电措施。其主要功能如表 5–3 所示。

表 5–3 “节电雷达”主要功能表

序号	功能	说明
1	节约用电地图	全面反映整个浙江省及 11 个地市的节电比率、节约用电量及碳排减少量，有助推动全社会低碳节电，为电网的安全稳定运行提供支撑
2	节电用户结构	实时反映各个领域中节电用户的分布情况，较为直观评价节约用电普及程度及范围
3	节电分类情况	实时准确反映各个领域的节约用电量及节电变化的具体情况
4	用户用电情况	反映全省及地市所有用户的预计电量与实际电量之间的变化趋势，全省各区域、各领域在一定时间范围内的节电程度变化情况
5	节约用电红榜	展示全省或地市节电用户或节电区域前 10 排名
6	节约用电黑榜	展示全省或地市节电用户或节电区域后 10 排名

“节电雷达”对绍兴市滨海新区 47 家搬迁集聚的印染企业进行节电分析，并形成优化用电方案。根据方案，浙江七色彩虹有限公司淘汰高能耗落后设备，购置一批世界先进的印染设备，还启用了智慧印染平台，实现生产全流程自动化、智能化。平台投用后，生产效率提高 30%，用工成本、能耗降低约 20%，大大提升市场竞争力。

据数据显示，仅在绍兴地区，借助“节电雷达”，国网绍兴供电公司已为 700 余家企业提供“用电 + 能效”服务，共有 126 家企业采纳节电建议，其中包含 13 家高能耗企业。“节电雷达”还将持续激励全省机关单位绿色办公、公共场所绿色消费、广大市民绿色生活、工业企业绿色生产，进一步引导全社会科学用电，合理进行错峰用电，促进形成勤俭节约、节能环保、绿色低碳和文明健康的生活方式。国网浙江电力也将深度挖掘能源数据价值，提升节能管理数字化和产业化水平，加强上下游企业能源信息对接、共享共用和交易服务。

5. 基于国网新能源云的工业碳平台助力节能减碳

2021 年 8 月 10 日，基于国网新能源云的浙江省工业碳平台场景应用正式上线，并具备全省推广应用条件。国网新能源云是国网公司打造的全球规模最大的新能源数字经济平台，提供新能源建站并网、消纳分析、补贴申报、交易结算、监测分析、法规政策、技术咨询等新能源“一站式”线上管理和服务，建立“全环节、全贯通、全覆盖、全生态、全场景”服务体系。国网浙江电力推动工业碳平台与国网新能源云、绿色金融服务和数字经信等平台实现数据互通共享，已覆盖浙江省42226家规模以上企业，为5150家政府用户提供工业碳效智能对标数据服务，有力促进了工业生产节能减排。

工业碳平台分为省、市两个层级，包含碳监测、碳对标、碳中和、碳应用4个核心模块，以工业“碳达峰、碳中和”改革为切入点，以破解碳效测、评、用、治为导向，运用数字化技术、数字化思维，全方位推动碳金融、碳技改等多跨场景应用，构建工业碳效智能对标（碳效码）体系，探索形成可复制、可推广、可见有感的工业领域，实现“碳达峰、碳中和”目标的方法路径。

其中碳监测模块全面接入煤油气热电等数据，开展分地市、分区县、分行业碳排放监测，为政府率先实现碳达峰提供量化参考，为企业明确定位和节能减碳提供精准指引；碳对标模块应用工业碳效智能对标体系，开展水平、效率对标，显示企业在全工业碳效水平及所处行业碳效水平；碳中和模块大力提高企业使用清洁能源意识，宣传推广绿电交易的概念、价格、优势与意义，挖掘绿电零碳价值；碳应用模块将碳效评价结果与绿色化改造、“亩均论英雄”、绿色工厂星级管理评价、绿色金融服务等结合起来，为企业提供具有公信力的碳信用、降低融资成本，提高企业实施节能降碳技术改造的积极性，主动提升能效、碳效水平。

工业碳平台上线后，政府侧将通过驾驶舱实现“一屏掌控”，企业侧通过企业码对标“一键评价”，实现政府、企业共同参与社会治理，推动企业节能减碳和全社会能效水平提升。

5.2.5 电源合力

5.2.5.1 研究方向

国网浙江电力拓展外来电受入来源及规模，积极争取、高效服务西南水电、宁夏风电等清洁能源接入；强化本地电源调节能力，积极做好电源并网服务和科学调度，统筹支持现役煤电机组节能降碳改造、灵活性改造、供热改造“三改联动”；科学有序推进新能源充分开发，确保大规模沿海核电、海上风电、海量分布式光伏等各类电源能并尽并。

1. 拓展外来电受入来源及规模

为确保居民农业用电安全稳定，结合市场化改革安排，因类施策制订外来电匹配策略，促成大水电、核电（保量保价）等低价外来电纳入保障性电源。按照“点网点”模式，稳妥推进灵绍配套、皖电等外来煤电入市，既保障全省电力供需平衡，又避免外来电无序涌入直接参与省内市场而涨价。充分利用与各省建立的长期合作基础，通过“积极争取”“以价换量”“高频协商”“丰枯互济”“加强合作”等方式，扩大溪洛渡、白鹤滩、吉泉配套等电源规模，持续扩大外来电规模。

《浙江能源发展“十四五”规划》明确，多渠道拓展区外清洁电力入浙，建成投产白鹤滩—浙江 ±800kV 特高压直流输电工程，开工建设清洁外电入浙 ±800kV 特高压直流输电工程，提高灵绍直流、吉泉直流等跨区通道利用率。此外，浙江积极探索电力置换互济。2022 年 6 月 14 日，浙江与安徽签署 2022 年迎峰度夏电力置换互济协议，两省约定白天组织国网安徽电力增供浙江，夜间国网浙江电力支持安徽，力争每日置换规模达 50 万 ~100 万 kW。2022 年 7 月 17 日，国网浙江电力联合国网重庆电力开展跨区电力置换互济，达成置换电量 3.9 亿 kWh，增加迎峰度夏高峰受入电力 20 万 kW。通过设置电力置换比例增加高峰时段的浙江外来电受入，灵活响应迎峰度夏跨区电力保障需求，有力服务浙江保供电大局。

2. 强化本地电源调节能力

（1）发挥煤电安全托底保障作用。国网浙江电力深挖煤电机组调峰价值，大容量、高参数的先进煤电发挥基荷电源作用，开展热、汽、电联产提效改造，建成一批清洁煤电机组，持续推进煤机灵活性改造。《浙江能源发展“十四五”规划》明确，加快淘汰煤电落后产能，实施煤电机组节能降碳改造、灵活性改造、供热改造“三改联动”，研究推动部分煤电机组实行延寿、等容量替代或转为应急备用电源。

（2）源网联动提升电网灵活调节能力。联动各类电源，提升系统调节能力，实现清洁能源应发尽发。新能源方面，建成国内首个具备 AGC 及一次调频功能[1]的海上风电场，提升新能源参与电网调节的能力和并网友好性。水电方面，先后促请浙江省发展改革委同意调整丽水、衢州小水电上网峰谷时段，解决光伏发电能源外送通道挤占、负荷峰谷倒置问题，促进削峰填谷和新能源消纳，2021 年消纳清洁能源电量 1670 亿 kWh。

（3）提升分布式光伏主动支撑能力。聚焦极高渗透率分布式光伏可控的有序性与可调的协同性问题，从光伏变流器本体、并网终端以及调控平台三个层面进行技术攻关与应用示范。突破海量数据接入的智能感知、边缘计算及安全可信传输技术，区域分布式光伏发电集群功率预测技术，分布式光伏发电自适应电能净化与电网支撑技术，分布式光伏发电主动同步与集群自治运行技术，海量分布式光伏广域协同支撑与优化运行技术五方面技术，在金华市磐安县进行示范应用。

（4）虚拟电厂常态辅助“零碳”调峰。积极挖掘水电绿色能源潜力，将海量的无序资源变得有序可调节。在丽水借助光纤、无线专网及北斗通信新技术建设虚拟电厂[2]，把全域星罗棋布的风、光、水等可再生能源小型电站和百余个电动汽车充电桩聚集起来，实现区域内清洁能源的高效利用。在杭州临安通过 5G 通信手段组建流域水电资源实时联络管理平台，并根据流域时间阶梯调度流域电站，辅助电网 24h 供能，最大限度挖掘本地水电顶峰潜力。

3. 科学有序推进新能源充分开发

（1）科学推动光伏高质量发展。综合考虑资源禀赋、电网消纳条件和系统成本等因素，统筹推进渔光互补、屋顶光伏、滩涂光伏等多类型光伏的开发利用，推动光伏发电科学高效发展。建成首批国家能源局“互联网 +”智

---

[1] 机组 AGC 及一次调频功能是维持电力系统频率稳定的有效手段之一，新能源电厂主动参与电网频率调节，有助于缓解新能源装机规模不断扩大给电网频率稳定带来的压力，是保障电网安全稳定运行的重要组成部分。

[2] 虚拟电厂是一种通过先进信息通信技术和软件系统，实现分布式电源、储能系统、可控负荷、电动汽车等分布式能源资源的聚合和协调优化，以作为一个特殊电厂参与电力市场和电网运行的电源协调管理系统，为配电网和输电网提供管理和辅助服务。

慧能源项目——嘉兴城市能源互联网综合试点示范，规范光伏发电并网管理流程，在浙江省山区26县推行“光伏富裕”工程。研发“光伏导航”，筛选适合发展分布式光伏的地块资源，评估光伏发展潜力和消纳能力，帮助地方规划新能源发展路径。2021年12月，亚洲最大的滩涂渔光互补光伏发电项目——浙江温州泰瀚55万kW渔光互补发电项目成功并网，温州区域电网清洁能源发电装机容量将提升约26%，每年可减少二氧化碳排放量64.8万t。2022年5月，我国首座潮光互补型光伏电站——浙江温岭潮光互补智能电站，实现全容量并网发电。

（2）打造海上风电基地。依托浙江沿海的区位基础，积极推进海上风电项目开发建设，打造若干个百万千瓦级海上风电基地，海上风电工程如图5-4所示。2021年，嘉兴2号海上风电投入使用，总装机容量达30万kW，平均每天可提供清洁电力240万kWh，与常规燃煤机组发电相比，平均每天可节约标准煤约1000t，相当于减少二氧化碳排放量约1800t。嘉兴2号与嘉兴1号、嵊泗2号发电项目共同组成了长三角最大的海上风电集群，共安装188台风电机组，总装机容量达100万kW，这标志着浙江正式跨入海上风电百万千瓦时代。

图5-4 海上风电工程

5.2.5.2 典型实践

1. 浙江温州泰瀚 55 万 kW 渔光互补发电项目

浙江温州泰瀚 55 万 kW 渔光互补发电项目位于温州浙南产业集聚区瓯飞围区内的滩涂上，占水域面积约 4.7km^2，总装机容量 55 万 kW。该工程共安装 142.8 万片光伏组件，排列组成 24 个区块进行发电，滩涂渔光互补光伏发电项目如图 5–5 所示。该项目将光伏发电和渔业养殖相结合，“上可发电、下可养鱼”，实现集约用海。并网发电后，该项目年平均发电量可达 6.5 亿 kWh，相当于 13 万户家庭全年的用电量。与相同发电量的火电相比，每年可节约标准煤 23.52 万 t，减少二氧化碳排放 64.8 万 t、二氧化硫排放 1.95 万 t、氮氧化物排放 0.97 万 t，节能减排效益显著。

图 5–5　滩涂渔光互补光伏发电项目

光伏发电板的大面积覆盖有助于调节水体温度、氧含量等，让这片滩涂海域更加适宜渔业养殖。随着光伏发电站的启动运营，下方的滩涂养殖区域也将陆续投入使用，极大提高对原有水面资源的开发和利用水平。未来根据海域特点养殖海产品，预计每亩滩涂每年将创造约 3000 元渔业产值，既实现渔能融合发展，又减少资源消耗，对沿海区域的综合发展、环境保护、农民就业、旅游观光等发展起到积极作用。

2. 浙江温岭江厦 100MW 潮光互补智能光伏发电项目

浙江温岭江厦 100MW 潮光互补智能光伏发电项目是国内首个且唯一一个潮光互补智能光伏发电项目，如图 5-6 所示。浙江温岭潮光互补智能光伏电站和中国第一潮汐电站完美结合，利用光伏发电和潮汐发电，在新能源开发的形式上开辟了一条综合开发利用提升综合效能的新路子，开创了潮汐与光伏完美协调发电的新能源综合运用新模式。

图 5-6　浙江温岭江厦潮汐电站与潮光互补智能光伏电站

潮光互补是开发建设光伏发电站的一种形式，可有效促进光伏并网消纳。该形式在潮汐电站库区水面上建设光伏组件进行光伏发电，利用潮汐水库资源的可控调节能力快速平抑光伏发电出力的波动，将原本发电功率不稳定的锯齿型光伏电源，调整为更加均衡、优质、安全、友好的平滑稳定电源。潮光互补打造潮汐与光伏协调运行、“水上水下齐发电”的新模式，在提高总体电量输出的同时，可通过控制潮汐发电的时段和功率，有效平抑光伏发电波动，提升电站输出电能品质，最大化实现海洋资源开发利用。

浙江温岭潮光互补智能电站的光伏场区里装有24台3150kVA的箱式变压器，光伏产生的电能经箱式变压器升压后，通过集电线路送至升压站，再经升压至110kV后接入电网。在实现全容量并网发电后运行期的20年内，预计年平均发电小时数为1092h，年平均发电量将超1亿kWh并全额上网消纳，可满足约3万户城镇居民一年的家庭用电需求。与相同发电量的火电相比，每年可节约标准煤约31654t，每年减少排放二氧化碳84479t。

由于工程任务重、工期短，为了能按计划完成任务，国网台州供电公司在此项目中创新应用了多项“黑科技”。

（1）多端光纤差动保护装置。多端光纤差动保护装置作为国产自主可控的首台首套装置，在温岭潮光互补工程中首次投入正式运行。其打破了原来新能源只能三个端口接入的限制，上限提升至十二个端口，能够实现新能源接入的“即插即用”，大大减轻新能源消纳的压力，解决电力线路走廊稀缺、现有继电保护装置无法适配等多方面难题，确保各类新能源电站能够安全稳定接入电网。配备这项装置后，新能源电站无需采用专线接入的方式，可有效减少线路走廊等一系列投资，具有较高的经济效益和社会效益。

（2）无人机架设轻量化电力系统货运索道技术。由于该项目位于坞根镇的北侧，送出工程全线依山脉而建，常规的材料搬运模式难以开展。国网台州供电公司首次在实际工程中应用无人机架设轻量化电力系统货运索道技术，大幅度节省了塔材运输时间，提高了施工效率。

（3）5MWh储能设备。潮光互补电站不仅能发电，还有一个巨大的“充电宝”，就是配套建设的5MWh储能设备，它能快速有效平抑并网光伏电站发电功率的波动，有效保障发出来的电稳定安全并入电网。作为浙江省首个实现“光伏+储能”联合一次调频控制技术的新能源电站，浙江温岭潮光互补电站充分利用储能系统能量的充放电置换，以及毫秒级的功率快速响应特征，平均调频效果可达95%以上，平均响应滞后时间控制在200ms以内。这些特性使该电站从“适应电网运行”转变为“支撑电网运行”，对构建新型电力系统具有积极意义。

3. 极高渗透率分布式光伏发电自适应并网与主动同步示范

（1）技术应用。

1）海量分布式光伏数据接入的智能感知、边缘计算及安全可信传输技术。针对极高渗透率下，分布式光伏场景多变、感知盲区大，管理无序、安全风险高，数据暴增、分析计算难的问题。以主动测控和联合估计的智能感知为基础，以时变拓扑场景下故障预警和含轻量级认证的安全通信为手段，开发多类型边缘计算设备。研究不完备量测下的极高渗透率分布式光伏智能感知技术、时变拓扑场景下的运行态势演化机理及分布式故障预警技术、适用于即插即用分布式光伏系统的轻量级安全通信技术，研发支持海量分布式光伏数据接入的边缘计算技术与关键设备。

2）区域分布式光伏发电集群功率预测技术。针对分布式光伏结构/类型/主体多元、功率预测模型复杂度高，广域多层级接入、拓扑复杂，多时空预测效率低、精度差的问题。基于全景气象资源监测和实时出力估算，增强广域集群感知能力，通过等效资源预测、时空关联建模，提升集群多时空尺度预测能力。研究分布式光伏全景气象资源监测信息融合技术、分布式光伏集群动态聚合及实时出力估算技术、基于等效资源预测的分布式光伏集群中短期功率预测技术、考虑时空关联特征的分布式光伏多层级超短期功率预测技术。

3）提升支撑电网能力和供电质量的分布式光伏发电自适应控制技术。针对极高渗透率分布式光伏发电谐波频谱时变、谐振风险高，相间功率动态失衡、供电质量差，广域分散接入、协调支撑难。基于单机响应—多机协调的控制架构，采用参数自适应、组合控制的手段，实现光伏发电的自适应控制，提升供电质量和电网支撑能力。研究极弱电网下分布式光伏发电谐波谐振机理与自适应抑制技术、极高分布式光伏渗透下电网三相不平衡传导与治理技术、分布式光伏多维时空波动下电压韧性支撑技术、多时间尺度故障知识图谱下自适应故障穿越与动态支撑技术。

4）分布式光伏发电主动同步控制及集群自治运行技术。针对分布式光伏单相/三相同步机制并存、耦合作用规律不清，跟网型控制下，集群自治运行无法实现的问题。以发电单元主动构网与自主同步为基础，以动态集群划分与虚拟集群调控为手段，研制集群管控装置，实现极高渗透率光伏发电集群自治运行。研究弱连接条件下分布式光伏单 / 三相频率 / 电压构建技术、分布式光伏单 / 三相集群同步特征与主动同步控制技术、弱连接条件下分布式光伏发电集群感知与动态划分技术、多时空场景下高渗透率分布式光伏虚拟集群优化控制技术。

5）广域分布式光伏协同主动支撑与优化运行技术。针对极高渗透率下分布式光伏分散接入、点多面广、运行调控维度剧增，运行工况多变、协同优化决策时间长的问题。通过分布式光伏单元—集群—区域多层级优化调控架构设计，研究面向无功弹性提升和有功时空调度的协同支撑技术和考虑主网—配电网协同的分层多目标优化运行技术，研发广域分布式光伏协同优化运行平台。

（2）示范建设。2025 年磐安县计划新增光伏 56 万 kW 以上，光伏渗透率将达到 200%，将显著影响电网安全运行。该项目计划在金华市磐安县选取示范区域，从光伏变流器本体、并网终端以及调控平台三个层面进行建设，极高渗透率分布式光伏发电自适应并网与主动同步示范如图 5–7 所示。

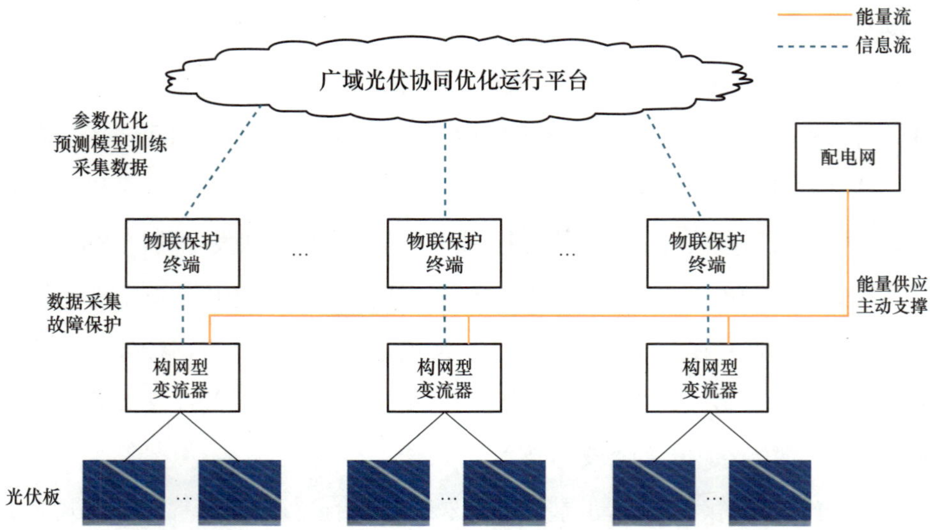

图 5–7　极高渗透率分布式光伏发电自适应并网与主动同步示范

在能量层，对示范区内新建光伏与现有光伏进行电能质量分析，选取薄弱点搭配部署构网型变流器，向上接受一体化终端指令，向下调节光伏出力特性，实现毫秒级调控动态响应，实现虚拟构网型集群主动支撑配电网的无功电压和有功功率互动调控。

在信息层，部署具备智能感知和边缘计算功能的物联网保护测控一体化终端、向上接受云边协同指令，并传输区域数据，向下实现在正常工况下电能质量监测分析，在事故扰动下的配电网故障精确定位与快速隔离，促进光伏的安全接纳和经济可靠运行。

在平台层，架设广域光伏协同优化运行平台，对区域内光伏资源进行集群协调控制，实现并网下动态快速响应、主动参与电网调节，故障下动态组网、快速供电恢复。

5.2.6 电网弹力

5.2.6.1 研究方向

国网浙江电力从特高压保供、大电网配置、配电网消纳等方面发力，推动电网设备立新破旧、发展转型。着力建设高承载坚强主网架，加大特高压和配套电网建设力度，大力推进新能源供给消纳体系建设，为各类清洁能源发展提供坚强网架支撑；着力打造高自愈灵活配电网，提升源网荷储互动能力，唤醒四侧资源；着力推广动态增容、即插即用设备，在“源网荷储”各环节以智能化、数字化的监控、通信和控制系统保证电网的可靠运行。

1. 建设高承载坚强主网架

浙江在全国率先建成以“两交两直”特高压为核心，以“东西互供、南北贯通”的 500kV 双环网为骨干的主网架，来自西北、西南清洁的风电、水电、太阳能等清洁能源，通过电力“高速公路”源源不断送入浙江。国网浙江电力正加快建设脚步，推进高质量建成以特高压交流环网为主心骨、特高压直流为受电主动脉的坚强大受端特高压网架。积极争取福建、新疆、青海等省清洁电力，持续提升已建特高压通道输送清洁能源比重，新建通道可再生能源电量比例原则上不低于 50%。力争 2023 年迎峰度夏前建成白鹤滩至浙江特高压直流工程，增加外来输电能力 800 万 kW、电量 300 亿 kWh，相当于减排二氧化碳2250万t。“十五五”期间，争取第四直流入浙，形成“一环四直”受端大电网格局。

2. 打造高自愈灵活配电网

为解决新形势下配电网面临的不确定问题，国网浙江电力积极推进配电网资源可观、可测、可控建设，打造高自愈灵活配电网。加快全面建成智能坚强配电网，满足风光倍增和大规模新能源、电气化消费接入。全面融合先进配电网技术、信息通信技术和控制技术，提升配电网智能化应用、全息感知、协调互动能力，加强互联网互通和智能控制。推动微电网协同发展，充分发挥微电网在新能源就近并网和消纳中的作用。致力于完善乡村电力基础设施，打造新时代“美丽乡村”配电网示范，到2025年，城网、农网供电可靠率目标值将分别达到99.986%和99.965%。自愈能力建设赋予配电网更多“弹性”，未来将增强综合利用5G、量子、北斗等新技术，开展架空线路智能开关远程遥控改造，到2025年，配电自动化有效覆盖率提升至90%以上，到2030年，完成配电网各类智能终端设备全面有效覆盖，实现配电网智慧感知水平跨越式提升。

3. 推广动态增容、即插即用设备

国网浙江电力着眼高弹性、智慧化，积极推进变压器等主设备增容改造、抗短路能力提升改造，同步落实老旧设备改造和主网网架结构完善，提升电网输送容量和承载能力。为打造绿电保供坚强通道，国网浙江电力加强特高压设备精益运维，开展关键设备、关键部件、关键部位状态监测能力提升改造，建立设备状态“在线监测+带电检测+专家会诊”机制，用好“加强监视、应急处置、停运抢修”三种对策，提升核心设备异常监测预警能力。大力开展等电位带电作业，推进无人机、移动巡检、分布式精确定位等技术应用，开展“空—天—地”立体巡检、状态实时集中监控，支撑特高压通道满功率稳定运行，确保清洁电力输送通道安全运行。以数字换流站为技术支撑，利用图像AI识别、多维智能传感、数字化表计等先进装备及技术，提升设备状态管控水平，建立“轮停+陪停+不停”相结合的检修模式，最大限度提升检修效率。

5.2.6.2 典型实践

1. 微电网及平衡控制示范

国网浙江电力牵头开展《提升分布式新能源消纳能力的多元灵活资源协同调控决策技术》《碳电协同智慧微电网群项目》的研究，构建"源荷储"聚合智控平台，在碎片化灵活资源唤醒、配电网经济运行、低碳资源协同运行等方面积累技术优势。同时作为新一代调度技术支持系统国网首批全面试点单位，省内以浙江省调和金华、宁波等地调为示范，架构上支持省地县三级协同与主配协同，为微网集群省地县协同控制提供了平台支撑。在兼顾满足政府、用户、电网多方利益诉求的情况下，实现微电网和大电网的平等协调互动和可持续发展。

（1）杭州泛亚运碳电协同智慧微网群示范工程位于杭州泛亚运区域的中心区域，构建集化工、印染、轻加工等在内的 8 类用能企业、52 家用户、69.22MVA 容量的智慧协同微网群示范。该区域超 90% 的能源依赖于外部输入，最高负荷达 24.42MVA，当前光伏装机容量 5.27MVA，具有典型大受端城市工业园区特征。

目前该区域企业级微电网建设与管理已具有成熟经验。已建成欣美电气单个光充储一体化微电网和园区智慧能量管理平台，且欣美工厂微电网模式已经推广到区域内亚运主供电源 220kV 世纪变电站（全国首个认证"零碳变电站"），实现变电站辅助设施和生产辅助大楼用电零碳排放。

以政府为主导，供电公司主动，建成"双碳大脑"。为该工程在碳排放管理与市场化运营方面提供了平台基础。"双碳大脑"汇聚了萧山全区电、气、煤、油等重要数据，并利用能—碳、能—电、电—碳关联算法，针对每个企业设置碳账户，包括碳排放总量、碳排放强度、能耗强度等，为政府提供用能预算化指标参考。

在杭州泛亚运区域工业园试点建设以碳电协同智慧微网群平台为核心的微电网群示范工程，建设内容包括光伏 15.1MW、储能 3MW/6MWh、充电桩 120 个、需求侧响应 9.95MW 和碳电协同微电网群控制系统 1 套及终端控制系统若干。依托区域内用户，通过互联形成聚合的微电网群，搭建碳电协同智慧微网群平台，创新微电网群运营模式，实现多目标优化协调控制，并结合碳电协同机制以及共享交易平台，从碳电协同与交易共享角度，指导微电网群实现包含碳效融合的多目标优化运行，形成可复制、可推广的工业绿色微电网建设路径。

（2）浙江嘉善“祥符荡科创绿谷”竹小汇科创聚落打造以“多能互补、网元共享”微电网群。竹小汇科创聚落项目位于长三角绿色生态一体化示范区的先行启动区嘉善县西塘镇，项目终期在竹小汇选取五个台区构建台区“元胞”微电网能量单元，五个“元胞”微电网单元通过低压直流进线柔性互联，构成交直流互供互济的微电网群（其中台区 1、2 构成直流侧手拉手的微电网群 1；台区 3、4、5 构建三端互联的微电网群 2，两个微电网群之间可以进行潮流互济、相互支撑）。结合竹小汇启动区建设进度，工程本期建设台区 1、2 两个台区交直流混合微电网，接入规划的建筑光伏、车棚光伏、农业光伏、风力发电等新能源发电设施 313kWp，配置分布式磷酸铁锂储能系统 300kWh，同时，结合嘉善氢能产业特色，预留 200kW/4h 氢储能发电移动装置接口。通过微电网自治运行控制系统，实现“元胞”微电网协同稳定运行。

工程对先行启动区电网进行“元胞”划分，选取一些“元胞”单元作为微电网单元，通过微电网之间互联，实现由传统的树状配电网络向微电网集群、交直流混联的广域互联网络转变。通过“网元共享、元胞协同”的技术手段，打造基于新型电力系统形态下的“城乡无差别”电网，以有差异的配用电场景支撑“无差别”的供能、用能和服务。通过微电网自治运行控制系统，实现“元胞”微电网协同稳定运行。

1）构建网元共享新型电网形态。通过“网元共享、元胞协同”的技术手段，创新打造基于新型电力系统形态下的“城乡无差别”配电网。打造“元胞”微电网群，通过低压交流台区柔性直流跨馈线互联，突破交流配电网馈线互联的固有结构限制。配电网实现由传统的树状配电网络向微网集群、交直流混联的广域互联网络转变，有效促进微电网和大电网之间的友好互动和协调发展。

2）灵活可靠的微电网控制策略。创新提出微电网子系统自治运行模式（关口定功率控制、储能削峰填谷）、微电网群调群控运行方式（经济运行、负载均衡、紧急功率支撑）等多种微电网控制策略，提升新能源消纳水平，促进区域内负荷功率的优化转供和均衡调配，实现微电网群调群控和故障自治，保障微电网稳定运行。

3）创新拓展氢储能应用新场景。创新氢储能移动发电装置在微电网中特色应用，系统具备并离网无缝切换功能，且具有安静、零碳、能量密度高、补电快、电量足等诸多优点；由点及面推动配电网由高可靠供电网络向能源耦合互补、综合能效提升的低碳能源网络转变。

2. 配电网可观可测可控建设

（1）明确标准，规范资源接入。

1）制定新能源接入标准。编制《国网浙江省电力有限公司分布式光伏接入配电网承载力评估导则》《国网浙江省电力有限公司分布式光伏技术规范实施指导意见》等标准，明确配电网中低压光伏全部接入配电自动化系统，接入的光伏站点需具备调控能力。实现光伏资源可观、可测、可调、可控。

2）编制新型电力系统管理制度。修订《配电自动化建设及运维管理办法》《新型有源配电网抢修流程》《有源配电网典型设计手册》等规范，建立有源配电网下配电网建设、运维、抢修的全流程管控体系，进一步提升电网可靠、安全运行的能力。

（2）梳理架构，推进分层分区感知能力提升。根据电网和电源资源的不同，提出分层分区感知架构。台区级，通过智能融合终端汇集低压居民用电负荷、低压光伏、充电桩和台区侧设备等信息，应用终端边缘计算能力，实现低压台区电压多级调节，充电桩有序充放电等自主调节。线路级，依托配电自动化系统，汇聚10kV/20kV配电终端、储能及分布式新能源等资源，应用配电自动化系统实现线路经济运行、故障快速隔离自愈，响应主配协同控制。区域级，依托调度自动化主站系统，汇聚35kV及以上新能源站、变电站设备信息等资源，与配电自动化主站系统协同，根据主网运行安全边界条件，实现主配协同控制。

（3）升级功能，完善新一代配电自动化系统功能。

1）提升配电网经济运行水平。以配电环网为单元，按线路损耗最小为目标，采用二阶锥改进的最优潮流算法，综合考虑光伏消纳和安全运行等约束，计算线路不同开环点运行的线路损耗，确定日前运行方式、系统侧储能充放电策略的最优化并自动执行。

2）优化主配协同机制。按照分层分区控制原则，根据主、配电网运行安全边界条件，制订经济运行、供电缺口、故障隔离三种状态下的主配协同控制策略，实现新能源优质消纳、母线电压合格、电力电量平衡、故障快速恢复等目标。

3）试点“一键响应”保供。梳理用户可控负荷资源池，应用电网业务资源中台对应线变户拓扑关系，贯通营配调系统，按照各系统管辖能力和范围，逐级优化形成最优保供方案，改变原有以人工决策、人工通知、人工拉限为特点的“人海式”负荷管理模式，“一键”实现预测预警、方案编制和策略执行，实现营配调全业务全链路流程化运转，全面提升保供效率。

（4）完善网架，开展新形态配电网探索。

1）探索柔性互联交直流电网。建成20kV尖山凤凰换流站，通过直流“手拉手”的方式柔性调控10kV凤凰线和20kV富江线的负荷出力，实现不同供区新能源就地消纳；建成集“光储荷充”一体的交直流混合低压微电网，探索交直流设备即插即用，支撑源网荷储友好互动。

2）超前探索蜂窝状配电网形态。开展蜂巢状配电网理论研讨与技术论证，拟采用模块化多电平变流器型（MCC）柔性开关设备分别实现2回20kV线路和2回10kV/20kV线路柔性互联，将新建的2座换流站与已建凤凰换流站组成蜂巢单元，实现互联馈线和母线的负载均衡。

（5）构建体系，开展管理体系适应性变革。

1）深化供服体系建设。培养营配调融合人员，调动营配调各专业资源，增强全流程业务管控能力，提升电网新能源接入的承载力、安全性及协控水平，深度挖掘用户侧需求响应资源，增加供服体系有序用电管理职能。

2）充分发挥电网业务资源中台海量资源汇聚优势。深化营配贯通成果应用，以中台为基础，融合多系统数据，提升大数据决策能力。

3）建立新型电力系统核心运维班组。依托供服中心成立一支专业管理团队，负责制订和管理新型配电智能终端应用策略，在输配电运检中心建立一支专业的检修队伍，负责配电网智能终端专业化检修。

（6）创新政策，推动政策机制支撑。

1）引导地方政府出台配套政策。统筹考虑海宁碳中和示范区发展路径，结合新型电力系统指标体系，引导政府出台配套政策。发布《关于推动源网荷储协调发展促进清洁能源高效利用的指导意见》，鼓励并网光伏同步配置10%容量的储能，促进光伏就地消纳；发布《关于推动源网荷储协调发展深入开展海宁尖山电力需求响应建设的通知》，推动地方对示范区参与需求响应的企业给予2元/kWh的固定补贴，鼓励企业用户积极参与需求响应；发布《关于加快新能源储能配置的指导意见》，鼓励探索共享储能、储能租赁等新盈利模式，促进示范区内储能投资增长。

2）推动“群控群调”补偿机制。推动政府出台分布式光伏、储能等资源“群控群调”补偿机制，对于接入统一调度调峰项目，给予容量补偿，定期3年（第一年按200元/kW、第二年180元/kW、第三年170元/kW），提升电网保供能力。

3）推动储能消防安全管理支撑。以党建联建的方式与消防大队对接，开展安全研讨，推动出台海宁市新型储能消防安全管理办法，形成储能项目消防审查、备案、验收等相关机制，并建立储能电站消防救援联动机制。

3. 智能化电力装备

（1）机器人队伍。

1）带电作业机器人。带电作业机器人具备智能感知定位、自主线径规划、精确识别导线等智能功能，依靠智能计算，实现路径自主规划、自动绕障、控臂精度达到厘米级，能在10kV线路上“穿针引线”，完成安装驱鸟器、带电搭接引流线和带电拆除引流线工作。全自动化的作业流程，使得原来需要4个人的操作，现在只需要2人，且劳动强度从“亲自上阵”简化为“远程操作”，效率提升，安全提升。

2）变电站智能巡检机器人。变电站智能巡检机器人具备激光雷达导航、表计识别与热缺陷检测、超声波避障、防跌落、多传感器接入、全自主运行等功能，为场站提供全天候的设备外观、表计、红外、气体、噪声、环境等数据的自动采集、分析服务，确保设备状态安全。全天候、全方位、全自主的智能巡检和监控，能够在短时间内完成对变电站的巡检，提高巡检效率。

3）配电室 5G 智能检修机器人。配电室 5G 智能检修机器人拥有与公网隔离的专用 5G 通道，可自主定点完成设备巡检、装置面板操控、故障配件更换、装置重启、开关分合闸等十多项作业功能，在人工智能图像识别的帮助下，能自动发现设备故障并按预设流程消缺。为了防止机器人误操作故障，设备同时配有智能安全监控。配电室自动化设备人工缺陷消缺周期为 1~3 天，配电室 5G 智能检修机器人投运后，可以在 5min 内干净利落完成设备故障排查与消缺工作，尤其在台风、暴雨等极端天气下，可实现零延迟自动检修，有效缓解人工检修压力，提升设备监测及排障时效。

4）隧道智能巡检机器人。作为日常穿梭于各大隧道的“地下安全卫士”，隧道智能巡检机器人拥有一个搭载摄像机、温湿度传感器等诸多仪器的智慧“大脑”。它可按例行巡检、故障巡检、临时巡检等不同计划任务的设定轨道移动，自主完成隧道内电缆及其附属设施的高清视频拍摄、红外测温、异常情况报警等工作。同时，联动在线监测装置、环境监测设备、视频动态监控系统及安防系统，进一步实现电缆隧道全方位智慧化管控。应用隧道智能巡检机器人可实现巡检覆盖率增加 20 倍，人员成本降低 80%，隐患缺陷发现率提升 60%，监控效率、应急处置能力飞跃提升。

5）水下巡检机器人。过去水下电缆故障检修，只能靠“蛙人”潜水用肉眼查找缺口。而可以实现全水域潜深作业的水下巡检机器人，可以完美解决人工“大海捞针”的困扰。它具备 5G 高清视频实时回传、排瘀、补光照明等技术，可实现远程指挥中心指导操控，具有水下泛光面积大、回传视频清晰、巡检速度快等技术优点。不仅解决了水下环境复杂、水底混浊视线不清、蛙人巡检低效等问题，大幅提升例行巡视维护和故障快速巡查效率，还能解放人力，规避水下作业的安全风险。

（2）无人机阵列。不受地形限制、可轻松在山川湖海之间自由穿越的无人机，在电网规划设计、建设、运检、应急响应、监理等各场景均可应用。

1）精细化飞巡无人机。结合红外线测温仪、望远镜等辅助巡视器具，可对架空输电线路杆塔的基础、线路通道、导地线、连板、绝缘子串、线夹、防震锤等进行全方位巡视，巡视人员可根据实时传输的画面信息了解设备数据与运行情况，及时发现并上报处置线路隐患和缺陷，降低人工巡检成本，灵活高效保障迎峰度夏期间电网设备安全可靠运行。

2）虎鲸（四旋翼）工业无人机。具备无人值守自动化作业、自主规划航线、一键智能巡检、作业实时监控、厘米级精准降落、巡检缺陷智能识别等功能，可对输电线路全线扫描并自动获取三维信息，通过回执线路、铁塔等物体 3D 立体模型，可自动生成全方位、多角度高精细航线，实现自主巡检，有效减少人为误操作，巡检质量和效率大幅提高。

3）VR 虚拟现实无人机。配合 VR 眼镜，提供更清晰、直观、立体化的感官画面，帮助巡检人员快速发现缺陷和故障点，对线路防外力破坏措施是否到位也能一目了然，减少巡视盲点，助力风险防范再靠前。

4）喷火清障无人机。搭载有燃料箱、油泵、自动点火装置的喷火吊舱任务模块，可在不停电的情况下，对影响高空电力线路安全的飘挂物进行定点障碍清除作业，火焰喷射达 3~5m，且不会对此类裸导线路造成损伤，作业效率是传统消缺方式的 2 倍。

（3）履带式小吊机。履带式小吊机拥有体积小、载重大、可吊运等特点，其底盘的四个支腿伸开后其外形似蜘蛛，可在狭窄的空间自如移动位置，因此又名“蜘蛛吊”。通过发动机遥控启停操控行走、吊装、支腿等动作，可实现检修吊装隔离开关和互感器、室内 GIS 安装和维修等多种操作，实现绿色节能、无污染、无噪声的吊装施工。履带式小吊机灵活的“大长腿”可深入极狭小的空间，代替人工临近带电体高效拆装电气设备，大大缩小停电范围，提高检修、抢修效率，有效扩展不停电作业的适用范围。

（4）便携式电动升降装置。适用于架空输电线路的带电作业。该装置包括升降装置本体、高强度升降绝缘绳、可调节座椅、遥控器、电位转移棒等。通过操作该装置控制按钮只需要3min左右就可以到达作业位置，无需塔上高空人员辅助、无需人力攀登、无需登塔中转进电场。使用便携式电动升降装置，比较常规带电作业时间减少50%，降低作业安全风险的同时也降低作业人员劳动强度，提升带电作业质效。

（5）“激光炮”电网异物清除仪器。适用于架空输电线路的非金属异物清除。主要由激光发射器、操作平台和操控器三部分组成，利用激光热效应原理清除异物，能远距离清障，无需停电，用时短。相比传统的登塔处理异物，激光炮效率高、操作简便，可在人员密集、车流量大的复杂环境中远程作业，既保障了作业人员安全，又节省了人力物力。

5.2.7 数字活力

5.2.7.1 研究方向

数字化改革与能源领域的深度结合，为绿色低碳发展创造了更广阔的空间。国网浙江电力明确数字化牵引思路，坚持电网物理形态升级和数字赋智赋能相结合，建设国际领先的新型电力系统省级示范区；构建数智新型电力系统架构，推动数字化牵引持续走深走实；完善数字化工作机制，高效推动数字变革，构建数字化管理方式；统筹推进数字化牵引建设，创新发展能源互联网新业态，提高能源电力数据的价值创造力、产业带动力。

1. 明确数字化牵引思路

国网浙江电力结合新型电力系统省级示范区建设要求，研究制订国网浙江省电力有限公司数字化牵引新型电力系统建设方案，包括《国网浙江省电力有限公司数字化牵引新型电力系统总体建设方案（2022版）》《国网浙江省电力有限公司数字化牵引新型电力系统专项建设方案（2022版）》《国网浙江省电力有限公司数字化牵引新型电力系统专项示范》《国网浙江省电力有限公司数字化牵引新型电力系统“三张清单”（2022版）》，明确了数字化牵引新型电力系统框架设计和专项建设方案。数字化牵引新型电力系统建设方案思路围绕系统调节能力、企业治理能力和社会综合能效“三条主线”，强化数字化描述、全要素融合、智能化管控，打造数字化、全要素、智能化的新型电力系统运行平台——数智新型电力系统，推动“三个转变”、实现“三个提升”。

（1）聚焦能源互联全环节，统筹加强电网自动感知，全面升级调度、交易、营销、设备等专业系统，强化内涵整合和外延拓展，实现全要素可观可测、可控可用，以及源网荷储智能互动，打造以电网为核心的能源优化配置平台，实现“全景看、全息判、全局控”，牵引电网及电力系统发展方式转变，着力提升系统调节能力。

（2）聚焦企业管理全过程，全面升级各专业系统，统筹系统整合、打通专业壁垒，强化数据共享、流程融通，推动生产经营管理全过程业务线上管控，打造现代企业管控平台和全域决策大脑，实现工作上平台、业务数字化、管控精益化，牵引公司发展方式转变，着力提升企业治理能力。

（3）聚焦社会用能全方位，全面深化能源大数据中心应用，强化电力流、能源流、碳流统筹管控，实现电能碳一图展示、实时跟踪、动态优化，服务政府碳排双控，服务企业能效改进，引导全社会绿色高效用能，牵引能源消费方式转变，着力提升社会综合能效。

2. 构建数智新型电力系统架构

国网浙江电力将构建“1182”（即“一平台、一大脑、八大系统、两入口”）数智新型电力系统，建立健全三个体系（业务体系、技术体系、治理体系），全面推进跨部门、跨层级、跨行业的业务流程优化、系统重构、制度重塑，推动数字化牵引持续走深走实。数智新型电力系统总体架构图如图 5-8 所示。

第 1 个“1”即“一平台”：一体化智能化企业级数据平台（integrated & intellectualized enterprise data platform，EDP）是企业级数字化软硬件资源和数据资源“超市”，为各部门、各单位提供“购物车式”数字化服务，实现跨部门、跨专业、跨层级的数字资源高效共享，对外通过能源大数据中心实现一口对外、集中共享。

第 2 个“1”即“一大脑”：数智能源大脑（digitized & intellectualized energy brain system，EBS），汇聚电力系统全要素数据，通过打造各专业领域和跨专业领域全局最优决策能力，实现能源资源的优化配置，提升电力电量平衡和碳排碳效最优能力。

"8"即"八大系统"：为源网荷储四个核心环节赋能的八大专业系统，包括发展规划、安全管控、设备管理、市场营销、电网建设、调度控制、电力交易和经营管理，各专业系统既相互独立又相互协同，共同构成纵向贯通、横向协同、统一衔接的有机整体。

"2"即对内对外两个统一终端入口：对内统一终端入口（移动端 i 国网、PC 端企业门户）、对外统一终端入口（移动端"网上国网"、PC 端互联网门户）。

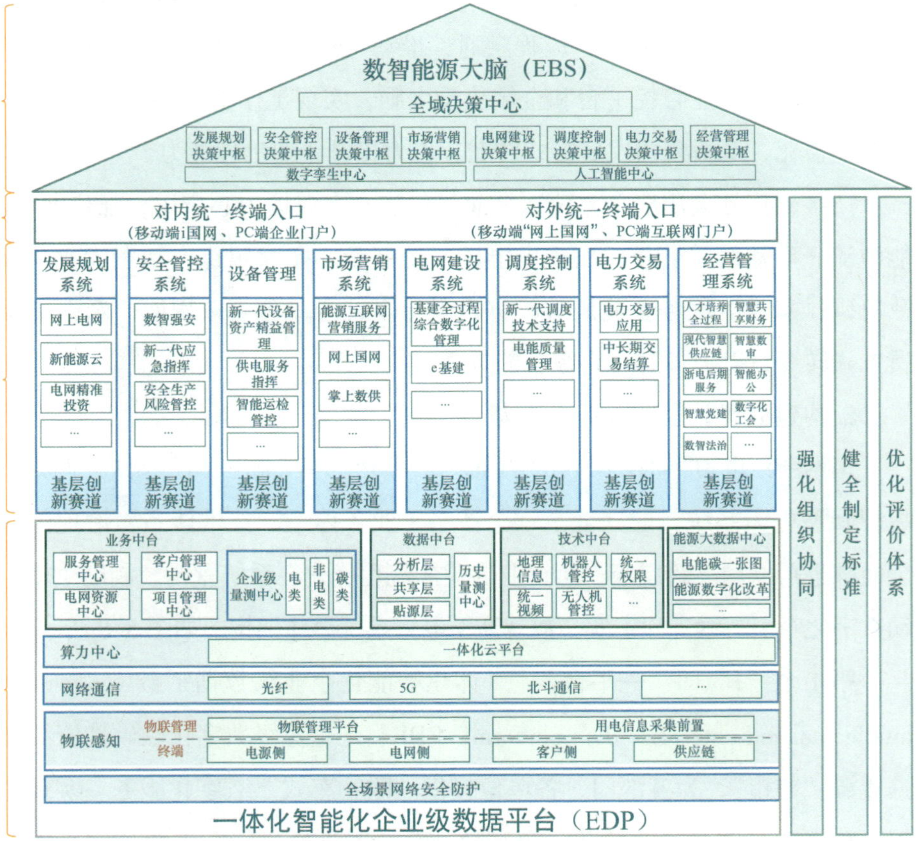

图 5-8 数智新型电力系统总体架构图

3. 完善数字化工作机制

建立各专业横向协同、省市县纵向贯通的工作机制，确保沟通协作渠道畅通，实现工作一体推进。各部门、各单位深刻领会数字化牵引新型电力系统建设的内涵和重大意义，切实发挥"一把手"领导作用，强化落实责任，层层分解任务，扎实推进数字化牵引新型电力系统工作任务。结合自身实际，遵循国网浙江电力总体建设方案和专项建设方案，找准切入点和突破口，明确建设目标、建设内容和工作计划，制订数字化牵引新型电力系统落地实施方案。集中优势资源，以打造可复制可推广的成果为目标，确保专项示范取得实效，以点带面，实现“一地创新、全省共享”，奋力打造新型电力系统浙江样板。

4. 统筹推进数字化牵引建设

（1）政企共建省级能源大数据中心。建设运营省能源大数据中心，推动重点用能企业全量数据接入，实现省地两级能源大数据中心能源数据“应接尽接、统一汇聚”，浙江省能源大数据中心展厅如图 5-9 所示。2021 年 9 月 17 日，国网浙江电力在浙江省发展改革委、省能源局的支持下，组建浙江省能源大数据中心。汇聚电、煤、油、气、热五大品类能源数据总量达 390.79 亿条，累计实现 28786 家重点用能企业数据接入，多能企业实时接入率达 80%，率先构建集能源生产、传输、消费全过程，省市区域、行业、企业等多维度于一体的能源运营、能效与碳排放监测分析体系，实现浙江能源全景展示、“双碳”全景监测、能源双控监测、高弹性电网效能评价。面向政府、企业、公众，累计开发浙江省“双碳”数智平台、“电碳一张图”“节能降碳 e 本账”等 60 余项数据产品，促进浙江全社会综合能效利用发生积极变化。

图 5-9 浙江省能源大数据中心展厅

（2）搭建新能源云碳中和支撑服务平台。围绕“双碳”目标，积极探索解题思路，深化大数据应用，依托新能源云，上线碳中和支撑服务平台，推动碳排放大数据上云，全面实现行业“碳监测”、精准定位企业“碳足迹”、政企联合实施“碳激励”、全景深化智慧“碳应用”，以“数字驱动”方式对内实现新能源管理和服务全流程贯通。2021年6月4日，新能源云碳中和支撑服务平台“碳效码”“碳惠易”“碳惠贷”三大应用场景在湖州发布上线。精准定位企业的“碳效码”已完成全市381个行业3700余家规上企业赋码和季度动态更新，并将在“绿色工厂评级”“差别化电价”等场景中得到应用，浙江省工业碳效码场景应用图如图5-10所示；推动全民参与的“碳惠易”，搭建淘宝碳普惠交易平台，推动绿电交易，促进光伏产业发展，实现光伏碳价值实现；政企联合实施的“碳惠贷”，通过联合金融主管部门，打通绿贷通平台，建立“碳效”综合评价体系，结合绿色贷款评级，对高碳效企业和技改升级项目给予贷款额度、利率等优惠。

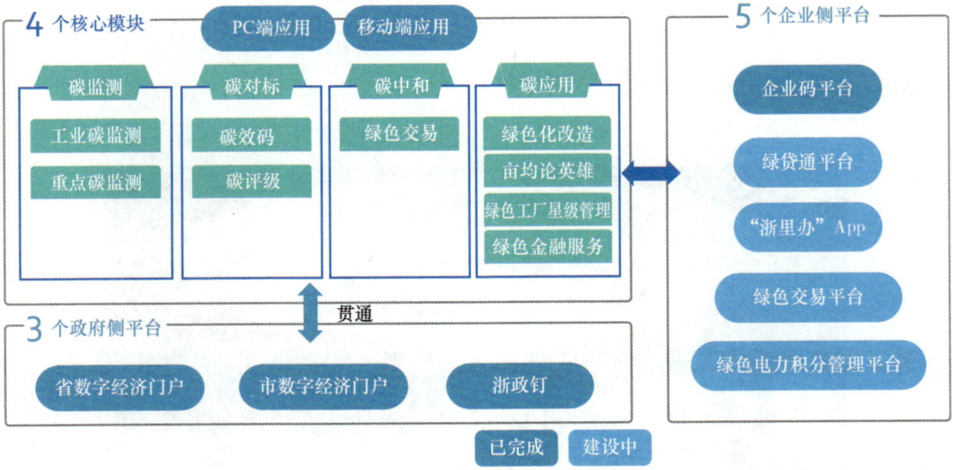

图5-10　浙江省工业碳效码场景应用图

（3）构建“4R—4W—4S”消费侧能效提升模型。国网浙江电力基于浙江省24家制造业企业及4个工业园区的实地调研，构建“4R—4W—4S”消费侧能效提升模型，如图5-11所示。通过中间过程再利用、输出端的再循环、用户间再交易、关键环节再电气化等四大路径（4R），采用技术降耗、管理提效、结构优化、政策引导等关键措施（4W），服务好政府、企业、相关利益方、能源电力健康发展等四类对象（4S），实现与政府共同探索压减能耗、保障就业的新举措，助推共同富裕；与企业共享降能源成本、保生产效率等新成效；与其他相关利益方共同促进产业链形成、加速信息交流的新实践；在能源侧推进电能替代、促进清洁能源消纳、用能权市场构建的新发展，全流程促进工业消费侧节能转型。

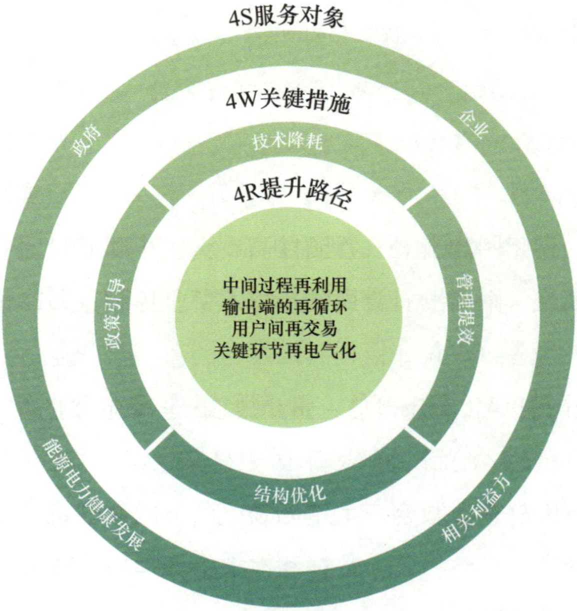

图 5-11 “4R—4W—4S”消费侧能效提升模型示意图

（4）发布全国首个用能预算化管理应用场景。国网衢州供电公司会同衢州市发展改革委联合推出全国首个基于能耗产出效益评价的用能预算化管理应用场景，该场景通过用能基数确认、年度用能预算、执行监测管控、预算转让交易、评估结果应用等 5 大模块，形成“先预算、后用能”的精准能源管控路径，实现用能预算一键分配、执行情况实时监控和实施效果定期评估，引导企业低碳绿色发展，提高能源利用效率。目前，已实现衢州市 1147 家规模以上企业的用能管控。

（5）构建碳征信大数据应用体系。为进一步加大国家低息绿色资金对浙江新型电力系统建设的支持力度，结合数据与金融监管背景，国网浙江电力依托国网公司“电 e 金服”平台，通过深挖电碳转换关系、搭建碳能力评价体系、融合“专精特新”培育、统一征信输出渠道打造基于“电 e 金服”的碳征信大数据应用体系，为能源产业链绿色金融服务和“专精特新”培育引领赋能，以金融力量积极支持新型电力系统建设。

5.2.7.2 典型实践

1. 电网数字孪生

国家发展改革委、中央网信办于 2020 年 4 月 7 日研究制订了《关于推进“上云用数赋智”行动培育新经济发展实施方案》。方案提出了包含数字孪生的新一代数字技术，同时提出了“数字孪生创新计划”，以解决数字化转型的关键核心技术等问题。2020 年 8 月 21 日，国务院国资委进一步落实“数字孪生创新计划”，发布了《关于加快推进国有企业数字化转型的通知》，其中多处强调国有企业应主动作为，全面推动数字孪生体的应用。国网浙江电力作为先进技术的先行先试单位，依托浙江发达的数字化产业优势，近年相继开展数字孪生电网的基础技术研究、基础平台搭建和电网生产支撑保障方面的研究及示范应用。

数字孪生电网是基于数字孪生基础设施的电网数字化转型方法，依托物联网、人工智能、三维建模、大数据和虚拟仿真等新一代智能技术，通过在数字空间建设物理电网、环境、人员和业务四要素的“电网数字孪生体”，构建电网数字化转型基础底座，支撑新型电力系统建设。依托数字孪生电网，能够更好地支撑电网负荷智能预测、智能调度和智能化运维，能够更好支撑电网供电的稳定性和安全性，为全社会生产生活的安全稳定用电提供更好的保障。

（1）数字孪生平台。国网浙江电力开展了电网数字孪生服务组件和服务建设，电网数字孪生服务提供基础服务组件，并提供基础框架和组件调用示范，支撑各专业数字孪生典型应用建设。电网数字孪生服务基础组件和基础服务列表分别如表 5-4、表 5-5 所示。

表 5-4 电网数字孪生服务基础组件列表

序号	成果名称	说明
渲染引擎		
1	数字孪生电网云渲染组件	实现数字孪生实体模型在线可视化渲染
空间分析		
1	空间量测组件	测量长度、面积、方位角等
数据融合		
1	数字孪生视频融合组件	实现在线监控数据与可视化模型的融合
2	预警信息组件	实现故障预警
3	电网设备台账查询组件	查询设备台账展示
4	电网设备运行数据查询组件	查询设备运行数据展示
场景		
1	设备拆解组件	针对电网主设备，实现设备模型部件级拆解可视化展示
2	设备动画组件	实现隔离开关等开关操作类设备的数据驱动动画仿真及可视化

表 5-5 电网数字孪生服务基础服务列表

序号	成果名称	说明
渲染引擎		
1	数字孪生云渲染类服务	实现数字孪生实体模型动态成图的基础技术服务
空间分析		
1	数字孪生空间分析类服务	辅助测量工具（空间量测、路径分析、安全距离等）
孪生体服务		
1	数字孪生体维护类服务	对孪生体进行统一管理维护（孪生体预览、孪生体上传等）
模型管理服务		
1	模型统一管理服务	模型质检工作，成果模型上传到数字孪生三维数据管理中心进行统一模型管理
数据映射服务		
1	数字孪生数据映射类服务	实体和模型之间的对应数据关系（场站数字孪生数据映射、设备数字孪生数据映射）
服务管理		
1	数字孪生交互操作类服务	作为与前端交互类控制（服务配置、策略控制、版本控制等）

（2）数字孪生应用。

1）国网浙江电力开展三维数据中心及三维数据共享服务的试点建设工作，推进数字孪生技术应用探索，以500kV妙西变电站为试点，完成变电站远程实景巡视应用建设；国网杭州供电公司以220kV登云变电站、紫金港隧道为试点，完成变压器、隧道电缆虚拟消防演练应用建设，提升了作业人员应急处置能力；以太湖廊道为试点，完成输电线路载荷变化的弧垂模拟，应用多向量精确距离测量等功能；以国网嘉兴供电公司220kV禾城变电站为试点，完成变电站物联网数字孪生示范应用建设。

2）国网浙江电力以国网数字化设计成果移交试点任务为契机，积极探索数字化设计成果数据，以及在电网数字化转型及数字孪生中的作用。通过开展基建数字化移交工作，深度挖掘数字化设计成果模型、图档资料、结构化属性信息等移交内容的价值，紧密贴合电网数字孪生技术应用需求，在基建数字化成果移交过程中充分考虑数字孪生需求，构建数据共享及数字孪生支撑模块。

3）国网浙江电力以模型数据为基础，业务应用需求为着手点，积极布局电网数字化转型，构建了较为全面的模型数据保障支撑体系；开展业务应用试点工程建设，探索数字化转型及数字孪生建设方向，积极了解专业应用痛点，逐步掌握新技术特性，开发了一批具有实际应用价值的试点应用系统，取得了试点应用单位的一致好评。

以国网嘉兴供电公司220kV禾城变电站数字孪生应用建设为例，构建覆盖变电站全景管控、远程智能巡视、机器人协同巡视、物联感知等设备运行状态数据融合分析及设备健康评价等典型场景应用。

（3）数字孪生三维模型数据。

1）依据在运设备建模规范，完成数十座220kV及以上电压等级变电站（换流站）精细化建模；完成重要输送断面太湖廊道10km输电线路、紫金港隧道电缆通道精细化三维建模工作；完成500kV以上电压等级架空线路激光点云采集及建模工作。

2）针对新建工程，国网浙江电力开展基建数字化移交工作。国网浙江电力高度重视三维设计成果应用价值，进行数字化设计移交系统开发，初步具备了数字化设计成果模型移交接收、准确性校核、数据共享等能力，逐步开展数字化设计成果模型完善工作。在电网数字孪生建设过程中，以实际需求为出发点，充分利用存量电网设施数字孪生模型，开展基建数据化设计成果模型数据的校核、改造及共享能力建设，为电网数字孪生打下了良好的孪生模型基础。

2. 能源大数据中心典型数据产品

（1）打造“能源双碳数智平台”。通过打造“能源双碳数智平台”重大应用场景，整合杭州市电力、燃气、石油、煤炭四类能源数据及重点监控企业的能耗信息，利用能源双碳数智分析系统、用能信息管理系统及节能信息服务系统，可精准管控能源消耗和碳排放。杭州紧盯全市能源消费总量、碳排放总量、能耗强度、碳排放强度 4 个核心指标，对 2000 多家工业、公共建筑、交通运输、数据中心等年能耗 1000t 标准煤以上的重点用能管理单位进行数智监管。以此为依托，制订精确的能源分配机制。浙江省“双碳”数智平台系统如图 5-12 所示。

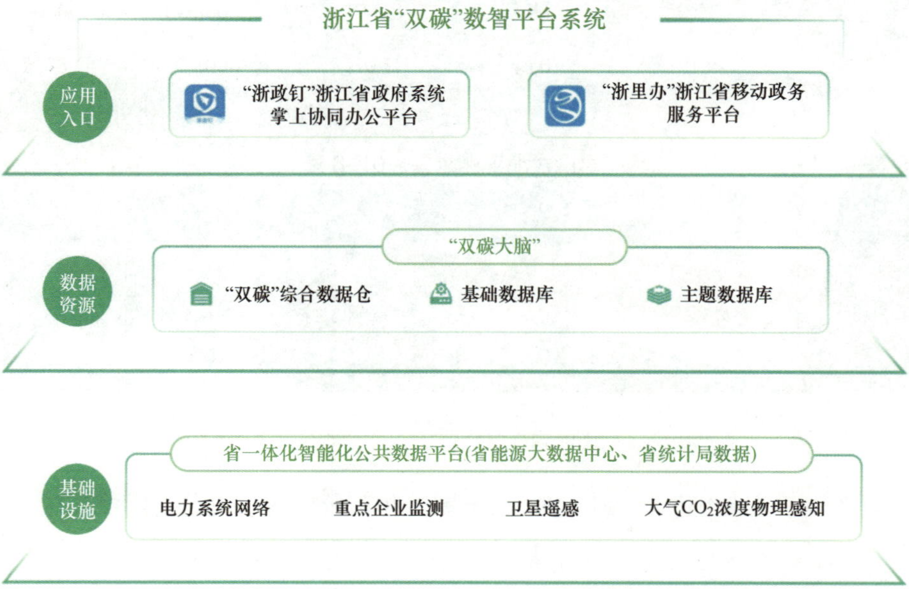

图 5-12 浙江省“双碳”数智平台系统

（2）开发应用“电碳一张图”。浙江省能源大数据中心作为新型电力系统省级示范区建设的主要数字化载体，贯通“电力—能源—碳排放”协同路径，结合发电碳排、电网拓扑、实时潮流、企业用能等实时数据，建设全国首个“电碳一张图”应用，如图 5-13 所示，实现了电力生产、传输、消费全过程的碳轨迹追踪。在电源侧，构建实时、动态、覆盖全网全电压等级的电碳因子，精准度量电力系统不同节点碳排放的强度与流向，对碳排较高的发电厂进行重点监测、及时预警。在电网侧，面向各电压等级的变电站及电力线路，动态跟踪绿电轨迹及碳流轨迹。在负荷侧，以企业的用能数据、产值数据为基础，应用“一码三标识”（“碳效码”，效率对标、中和对标、水平对标），量化用户碳效水平和碳中和进度。在储能侧，针对抽水蓄能、电化学储能、电动汽车等，研发碳追踪、碳计量功能，量化减碳效益。通过该应用实现能源流、信息流、碳流“三流合一”，构建可观、可测、可控的新型电力系统，为电网开展低碳规划、低碳调度等前瞻性工作提供有力支撑。

图 5-13　浙江省“电碳一张图”示意图

（3）跨领域构建“双碳大脑”。国网杭州市萧山区供电公司围绕看碳、析碳、管碳三大核心要素，搭建集“碳地图、碳足迹、碳管理、碳场景”于一体的“双碳大脑”，依托能源大数据中心推动经济社会各方面节能降耗。“双碳大脑”通过创建碳地图、碳足迹、碳管理、碳减排四个板块，实现看碳、析碳、降碳等三个功能，助力政府科学决策、企业节能减排、社会精准治理和城市数智建设，为县域节能减碳提供了“国家电网方案”。不仅实现碳流的穿透分析和动态预测，还构建了三级“驾驶舱”，为政府科学决策提供依据，为企业优化产业结构、减排降碳提供解决方案，形成“政企联动、一体智治”的良好生态。

（4）打造“节能降碳 e 本账”。浙江省能源大数据中心打造“节能降碳 e 本账”多跨场景应用，结合企业综合能效水平与自评情况，为企业分配用能预算基准值，在提升企业能耗精细化管理主观意识的同时，推进重点行业企业超低排放改造。上线“浙政钉”“浙里办”App，实现浙江省 1896 家省控重点用能企业、3 万家浙江省重点用能行业企业和 57787 户规模以上企业的用能和碳排情况的实时监控。通过“节能降碳 e 本账”，基本建立了用能预算分级管理体系。政府层面，将能耗“双控”年度目标任务分解到省、市、县三级；企业层面，对 3 万家重点用能行业企业实行用能预算管理，有力推动了能耗要素的市场化配置，在服务地方政府“双碳”行动、引导全社会节能降碳方面取得实效，获评浙江省数字化改革突破奖。

3. 基于“电 e 金服”的碳征信大数据示范

基于“电 e 金服”的碳征信大数据示范从绿色金融角度切入，试点归集湖州、绍兴9000余家规模以上企业电碳数据，实现数据与金融机构互通共享，以金融助推电力产业链企业低碳转型发展。与中国银行、建设银行、民生银行、浙商银行、英大保理等金融机构深入合作，定向研发多款基于碳征信评价结果的专属金融服务产品，精准服务中小微、科创、供应链企业的绿色低碳转型。

（1）深挖电碳转换关系。2021 年 12 月，国务院印发《计量发展规划（2021—2035 年）》，明确提出在碳排放领域，开展用电信息推算碳排放量、烟气排放量等技术研究与应用。国网浙江电力财务部充分挖掘浙江电碳转化关系，基于地区历史统计电、煤、油、气、热等能源消费数据，根据不同能源碳排放因子计算总排放量，结合历史数据、控排企业核查数据进行修正校验，得到区域、行业和企业碳电强度指数。同时依托电力数据实时性特点，对各区、各行业、各企业的碳排放总量进行动态推算，全景、动态反映区域、行业、企业的碳排放水平和趋势。电碳转化基本逻辑示意图如图 5-14 所示。

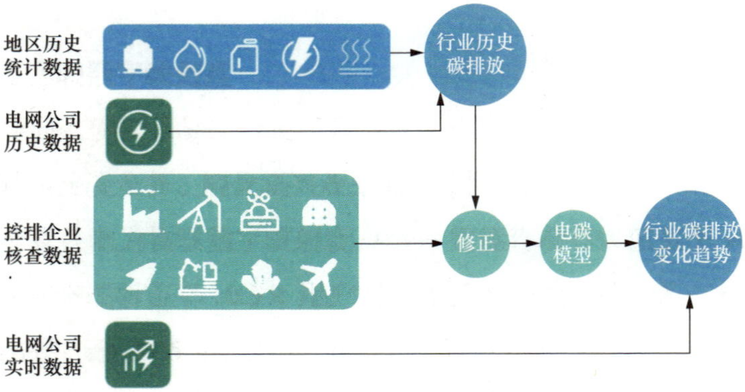

图 5-14 电碳转化基本逻辑示意图

（2）搭建碳能力评价体系。充分挖掘浙江省内湖州、绍兴等试点地市电碳关系，借鉴 ESG 评价理念及金融机构信贷评级设计理念设计，搭建了碳征信评估模型。该模型以引导企业绿色发展、助力绿色金融为目标，包括碳表现、碳披露、碳贡献、碳履约四个维度，设置 28 个二级指标，融合“碳效码”评价指标体系及“绿色能源金融评价指标体系”等地域特色指标体系，根据金融服务需求确定各项指标权重，支撑定向开发优质金融产品。绿色能源金融评价体系如图 5-15 所示。

图 5-15 绿色能源金融评价体系

（3）融合“专精特新”培育服务。为助力产业链上下游企业提升专业化、精细化、特色化及创新水平，国网浙江电力财务部牵头，积极促进与工信部中小企业发展促进中心、全国“专精特新”企业培育基地开展合作，在物资供应商大厅设立国家层面服务央企产业链“专精特新”培育的首个服务中心，在“专精特新”类供应商培育、联合创新金融产品、打通“电 e 金服”与国家产融合作平台等方面达成深度战略合作意向。中心将在产业链“专精特新”企业培育、双碳绿色金融方面进行双重支持，双向赋能推动专精特新供应商企业率先实现高质量绿色转型，践行国网公司碳中和“推动者”责任。

（4）统一输出渠道。为规范金融征信业务，国网浙江电力通过统一的数据输出渠道，打通与“电 e 金服”数据通道，加强金融活动统筹管理与数据分析，建立金融业务数据定期报送机制，积极助推绿色金融线上化落地见效。碳征信大数据应用业务链示意图如图 5–16 所示。

图 5–16 碳征信大数据应用业务链示意图

4. 电力接入工程费用分担机制数字化服务平台

近年来，国网衢州供电公司以“最多跑一次”改革为指引，深化“阳光业扩一站通”服务平台建设及试点应用，率先在浙江实现“社会救助对象认定 + 免费用电基数申请”的“一件事”线上联办，大大压减用户接电成本，提升办电服务便利度。同时，以浙、闽、赣、皖四省边际“党建联盟”为抓手推进电力业务“跨省通办”，实现 17 项电力业务线上、线下“异地办理、一次办成”。

2021 年 12 月底，衢州市发展改革委联合市财政局、国网衢州供电公司等出台《衢州市级电力接入工程费用分担机制实施意见》，明确符合分担机制条件的项目，原本需要企业自行承担的电力接入工程费用由政府和供电公司共同承担、全额“买单”，工程由供电公司建设并负责后续运行维护。这是浙江省首个地市出台电力接入工程费用分担机制。2022年此项工作在浙江全面铺开，截至10月，全省已有48家企业享受到分担机制带来的红利，累计节省3.61亿元。

为让企业能够又好又快地享受到政策红利，国网衢州供电公司在电力接入工程分担机制的基础上，联合衢州市营商办，充分借鉴“多审合一”等“最多跑一次”改革成果经验，首创电力接入工程费用分担机制数字化服务平台，在衢州市政务服务系统上线试运行，以数字化手段落地政策红利。

电力接入工程费用分担机制数字化服务平台采用“网上启动、资料共享、线上备案、限时办结”的线上分担机制运转模式，具体流程如下：

（1）网上启动。在储备土地出让或划拨时，由政府土地储备（征收）管理主体在线录入储备土地相关信息，经资规局确认项目处于城镇规划建设用地范围后，动态精准触发电力接入工程建设流程。

（2）资料共享。由政府土地储备（征收）管理主体线上共享土地拍得企业的营业执照、土地证明材料，供电公司主动对接企业，在企业具备正式用电申请条件后，直接完成业务受理，免于企业重复提交资料。

（3）线上备案。取消电力接入工程项目概（预）算评审，改为通过平台线上备案。无价材料通过线上签证的方式确定价格，线上推送土地储备（征收）管理主体确认后，作为施工当期工程预算的编审依据，实现项目评审提质提速。

（4）限时办结。出台《衢州市电力接入工程费用分担机制数字化服务平台应用管理办法（试行）》，围绕分担机制流转审批全过程，细化各部门责任和各环节办理时限。组建联合工作组，建立政策实施监测体系，从办理时效、办理结果等维度开展政策执行督察，防止服务低质超时，保障政策全面高效落地。

依托数字化平台，实现了过程资料线上传递、审批意见线上答复、资金拨付线上流转、流程进度线上催办，支撑分担机制高效运行。数字“搭好台”，保障政策红利持续释放，激活企业发展的一池春水。电力分担机制数字化服务平台试运行以来，衢州市已有 8 家企业在线上流转，节约企业电力接入成本约 3633 万元，平均环节处理时效同比压缩近 40%，让企业轻松享受“开门接电”的便利。

5.2.8 创新动力

5.2.8.1 研究方向

国网浙江电力坚持首创引领，首台首套首面首域多方突破，创新经营管理组织方式，促进形成体系化标准；攻关关键技术，制定标准，加快新技术研究应用，培育打造重大科技成果。

1. 首台首套首面首域多方突破

国网浙江电力聚焦技术支撑、市场推动、政策引导、智能创造、组织创新“五组赋能”创新突破，坚持新发展理念，坚持首创精神，推动“首台首套”“首面首域”项目建设，主动适应高质量发展的创新体系和创新能力建设需要，深入打造能源先进思想理念的发源和传播地、先进标准的制定和出产地、先进技术的创新和应用地。

2021 年 4 月，国网浙江电力制订《关于加快推动首面首域项目建设的实施意见》，明确首面首域组织领导机构、重点领域及主改方向等内容，建立首面首域工作体系，孵化和培育一批具备影响力引领力的首面首域项目，在多元融合高弹性电网建设、新型电力系统及“碳达峰、碳中和”政策机制等方面取得突破。

2021 年 8 月，国网浙江电力制订《国网浙江电力首台首套项目管理办法（试行）》，明确首台首套工作职责分工、项目储备、项目实施和验收、成果评定、成果推广等管理要求，进一步加强基础性、开拓性、引领性研究创新，推进在国内或者国际率先实现重大技术突破、拥有自主知识产权、尚未批量取得市场业绩的电力能源领域关键技术装备。

2. 攻关关键技术

国网浙江电力坚持创新驱动发展，瞄准国家重大战略需求，凝聚科技创新强大引擎，完善科技创新体系，深入实施“碳达峰、碳中和”新型电力系统重大科技攻关计划，围绕绿色低碳布局36个重点技术方向、100个科技项目及10项重大科技示范工程，强化基础研究和前沿技术，攻克短路电流柔性抑制、电网关键断面自动提取和风险快速识别、区块链与高弹性电网融合应用等关键技术，在技术攻关、重大示范、首创成果、机制创新等各领域取得了“从0到1”的创新突破，推动实现电网技术高水平自立自强。

（1）牵头柔性低频输电国家重点研发计划项目。2021年12月9日，牵头申报的2021年度国家重点研发计划“储能与智能电网技术”重点专项“柔性低频输电关键技术”获批立项。依托该项目的研究，将建成国际首个柔性低频输电示范工程，实现技术的全面落地应用，推动一系列绿色低碳的高端装备产业升级和融合，占领技术领域的国际制高点，促进高比例可再生能源的消纳能力提升，支撑新型电力系统省级示范区建设。

（2）构建元胞形态新型配电网提升电网韧性。针对能源低碳发展和自然灾害频增下电网如何安全转型的关键问题，攻坚形成“元胞形态新型配电网规划—多元胞分层协调控制—弹性评估应灾决策”的系统性关键技术，并在温州市永嘉县示范应用。依托北斗通信技术与不停电双向并网智能控制成套装置及系统，有效提升电网的清洁能源消纳水平和抵御自然灾害能力。在台风“利奇马”“黑格比”期间，永嘉示范电网累计减少电费损失超百万元，节省应急抢修费用近千万元，经济和社会效益显著。

（3）研究含高比例新能源的电力系统需求侧负荷调控关键技术。2021年11月3日，牵头完成“含高比例新能源的电力系统需求侧负荷调控关键技术及工程应用”，成果获国家科技进步奖二等奖，有效解决集中式负荷消纳新能源、分散式负荷聚合调峰和源荷互动防控风险三大技术难题，首创大容量集中式负荷跟随新能源的平滑调控技术，突破海量分散式负荷稳定调峰的聚合控制技术，构建源荷多重不确定性条件下的电网运行风险控制体系，减轻发电侧调峰、调频压力，减少发电煤耗120万t/年。现已规模化应用至浙江、河北、上海、重庆等11个省（市），覆盖中国尊、浦东机场等657栋大型建筑及上海世博园等48个园区，并推广至吉隆坡、迪拜等地的海外工程中。

（4）氢电耦合核心技术突破助力全产业链发展与升级。国网浙江电力积极探索氢电耦合综合应用，在氢电耦合核心装备与系统开发、高水平论文与专利、标准制定等方面取得了一系列成果。在核心装备与系统开发方面，研制高效电制氢、燃料电池多端口变换器，效率不低于97.5%；研制高效燃料电池热电联供系统，电效率不低于50%，热电综合利用效率不低于97.5%，可以与国际领先水平对标；研制制氢—燃料电池一体化氢储能系统，循环效率达到72%；研发云边协同的氢电耦合能量管理系统，实现集群氢电耦合系统全景监控、能量管理与安全管控。在制氢与燃料电池技术要求、并网性能要求、氢储能电站验收规范、安全操作导则、工作规程、检修规程等方面开展相关技术标准编制工作，覆盖氢能利用全过程，为氢电耦合工程建设与氢能健康产业发展提供技术支撑。

（5）构建国内首个自主、实用的能源供需预测模型。国网浙江电力立足浙江经济社会发展，打造“经济（Economy）—能源（Energy）—电力（Electricity）—环境（Environment）”全要素平衡与推演模型（ecology balance and deduction，4E模型），构建自主、实用的浙江能源供需预测模型，实现对浙江能源系统和碳排放的“数字画像”。面向“碳达峰、碳中和”目标，以电为主视角开展中长期能源电力发展展望，科学研判浙江省经济发展规模和结构、碳排放达峰时点和规模、电力发展关键指标等。将“浙江率先达峰、电力引领减排”作为出发点和落脚点，以测算结果为依据、以模型数据为支撑，定量提出电力行业落实“双碳”目标的路线图。

5.2.8.2 典型实践

1. 220kV车载移动式GIS开关设备

2021年11月20日，由国网浙江经济技术研究院自主研发的全球首台220kV车载移动式GIS设备在嘉兴平湖投入运行。为嘉兴2号海上风电送出工程提供临时间隔，助力嘉兴2号海上风电提前并网，有效缓解电力紧张的状况，为实现“碳达峰、碳中和”目标助力。

嘉兴2号海上风电220kV送出工程需在所在的220kV共建变电站开展间隔扩建及改造工作，若使用常规的GIS开关设备，需要进行约1个月的基础浇筑工作，工程建设周期长。GIS 设备是变电站内连接母线与输电线路的开关，控制输电线路的通断。220kV 车载移动式 GIS 与传统固定式 GIS 相比，具有安全可靠、体积小、结构紧凑、安装方便等优势，既可用于环网，又可用于终端，能大大提高供电可靠性，可用于临时变电站、临时增容改造、变电站改扩、灾害应急等各种应急工况。

嘉兴 2 号海上风电项目使用的 220kV 车载移动式 GIS 匹配自主研发的旋转套管。该套管为国内首创，打破了国际垄断，在行业内具有划时代意义，并已获得授权发明专利 3 项。该新结构套管的成功研制，实现了设备工厂内整机模块化安装测试及一体化运输，最大化地减少了设备现场的安装、调试环节，大大缩短了产品现场的安装周期，满足电网快速高效供电需求。

2. UHPC 近零碳变电站

超高性能混凝土（ultra-High performance concrete，UHPC）强度超过了普通混凝土的 10 倍，比生铁还硬，不仅隔热、防水、耐腐蚀，还能实现“自愈”，目前大多用于桥梁或设计感较强的博物馆、歌剧院等大型建筑装饰层的建设中，所以也被视为“超级水泥”。

国内首座 UHPC 近零碳变电站——110kV 双河变电站位于宁波市余姚凤山街道东环北路东侧，如图 5-17 所示。其建设及运营过程充分体现了“省、巧、绿”三大特性。

图 5-17　国内首座 UHPC 近零碳变电站示意图

“省”：在设计之初，双河变电站的梁、柱、墙厚度均缩减了一半以上，较之其他变电站节约了57%的混凝土和30%钢筋，虽然建筑用料大幅缩减了，但由于UHPC的抗压、抗拉、抗剪和抗弯能力较普通混凝土有显著提高，且构件内还配置了HRB500强度的钢筋，使得坚固程度却不打折扣。为了便于构建生产，双河变电站只需要用到3类通用梁柱组件，类别数仅为钢结构的1/5，此外3种尺寸的模具就能实现所有预制构件生产。

“巧”：双河变电站采用4种通用节点取代，钢结构有57种连接节点，为实现高效的模块化施工打下基础。用“搭积木”的方式，建设效率比往常提高了50%，且还节约了2000m^2木模板、1200m^2脚手架。

“绿”：UHPC本身是绿色环保材料，同时具备高耐久性，大幅减少建筑后续维护费用。同时双河变电站还加装了分布式光伏组件，可以充分利用可再生能源稳定运行。据测算，运行期间每年可降低变电站碳排放30.5t，整个生命周期碳排放趋近于零。

3. 共享变电站

在这个“共享经济”盛行的时代，单车、充电宝、雨伞都已经实现共享，丽水市通过建设共享变电站，优化电力营商环境、助力企业发展。并于2022年10月，顺利投产丽水市首个基于容量共享的综合变电站，即丽水经济技术开发区七百秧区块的彩虹110kV输变电工程，变电站现场图如图5-18所示。

图5-18 丽水市首个共享变电站110kV彩虹变电站现场图

近年来，丽水市把招商引资、招才引智作为经济社会发展的“一号工程”，越来越多的好项目、强企业和优秀人才在当地落地生根。以丽水经济技术开发区为例，该区的七百秧区块要集中入驻一批半导体产业链企业以及科创园、小微园、会展中心等重要用户。

该部分重要用户因负荷较大或负荷特殊需要在厂区内自建用户变电站。如果按传统方式供电，企业需新建110kV用户变电站1座、35kV用户变电站3座，合计投资约7900万元；丽水经济技术开发区需新建110kV线路2回、35kV线路5回、10kV线路5回，土建管道和电气投资合计3.2亿元。同时，新建一座110kV公用变电站，涉及可研、审批及建设等方面，时限上很难跟上企业用户迫切的供电需求。为充分利用有限的空间和资源，用更快的速度满足区块内用户的供电需求，丽水市“容量共享”成为破题的新思路。

共享变电站将原本要建设的4座用户变电站，通过容量共享的方式整合成1座，并移交供电公司管理和维护。这样既减少了用户变电站的数量，节约投资，又节省了配套线路廊道、土地等资源，同时为企业省去了后期共享变电站的维护成本。传统建设模式与共享变电站模式对比情况如表5-6所示。

表5-6 传统建设模式与共享变电站模式对比表

项目	传统建设模式	共享变电站模式
政府投资	3.2亿元	1.4亿元
企业投资	7900万元	1300万元
时限	3年	200余天
间隔资源	紧缺	充足
廊道资源	现场勘察无法满足	一回110kV线路及10kV至厂区线路

对于经开区来说，只需要投资一回110kV线路和共享站，相较投资配套线路模式，共享变电站模式将节省投资约1.3亿元，节约土地资源约10亩，

实现政府“省钱省地”；对于企业用户来说，每家企业无需占用厂区面积单独建设用户变电站，节省投资6000万元左右，实现企业用户“省时省心”；对于供电公司来说，共享变电站如同笔记本电脑上外接的拓展坞，为该区块的电能传输新增了更多的“端口”，即增加了110、35、10kV间隔资源，满足了园区内企业接网需求，实现电网企业“省资源”。

丽水彩虹110kV变电站建筑结构采用钢结构，全螺栓连接，无需现场焊接，较平常钢筋混凝土结构减少30%的工期，并在建设过程中运用了多项新技术。首次在丽水110kV变电站10kV侧加装电抗器，平衡线路末端电压，进而提高电压合格率，提升用户供电质量；首次采用二级能耗主变压器，比以往的三级能耗主变压器空载损耗降低10%，负载损耗降低10%，性价比更高；充分利用共享变电站屋顶资源安装20kW的光伏发电设备，光伏发电用于变电站照明、空调等设施，实现变电站绿色用能。

4. 零碳供电所评价标准

浙江省电力行业协会发布全国首个零碳供电所评价的团体标准T/ZDL 001—2022《零碳供电所创建与评价规范》，于2022年10月1日起实施，为创建零碳供电所，实施零碳排放，规范零碳供电所评价提供指导。

《零碳供电所创建与评价规范》融入了“绿色低碳”“碳中和”等理念，将建筑、交通、办公、能源、建设与管理等多个维度零碳评价指标融为一体，设置零碳“1星”至“5星”梯级评价体系，科学衡量供电所碳排放水平。

通过成立零碳创建管理机构，建立碳排放管理制度，制订供电所零碳策略，以此促进供电所绿色化发展、能源低碳化转型、设施集聚化共享、资源循环化利用，将生产、生活、生态深度融合，最终实现供电所绿色高质量发展和区域碳中和需要。同时，该评价体系还量化了新能源和储能在零碳发展中的地位和作用，对推动新型电力系统终端建设具有积极意义。

（1）创建零碳供电所基本要求。

1）在建筑系统方面，优化建筑节能技术。鼓励既有建筑采用多种被动式建筑节能技术或主动式建筑节能技术，考虑区域的能源资源禀赋，尽可能提高光伏应用或采用可再生能源与建筑一体化系统，采取相应措施降低单位建筑面积和碳排放。鼓励采用立体绿化建筑，建设生态车位，增大花园、林木、绿植等面积，合适场所摆放绿色植物，增加碳汇。

2）在交通系统方面，提高电动汽车比例。根据辖区情况，保障正常出勤需求前提下，尽量提高新能源车辆比例，建设合理的充电桩设施，鼓励员工低碳出行，精益化安排生产车辆，实现车辆调配使用最优化。

3）在办公系统方面，降低办公用品损耗。尽可能降低办公电力损耗，提倡随手关电、无纸化办公，在可用范围内采取纸张重复利用措施。

4）在能源系统方面，发挥微能源网作用。充分利用当地资源禀赋，优化升级清洁零碳能源结构，建设可再生能源发电系统，优先采用智能微电网、储能系统、多能互补系统、分布式能源、能源梯级利用等技术，合理配置和使用照明、空调系统。

5）在后勤系统方面，精细管理食堂用餐。用餐应提前报备，提倡“光盘行动”，杜绝食物浪费，食堂用能应清洁化，增设全电厨房，应做好垃圾分类，减少资源浪费。

6）在管理体系方面，建立零碳组织机构。应成立零碳创建组织机构，建立碳排放管理制度，制订供电所零碳策略。建立供电所碳排放管理平台，及时掌握供电所碳排放情况。宜部署环境感知设备，对常见温室气体进行监测。强化供电所人员科学合理利用资源意识，加强供电所低碳技术培训，确保供电所低碳实践的可持续发展。

（2）零碳供电所建设实例展示。在浙江华埠供电所内建成并投运光储充一体化能源系统，如图 5-19 所示。其中包括总装机容量 74.8kW 的屋顶光伏和光储充一体化停车位，充分利用供电所有限空间来量身定制，立体安装，让“土屋顶”变成了“金屋顶”。光储充一体化能源系统大幅降低了供电所生产生活对电网供能的需求，氢电耦合方舱通过电化学储能的方式，配合光伏发电和充电桩实现清洁能源的存储、供电和充电，保障供电所夜间用电，也可作为供电所应急备用电源，参与电网需求响应，实现电能的多级利用。

图 5–19 华埠供电所建成投运光储充一体化能源系统

通过在浙江华埠供电所打造一个集光伏、储能、用电设施、充电桩于一体的源、网、荷、储协同发展的微电网，供电所每年清洁能源发电量可以达到 9.793 万 kWh，相当于每年可节约标准煤消耗 31.338t，减少二氧化碳排放 97.636t，减少二氧化硫排放 2.94t。

除硬件设施上的建设，基于零碳评价体系，浙江华埠供电所积极开展基于数据融合及零碳画像的全景展示、全量监控的供电所“智慧中枢”平台构建，进一步从能效管理上朝着零碳供电所迈进。

在“供电所零碳画像平台”可以直观地看到供电所每月用电量、光伏发电量和储能充放电量等基础数据，通过数据分析和比对，供电所管理人员可以轻松找到问题所在并做出相应措施整改，以便更好地节能减排；可以通过建立微能源网模型（光伏、电动汽车、储能、沼气等），最终通过具体算例得到台区在兼顾经济性和低碳性的条件下的最优用能决策；平台连通着用电智能管控系统，根据能耗情况和温度变化，可以让所内中央空调实现智能启停和调温，满足夏季制冷和冬季采暖的同时，节能效果更加显著。

5. **电—氢互动示范**

国网浙江电力根据可再生能源的资源禀赋以及不同场景的用能需求，先后在宁波、杭州、丽水、台州等地开展氢电耦合基于工业园区脱碳与产业升级、企业生产零碳化、美丽乡村、绿色海岛建设等全场景应用，有效优化新能源多时间尺度的并网特性，降低新能源对电网的冲击，提升高比例新能源电力系统运行的稳定性与可靠性。

（1）台州大陈海岛氢能综合利用示范工程。该工程属国网公司科技项目《百千瓦级氢利用关键技术研究及示范》的配套示范工程，是国内首个基于海岛的氢能综合利用示范。在上大陈南岙码头北面空地建设集“风电制氢—储氢—燃料电池热电联供”为一体的综合能源系统，如图 5-20 所示。配置质子交换膜电解水制氢系统，制氢规模 100kW（$20Nm^3/h$）；配置高压储氢系统，储氢容量 $200Nm^3$（17.8kg）、储氢压力 20MPa；配置质子交换膜燃料电池热电联供系统，发电功率 100kW。

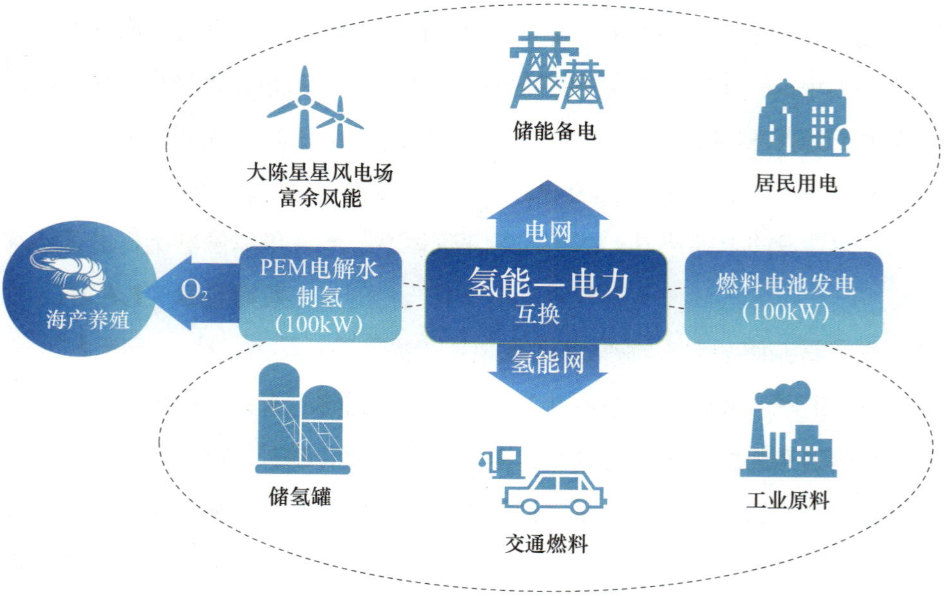

图 5-20 台州大陈海岛氢能综合利用示范工程示意图

（2）丽水缙云水氢生物质近零碳示范工程。该工程是国内首个基于乡村场景的电—氢—生物质综合利用示范，结合丽水市碳中和先行示范区的建设要求，选址于缙云县仙都街道。拟建设可再生能源发电总功率 300kW，质子交换膜电解制氢功率 300kW，沼气及沼气加氢制生物天然气装置 2~4m^3/h，20~45MPa 两级储氢系统约 800Nm^3，固体氧化物燃料电池 10kW，丽水缙云水氢生物质零碳示范工程如图 5-21 所示。

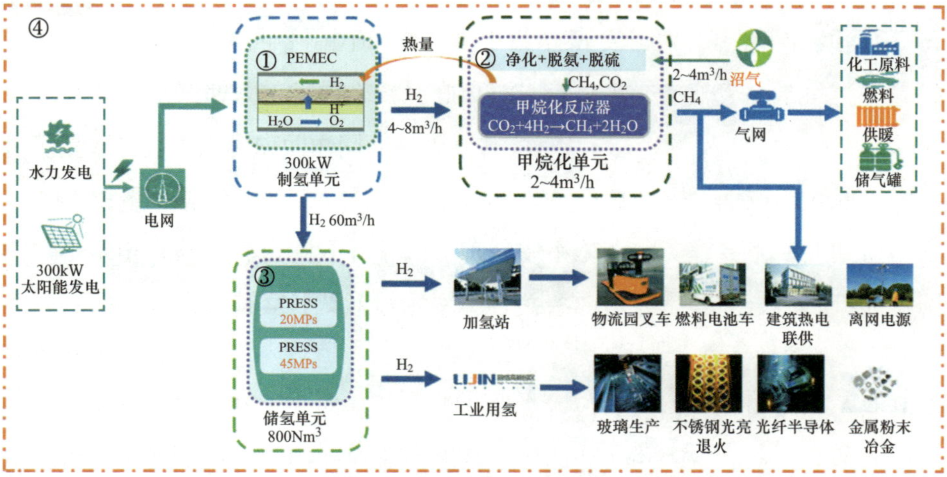

图 5-21　丽水缙云水氢生物质零碳示范工程示意图

（3）杭州亚运低碳氢能示范工程。该工程选址于钱塘新区临江街道格力电器园区内，拟建设 200Nm^3/h 碱性电解水制氢机、20MPa 氢气增压机、45MPa 氢气增压机、45MPa 储氢罐（200kg）、20MPa 储氧罐（150kg）及 35MPa 加氢机等设备，可满足 10 辆左右燃料电池大巴或 40 辆物流叉车加氢需求，工程示意图如图 5-22 所示。

6. **“经济—能源—电力—环境”4E 全要素平衡与推演模型技术研究**

（1）建模思路。碳达峰与经济增长、能源供应保障、社会可承受成本等因素相互交织，是一个多重目标约束的系统平衡。为科学量化碳达峰趋势，分析低碳发展路径，打造浙江省“经济（Economy）—能源（Energy）—电力（Electricity）—环境（Environment）”全要素平衡与推演模型（ecology balance and deduction，4E 模型），具备浙江省终端 / 一次能源需求总量、分品种能源需求、分部门能源需求、分品种发电结构、能源相关碳排放等分析预测功能，探索浙江省实现“碳达峰、碳中和”目标的趋势研判、路径选择和贡献分析。

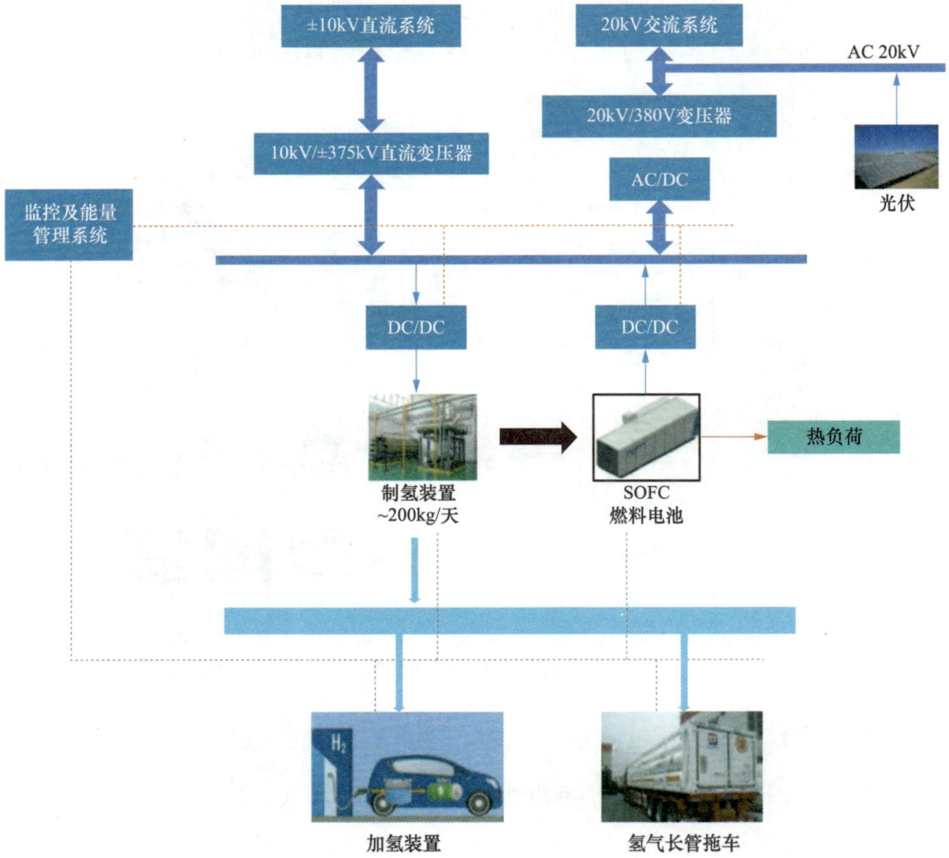

图 5-22 杭州亚运低碳氢能示范工程示意图

4E 模型实现经济—能源—电力—环境 4E 因素紧密耦合，其中经济是能源发展的根本驱动，能源是经济发展的重要支撑，两者以能源消费强度为连接纽带；能源系统是 4E 模型的核心主体，细致刻画能源生产、加工、消费的全链条过程；电力是能源系统的中心环节，以电气化提升推动终端能源结构调整，以发电低碳化推动一次能源清洁转型；环境（碳排放）是能源消费和电力生产的附属结果，为能源电力转型提供成效指标和约束目标。

（2）模型架构。

1）模型计算链条。4E 模型基于经济社会发展目标，综合产业结构升级、能源利用效率提升、用能结构调整，以及政策导向、技术进步等因素预测终端各品种能源需求；考虑清洁能源发展潜力、传统电源增长空间、外来电争取力度等因素，通过电力电量平衡预测电力供应结构，结合加工转换效率等因素预测一次能源消费；考虑分品种排放因子等因素预测能源相关碳排放规模，进而倒逼经济高质量低碳转型，形成闭环计算链路，实现“碳排放 = 经济增长 + 能源消费 + 电力供需”的耦合计算分析，4E 模型计算链条如图 5–23 所示。

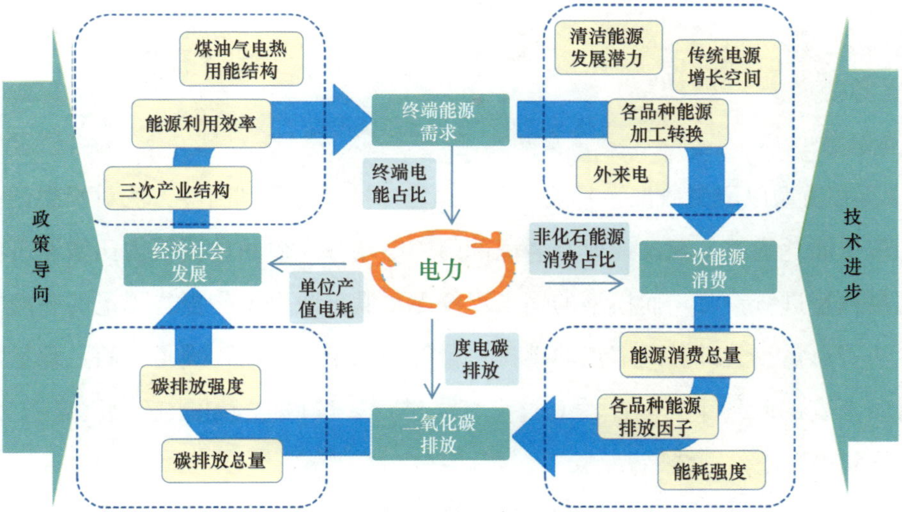

图 5–23　4E 模型计算链条

4E 模型突出电力特色，着重刻画浙江省电力行业碳排放特征，测算其最大减排潜力并分析在“碳达峰、碳中和”中的作用；同时考虑跨省 / 跨境能源调配，测算浙江省外来电的碳排放量，并分析其在保障国网浙江电力供应安全和能源低碳转型中的作用。

2）模型平衡推演。4E 模型是以三次产业单位能耗、各产业及居民部门各能源品种消费占比、外来电量、本地各能源品种发电量等 50 多维历史数据和以一次能源消费总量、非化石能源占比、终端电气化率、碳排总量等目标参数作为输入；以三次产业增加值、三次产业及居民部门的终端能耗、终端电气化率、终端及一次各能源品种占比、电力碳排、全社会碳排总量及强度等作为输出，4E 模型平衡推演如图 5-24 所示。

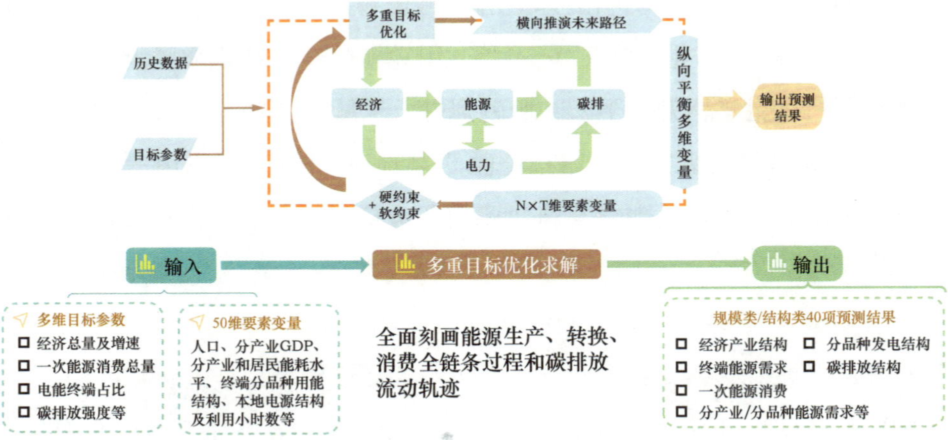

图 5-24　4E 模型平衡推演

4E 模型以历史数据为基础，采用趋势外推、专家判断等方法对三次产业的单位能耗增速、三次产业及居民部门的终端各能源品种消费占比增速等中间过程量进行预测。而模型的输出不仅需要满足政府工作报告规定的一次能源消费总量、关键时间节点的碳排总量等硬约束，还需要满足中间过程量随时间渐变的软约束。因此需对过程变量进行多重目标优化求解，反复迭代，最终获得模型预测结果。

目标参数边界条件：即政府要求满足的经济总量及增速、一次能源消费总量、电能终端占比、碳排放强度等必须满足的硬目标、硬约束。

输入数据：即分产业 GDP、分产业和居民能耗水平、终端分品种用能结构、本地电源结构及利用小时数、外来电规模及成分等 50 多维变量。以历史态数据为基础，满足要素变量客观演进规律的软约束和规划目标的硬约束，通过趋势外推、回归分析、专家判断等方法对未来发展进行推演预测，实现输入多重目标的平衡。

输出结果：输出两类 40 项预测结果，即规模类和结构类，涵盖经济产业结构、终端能源需求、一次能源消费、分产业 / 分品种能源需求、分品种发电结构、碳排放结构等 40 项预测结果，全面刻画能源系统和碳排放的“数字画像”。

（3）模型计算。4E 模型包括宏观经济、终端能源需求、一次能源需求、二氧化碳排放等四个模块，其计算逻辑思路如图 5–25 所示。主要输入包括经济总量及结构、终端部门能效水平、加工转换效率、发电制热效率、本地电源及外来电力规划等；主要输出包括终端能源需求总量及分品种 / 分部门结构、一次能源需求总量及分品种结构、分品种发电量及发电装机、碳排放总量及分部门结构等。

（4）应用成果。按照国内外通用的碳演进情景分析方法，结合浙江实际，根据 4E 模型综合平衡与沙盘推演，推演实现高质量碳达峰的浙江“协同加速模式”，4E 模型综合平衡与沙盘推演成果如图 5–26 所示。

1）寻找一条多赢路径，实现全社会多重目标的最优化发展。从浙江省电力领域和全社会碳排放数据推演结果看，电力领域和全社会碳排放在 2030 年前达峰。从目标看，全省生产总值（GDP）“十四五”期间能够实现年均增长 5.5% 以上，保持中高速发展，并在 2035 年较 2020 年再翻一番；着力提高能源和碳生产力，以能耗强度下降带动总量下降，“十四五”期间单位 GDP 能耗将下降 15%，完全符合国家激励目标；碳排放强度下降 18%。加快构建浙江新型电力系统，能源电力加速清洁低碳转型的同时，全社会能效水平加速提升，可以实现电力安全保供与低碳发展统筹兼顾。

2）坚定推进两个加速转型，实现高质量达峰。

a. 能源转型必须加速攻坚，其中，清洁能源发展是关键核心，“十五五”期间新能源将成为浙江省电力装机主体，大规模核电和清洁外来电是碳达峰的重要基础，能源供应加速清洁化，减排贡献超过 50%。

b. 能效升级必须提挡加速，树立“节约的能源是最清洁的能源”理念，将能源利用极致化、最大化，把能源“吃干榨净”，在大力优化经济产业结构的基础上，围绕各产业电气化率和能源效率两个核心变量，下足功夫，实现能源消费减碳脱碳，减排贡献近 50%。“双碳”目标实现路径图如图 5–27 所示。

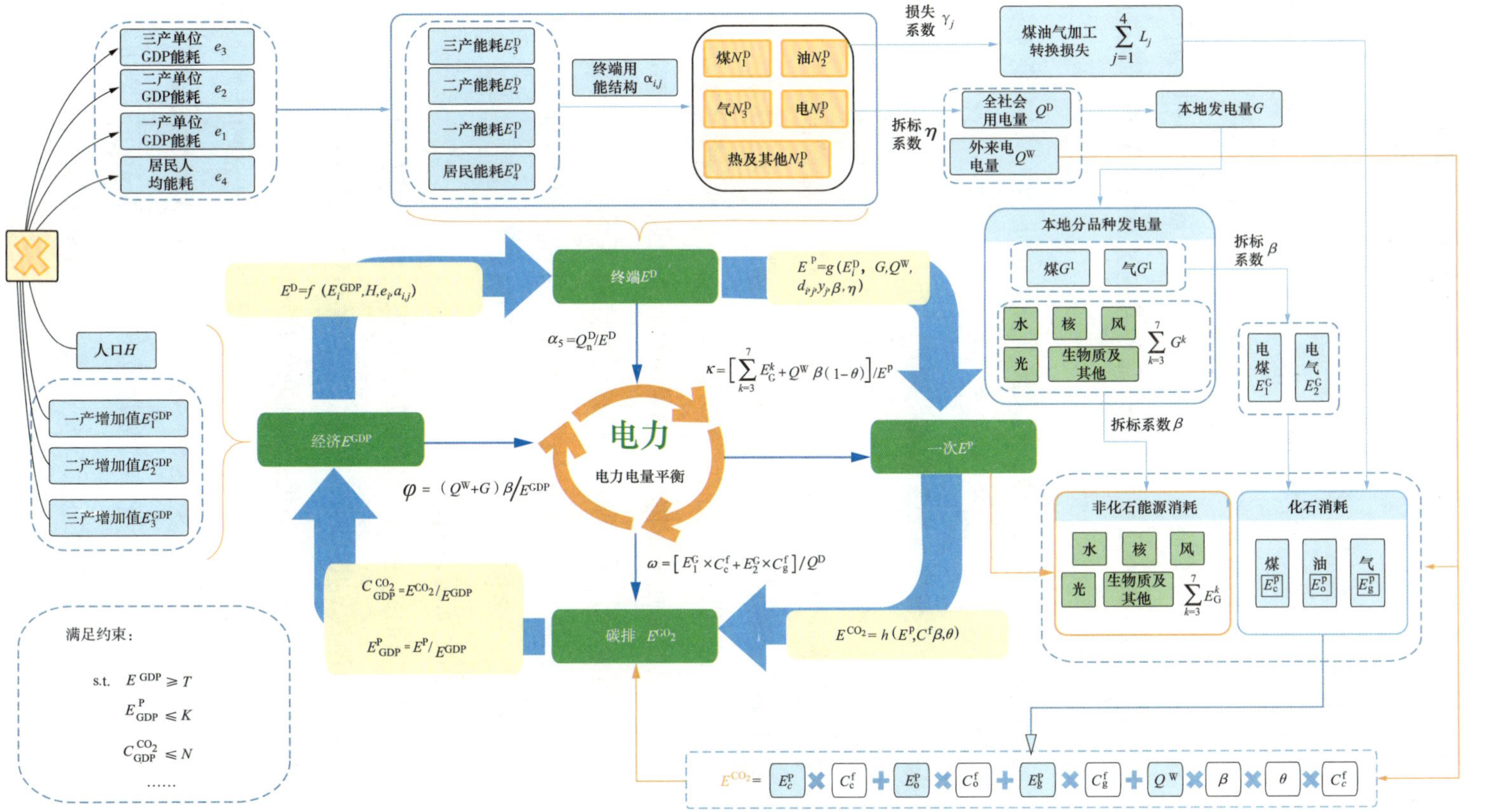

图 5-25　4E 模型全要素计算逻辑思路

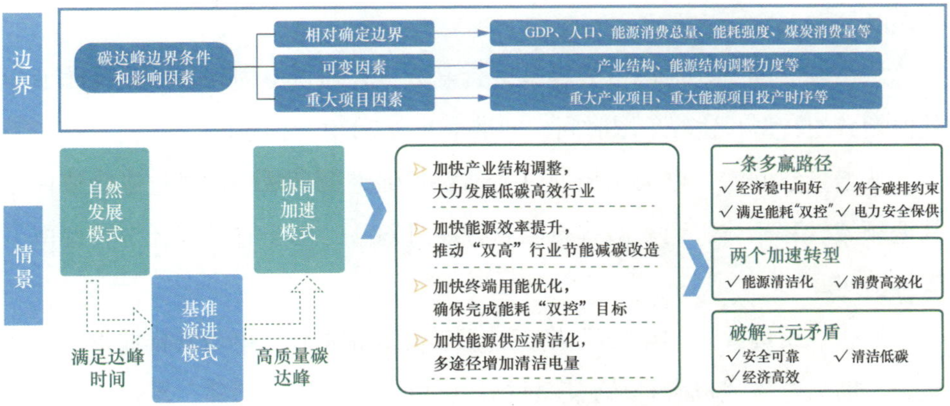

图 5-26 4E 模型综合平衡与沙盘推演成果

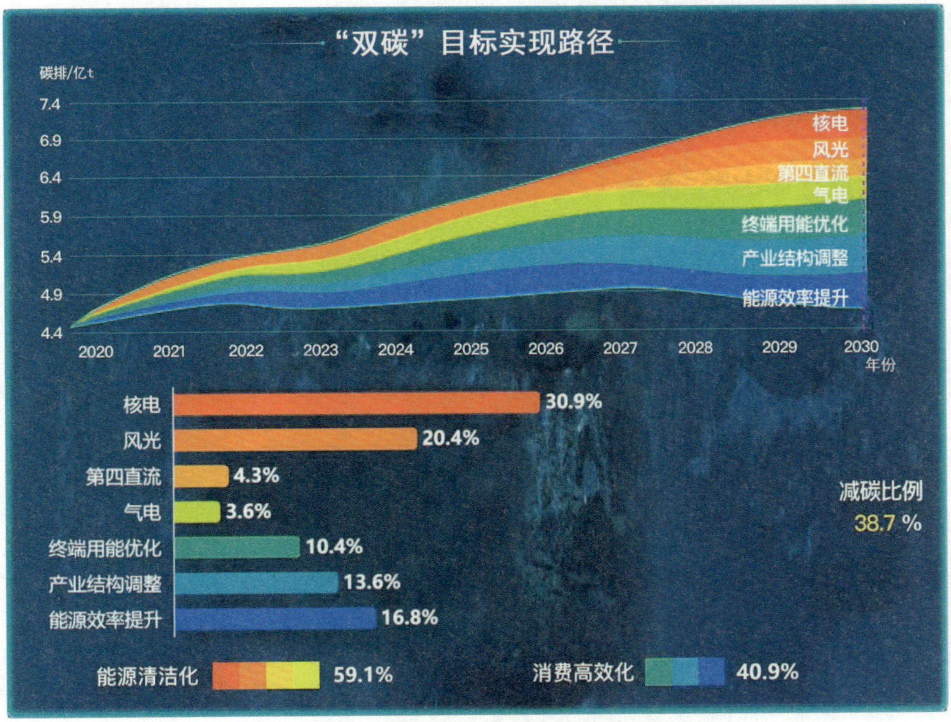

图 5-27 “双碳”目标实现路径图

3）破解能源电力三元矛盾，必须统筹考虑电力保供与安全降碳。要实现安全降碳，一方面要开源节流，另一方面要加强电网灵活调节能力建设。浙江能源电力将从达峰时间、增量空间、达峰质量等多维度引领浙江省高质量碳达峰。

从达峰时间看，能源电力领域碳排基数大，通过电力先行、适度超前为其他领域的转型和达峰争取时间，助推全社会 2030 年前达峰。

从增量空间看，电力领域通过清洁替代促进自身减碳，通过电能替代为其他领域转移碳排，两者减排贡献合计超过 60%，为全省低碳经济转型留出碳排空间。

从达峰质量看，“十四五”期间计及转移碳排贡献，电力碳排放强度下降显著，助力全省完成碳排放强度目标；度电碳排放快速下降，具备显著低碳优势；电力能源效率、经济效率持续保持领先水平。

总体上看，能源电力领域是碳达峰的关键变量、碳中和的降碳核心，实现“双碳”目标，碳电协同是破题要旨，将支撑引领全社会以最低峰值、最优强度实现高质量碳达峰。

5.3 阶段成效

2022 年，浙江新型电力系统省级示范区建设进入全面攻坚阶段，稳中有进、进中提质，高质量完成全年保供目标，以技术和管理的“两个点点滴滴”为着力点，数字牵引放大源网荷储四侧调节能力量变，建成杭州泛亚运等一批标志性示范工程，推动新型电力系统建设取得实质领先。

1. 引领“四项突破”

刚柔并济机制突破，充分利用与各省建立的长期合作基础，持续扩大低价外来电规模，落实年度外购电协议，拓展柔性需求响应市场激励资金来源。抽水蓄能建设模式突破，成立国网公司首个中型混合抽水蓄能项目的合资公司，以多方合作框架协议推动试点。需求“一键响应”突破，首创全业务、全区域、全时间尺度的营调“一键响应”需求侧管理模式，做实迎峰度夏集中检修和需求响应专项方案。节能服务质效突破，纵深推进“供电 + 能效服务”体系，实施能效提升“十百千万”专项行动，挂牌成立首个能效创新实验室，规模复制“揭榜挂帅”成果，完成万户企业公共用能系统能效提升。

2. 实现“四维提升”

电源支撑能力提升，完成十年调节能力研究，推动煤电和气电赋码与核准。电网承载水平提升，完成第四直流甘电入浙可研核准，白鹤滩—浙江特高压直流工程双极低端按时投运，深化设备线路动态增容应用。数智水平量质提升，电力电量和碳排碳效调控并重，提升系统可观测、可描述、可控制能力，深化能源大数据中心建设，实现全省重点用能企业数据“应接尽接、统一汇聚、科学应用”。首台首套、首面首域创新成果提升，完成全国首个柔性低频输电项目，推动国重项目实施，开展氢电耦合等一批重大技术攻关，配套布局国际、国内标准和专利成果。

6 “三大指数”科学评价体系研究

为科学评价浙江新型电力系统建设情况，量化发展成效、明晰演进趋势，特设置新型电力系统“三大指数”科学评价体系。本章概述浙江新型电力系统“三大指数”科学评价体系的构建及指数测算，并综合评价浙江新型电力系统建设水平。

6.1 “三大指数”评价体系构建

围绕现阶段提升电力系统调节能力、强化数字化牵引等重点工作部署，充分发挥指数在量化发展阶段、明晰演进趋势、评价整体成效等方面的作用，立足多元融合高弹性电网“三大指数”，统筹系统内外部专家技术指导，优化形成新型电力系统“三大指数”。

低碳效能指数聚焦新型电力系统清洁低碳的基本特征和服务“双碳”的责任使命，结合电网节能降耗的内在需求，从清洁供给、高效配置和低碳消费三个方面，设置 6 项指标。

弹性调节指数围绕破解外来电和新能源“两个不确定性”，应对安全保供形势严峻、调节能力不足等问题，从静态承载、灵活调节和动态自愈三个方面，设置 6 项指标。

数智互联指数重点强化数字化牵引、市场化改革、体制机制突破对新型电力系统建设的支撑作用，从数智赋能、市场融通两个方面，设置 6 项指标。

综上所述，新型电力系统指数由低碳效能指数、弹性调节指数、数智互联指数“三大指数”、8 个细分子类和 18 项表征指标构成，指数表如表 6–1 所示。

表 6-1 新型电力系统指数表

指数	分类	指标名称
低碳效能指数	清洁供给	度电碳排放
		非化石能源占一次能源比重
	高效配置	综合线损率
		电网设备利用效率
	低碳消费	单位 GDP 能耗
		终端清洁化率
弹性调节指数	静态承载	最大外来电规模
		新能源装机占比
	灵活调节	需求响应能力
		多元储能占比
	动态自愈	可抵御大电源损失
		灾后供电恢复速度
数智互联指数	数智赋能	电力物联数字映射度
		数据资源利用率
		能效服务覆盖率
	市场融通	源网荷储资源互动交易规模占比
		绿电市场化交易占比
		市场开拓率

6.2 新型电力系统指数测算

新型电力系统指数测算，以 2021 年为现状年，2025 年、2030 年、2035 年为水平年，2050 年为目标年（与新型电力系统建设方案保持一致）。三大指数总得分为各二级指标得分加权之和，每个指数满分为 100 分。指标得分由指标数值与目标值相比或取对数相比得到。正向指标为指标值除以目标值或取对数后相比，逆向指标（度电碳排放、单位 GDP 能耗）为倒排插值法。

理想目标值的选取根据国际领先水平或远景年目标值而定。

6.2.1 低碳效能指数

1. 度电碳排放

指标导向：表征能源生产侧的清洁程度，推动火电机组清洁化转型、清洁外来电引入、核电平稳开发和新能源加快开发。

指标计算：度电碳排 =（外来电温室气体排放量 + 本地电厂发电温室气体排放量）/ 全社会用电量。

测算结果：至 2025 年，度电碳排放 0.42kg/kWh，得分 81 分；至 2030 年，度电碳排放 0.36kg/kWh，得分 86 分；至 2035 年，度电碳排放 0.29kg/kWh，得分 91 分，度电碳排放指标测算如表 6–2 所示。

表 6–2 度电碳排放指标测算

年份	度电碳排放（kg/kWh）	目标值（kg/kWh）	得分
2015 年	0.53	0.1 注：达到近零排放水平	73
2020 年	0.49		76
2021 年	0.49		76
2025 年	0.42		81
2030 年	0.36		86
2035 年	0.29		91

2. 非化石能源占一次能源比重

指标导向：表征能源生产侧非化石能源占比，促进二次能源多能互补与综合利用，提升非化石能源开发程度与利用效率，提升全社会能源生产的清洁化程度。

指标计算：非化石能源占一次能源比重 = 风、光、水、核等非化石能源消费量 / 一次能源消费总量 ×100%。

测算结果：至 2025 年，非化石能源占一次能源比重 24%，得分 73 分；至 2030 年，非化石能源占一次能源比重 30%，得分 78 分；至 2035 年，非化石能源占一次能源比重42.5%，得分86分，非化石能源占一次能源比重测算如表6–3所示。

表6–3 非化石能源占一次能源比重测算

年份	非化石能源占一次能源比重（%）	目标值（%）	得分
2015年	16	78 注：发展改革委能源研究所提出，2050年有望达到78%。“双碳”报告提出，2060年达到80%	63
2020年	18.3		69
2021年	21.4		70
2025年	24		73
2030年	30		78
2035年	42.5		86

3. 综合线损率

指标导向：促进能源电力资源高效配置，优化电网潮流与负荷特性，充分发挥与挖掘分布式资源就地接入对电网损耗优化作用，提升新型电力系统运行经济性。

指标计算：综合线损率 =（总供电量 – 总售电量）/ 总供电量 ×100%。

测算结果：至2025年，综合线损率3.6%，得分83分；至2030年，综合线损率3.51%，得分88分；至2035年，综合线损率3.45%，得分91分，综合线损系数测算如表6–4所示。

表6–4 综合线损系数测算

年份	综合线损率（%）	目标值（%）	得分
2015年	3.92	3.3 注：2050年综合线损率	65
2020年	3.74		75
2021年	3.70		77
2025年	3.60		83
2030年	3.51		88
2035年	3.45		91

4. 电网设备利用效率

指标导向：用于表征电网设备经济利用的程度，促进电网规划水平和运行管理水平的提升。

指标计算：电网设备利用效率 = 0.5× 经济负载主变压器占比 +0.5× 经济负载线路占比。其中，经济负载指主变压器或线路最大负载率在 40%~65% 之间。

测算结果：至 2025 年，电网设备利用效率 53%，得分 76 分；至 2030 年，电网设备利用效率 60%，得分 86 分；至 2035 年，电网设备利用效率 65%，得分 93 分，如表 6–5 所示。

表 6–5 电网设备利用效率测算

年份	电网设备利用效率（%）	目标值（%）	得分
2015 年	35	70 注：2050 年电网设备利用效率	50
2020 年	41		59
2021 年	44		63
2025 年	53		76
2030 年	60		86
2035 年	65		93

5. 单位 GDP 能耗

指标导向：表征消费侧能耗强度，推动高能耗领域的电能高效替代与规模化应用。

指标计算：单位 GDP 能耗 = 能源消费总量 /GDP 总量。

测算结果：至 2025 年，单位 GDP 能耗 0.35t 标准煤 / 万元，得分 86 分；至 2030 年，单位 GDP 能耗 0.31t 标准煤 / 万元，得分 89 分；至 2035 年，单位 GDP 能耗 0.27t 标准煤 / 万元，得分 92 分，单位 GDP 能耗测算如表 6–6 所示。

6. 终端清洁化率

指标导向：推动工农业生产、建筑、交通运输、居民用电等终端用能领域的节能降碳。

指标计算：终端清洁化率 =（清洁电能消费 + 其他终端清洁能源消费）/ 终端能源消费总量。

测算结果：至 2025 年，终端清洁化率 33%，得分 78 分；至 2030 年，终端清洁化率 43%，得分 84 分；至 2035 年，终端清洁化率 50%，得分 87 分，终端清洁化率测算如表 6–7 所示。

表 6–6 单位 GDP 能耗测算

年份	单位 GDP 能耗（t 标准煤 / 万元）	目标值（t 标准煤 / 万元）	得分
2015 年	0.45	0.15 注：2050 年单位 GDP 能耗达到国际领先水平	79
2020 年	0.41		82
2021 年	0.40		83
2025 年	0.35		86
2030 年	0.31		89
2035 年	0.27		92

表 6–7 终端清洁化率测算

年份	终端清洁化率（%）	目标值（%）	得分
2015 年	16	90 注：2050 年终端清洁化率	62
2020 年	22		69
2021 年	24		71
2025 年	33		78
2030 年	43		84
2035 年	50		87

6.2.2 弹性调节指数

1. 最大外来电规模

指标导向：应对保供压力，一是持续争取外来电资源，二是加快构建以特高压交流环网为主心骨、特高压直流为受电主动脉的坚强大受端特高压网架格局，发挥大电网资源优化配置的枢纽平台作用。

指标计算：最大外来电规模 = 水平年最大外来电 / 全社会负荷 ×100%。

测算结果：至 2025 年，外来电力 4381 万 kW，得分 66 分；至 2030 年，外来电力 5133 万 kW，得分 78 分；至 2035 年，外来电力 5885 万 kW，得分 89 分，最大外来电规模测算如表 6–8 所示。

表 6–8 最大外来电规模测算

年份	外来电力（万 kW）	全社会负荷（万 kW）	最大外来电规模占比（%）	目标值（万 kW）	得分
2015 年	2233	6290	35.5	6600 注：2050 年外来电规模	34
2020 年	3123	9268	33.7		47
2021 年	3223	10022	32.2		49
2025 年	4381	12430	35.3		66
2030 年	5133	14550	35.3		78
2035 年	5885	16500	35.7		89

2. 新能源装机占比

指标导向：突出新能源发展在新型电力系统建设中的重要作用，保障和落实新能源发展目标的实现。

指标计算：新能源装机占比 = 电网承载的新能源总量 / 全口径总装机容量 ×100%。

测算结果：至 2025 年，新能源装机占比 27%，得分 84 分；至 2030 年，新能源装机占比 34.3%，得分 90 分；至 2035 年，新能源装机占比 40.5%，得分 95 分，新能源装机占比测算如表 6–9 所示。

3. 需求响应能力

指标导向：表征电力系统调动并有效利用负荷侧资源的能力，衡量分层分区分级的需求响应资源池建设进度和利用程度。

指标计算：需求响应能力 =（秒级可中断负荷 + 分钟级可调节负荷）/ 全社会最大负荷 ×100%。其中，日前削峰填谷、日内小时级实现常态化执行。

测算结果：至 2025 年，需求响应能力 8%，得分 77 分；至 2030 年，需求响应能力 10.5%，得分 87 分；至 2035 年，需求响应能力 12%，得分 92 分，需求响应能力测算如表 6–10 所示。

表 6–9 新能源装机占比测算

年份	新能源总装机容量（万 kW）	全口径装机容量（万 kW）	新能源装机占比（%）	目标值（%）	得分
2015 年	371	8158	4.5	50 注：2050 年新能源装机规模 1.1 亿 kW，占比 50%	38
2020 年	1944	10142	19.2		76
2021 年	2322	10539	22		79
2025 年	3704	13717	27		84
2030 年	6000	17478	34.3		90
2035 年	8000	19751	40.5		95

表 6–10 需求响应能力测算

年份	需求响应能力（%）	目标值（%）	得分
2015 年	0	15 注：2050 年需求响应能力	0
2020 年	3		41
2021 年	5		59
2025 年	8		77
2030 年	10.5		87
2035 年	12		92

4. 多元储能占比

指标导向：表征储能发展对调节能力提升的贡献，推动抽水蓄能和新型储能的发展。

指标计算：多元储能占比 = 多元储能装机总量 / 全社会最大负荷年平均峰谷差率 ×100%。

测算结果：至 2025 年，多元储能占比 29%，得分 86 分；至 2030 年，多元储能占比 35%，得分 91 分；至 2035 年，多元储能占比 44%，得分 96 分，多元储能占比测算如表 6–11 所示。

表 6–11 多元储能占比测算

年份	抽水蓄能（万 kW）	新型储能（万 kW）	年峰谷差平均值（万 kW）	储能占年平均峰谷差比重（%）	目标值（%）	得分
2015 年	296	0	2165	14	50 注：目标按 50%	67
2020 年	458	4	2689	17		73
2021 年	563	8	2678	21		78
2025 年	798	300	3729	29		86
2030 年	1038	500	4365	35		91
2035 年	1278	900	4950	44		96

5. 可抵御大电源损失

指标导向：表征电力系统安全稳定水平，推动构建适应新型电力系统的电网防御体系，攻克适应低惯量和高比例电力电子系统的保护新原理和稳定控制新技术。

指标计算：可抵御大电源损失占比 = 最大可承受大电源（含外来电）的功率损失 / 全社会最大负荷。

测算结果：至 2025 年，可抵御大电源损失占比 10%，得分 89 分；至 2030 年，可抵御大电源损失占比 12%，得分 93 分；至 2035 年，可抵御大电源损失占比 15%，得分 98 分，可抵御大电源损失计算如表 6–12 所示。

6. 灾后供电恢复速度

指标导向：表征特别重大应急事件引起电力系统故障的恢复速度，促进电网防灾抗灾能力升级，检验“防台抗灾”电网建设成效。

指标计算：灾后供电恢复指标 = 特别重大应急事件引起故障停限电到 99% 受灾用户完全恢复供电的持续时间。

测算结果：至 2025 年，灾后 24h 供电恢复率 100%，得分 100 分；至 2030 年，灾后 24h 供电恢复率 100%，得分 100 分；至 2035 年，灾后 24h 供电恢复率 100%，得分 100 分，灾后供电恢复速度测算如表 6-13 所示。

表 6-12 可抵御大电源损失测算

年份	最大可承受大电源（万 kW）	全社会负荷（万 kW）	可抵御大电源损失占比（%）	目标值（万 kW）	得分
2015 年	0.5 回直流闭锁（400 万 kW）	6290	6.4	3000 注：2050 年可抵御大电源损失	75
2020 年	1 回直流闭锁（800 万 kW）	9268	9		83
2021 年	1 回直流闭锁 +1 台机组（900 万 kW）	10022	9		85
2025 年	1.5 回直流闭锁（1200 万 kW）	12430	10		89
2030 年	2 回直流闭锁 +1 台机组（1700 万 kW）	14550	12		93
2035 年	3 回直流闭锁 +1 台机组（2500 万 kW）	16500	15		98

表 6-13 灾后供电恢复速度测算

年份	24h 恢复供电户数	停电户数	灾后 24h 供电恢复率（%）	目标值（%）	得分
2015 年	—	—	—	100 注：2025 年以后 24h 灾后恢复率达 100%	90
2020 年	1860552	1986284	94（黑格比台风）		94
2021 年	3375033	3471033	97		97
2025 年	—	—	100		100
2030 年	—	—	100		100
2035 年	—	—	100		100

6.2.3 数智互联指数

1. 电力物联数字映射度

指标导向：表征采集终端覆盖程度，促进新型电力系统的状态感知能力提升，为赋能传统业务、孵化新兴业务奠定数据基础。

指标计算：电力物联数字映射度 =0.4× 智能终端有效覆盖率 +0.3×10kV 电厂实时感知终端覆盖率 +0.3× 用户安装智能终端采集覆盖率。

测算结果：至 2025 年，电力物联数字映射度 85%，得分 85 分；至 2030 年，电力物联数字映射度 95%，得分 95 分；至 2035 年，电力物联数字映射度 97%，得分 97 分，电力物联数字映射度测算如表 6–14 所示。

表 6–14 电力物联数字映射度测算

年份	电力物联数字映射度（%）	目标值（%）	得分
2015 年	0	100 注：2050 年按 100% 覆盖	0
2020 年	60		60
2021 年	66		66
2025 年	85		85
2030 年	95		95
2035 年	97		97

2. 能源数据资源利用率

指标导向：促进能源大数据中心、新能源云等数字化平台建设与深化应用，全面挖掘能源电力数据价值，赋能新型电力系统业务全链条。

指标计算：能源数据资源利用率 = 归集到数据中心的有效表数 / 二级业务系统有效表总数 ×100%。

测算结果：至 2025 年，能源数据资源利用率 85%，得分 85 分；至 2030 年，能源数据资源利用率 95%，得分 95 分；至 2035 年，能源数据资源利用率 97%，得分 97 分，能源数据资源利用率测算如表 6–15 所示。

表 6–15　能源数据资源利用率测算

年份	能源数据资源利用率（%）	目标值（%）	得分
2015 年	0	100 注：2050 年按 100% 利用	0
2020 年	60		60
2021 年	66		66
2025 年	85		85
2030 年	95		95
2035 年	97		97

3. 能效服务覆盖率

指标导向：助力“供电 + 能效”新型电力系统服务体系建设，全面提升能效服务覆盖率，优先挖掘低能效、高碳排的用户，促进新型电力系统消费侧综合能效提升。

指标计算：能效服务覆盖率 = 开展能效服务的用户数量 / 接入智慧能效服务平台的用户总数 ×100%。

测算结果：至 2025 年，能效服务覆盖率 65%，得分 65 分；至 2030 年，能效服务覆盖率 75%，得分 75 分；至 2035 年，能效服务覆盖率 85%，得分 85 分，能效服务覆盖率测算如表 6–16 所示。

表 6–16　能效服务覆盖率测算

年份	能效服务覆盖率（%）	目标值（%）	得分
2015 年	0	100 注：2050 年能效服务覆盖率	0
2020 年	30		30
2021 年	45		45
2025 年	65		65
2030 年	75		75
2035 年	85		85

4. 源网荷储资源互动交易规模占比

指标导向：表征市场交易开放程度，推动形成新能源、储能、需求侧响应资源等市场与计划衔接平衡的政策制度与电价机制，引导发电企业、电力用户、售电公司及负荷聚合商等新兴市场主体充分参与互动交易，扩大源网荷储互动交易规模，为新型电力系统灵活资源全面调节提供机制保障。

指标计算：源网荷储资源互动交易规模占比 = 源网荷储资源互动交易规模 / 电力市场最大尖峰负荷 ×100%。

测算结果：至 2025 年，源网荷储资源互动交易规模占比 5%，得分 75 分；至 2030 年，源网荷储资源互动交易规模占比 8%，得分 83 分；至 2035 年，源网荷储资源互动交易规模占比 10%，得分 87 分，源网荷储资源互动交易规模占比测算如表 6–17 所示。

表 6–17　源网荷储资源互动交易规模占比测算

年份	互动资源交易规模（万 kW）	最大尖峰负荷（万 kW）	源网荷储资源互动交易规模占比（%）	目标值（%）	得分
2015 年	0	6290	0	25 注：2050 年市场化交易规模占比	0
2020 年	59.31	9268	0.64		48
2021 年	22	10022	0.22		36
2025 年	620	12430	5		75
2030 年	1150	14550	8		83
2035 年	1650	16500	10		87

5. 绿电市场化交易占比

指标导向：表征绿色电力市场化交易程度，推进绿电交易、“新能源 + 储能”联合交易、碳电协同交易等新型市场交易，发掘用电侧绿电交易需求，深化扩展绿电交易空间。

指标计算：绿电市场化交易占比 = 参与市场化交易的绿电量 / 可再生能源发电上网电量 ×100%。

测算结果：至 2025 年，绿电市场化交易占比 25%，得分 25 分；至 2030

年，绿电市场化交易占比 55%，得分 55 分；至 2035 年，绿电市场化交易占比 70%，得分 70 分，绿电市场化交易占比测算如表 6–18 所示。

表 6–18 绿电市场化交易占比测算

年份	绿电市场化交易占比（%）	目标值（%）	得分
2015 年	0	100 注：2050 年绿电市场化交易占比	0
2020 年	0		0
2021 年	0		0
2025 年	25		25
2030 年	55		55
2035 年	70		70

6. **市场开拓率**

指标导向：评价市场机制创新程度，评判电力市场服务机制的应用实效，助力不同地区制订特有的新型电力系统市场开拓路线。

指标计算：市场开拓率 = 需求侧响应建设成效 + 能效服务提升成效 + 电动汽车发展成效。其中，指标数据参照 2021 年同业对标各地市指标结果平均值估算。

测算结果：至 2025 年，市场开拓率 99.3%，得分 99.3 分；至 2030 年，市场开拓率 99.7%，得分 99.7 分；至 2035 年，市场开拓率 100%，得分 100 分，市场开拓率测算如表 6–19 所示。

表 6–19 市场开拓率测算

年份	市场开拓率（%）	目标值（%）	得分
2015 年	98	100 注：实现 100% 市场开拓	98
2020 年	98		98
2021 年	99		99
2025 年	99.3		99.3
2030 年	99.7		99.7
2035 年	100		100

6.2.4 综合评价

逐个指标逐年得分赋权加总计算三大指数总体得分，三大指数测算如表6–20 所示。根据测算，至 2035 年，即新型电力系统全面建成时，系统承载能力、调节能力、自愈能力大幅提升，弹性调节指数得分 95 分；低碳转型取得长足进步、运行效能大幅提升，低碳效能指数得分 90；数智赋能和市场机制发展相对滞后，但可有效支撑新型电力系统运行，数智互联指数得分 89.3 分。

表 6–20 三大指数测算

指数	指标名称	2015 年	2020 年	2021 年	2025 年	2030 年	2035 年
低碳效能指数	度电碳排放	65.3	71.7	73.3	79.5	85.2	90
	非化石能源占一次能源比重						
	综合线损率						
	电网设备利用效率						
	单位 GDP 能耗						
	终端清洁化率						
弹性调节指数	最大外来电规模	50.7	69	74.5	83.7	89.8	95
	新能源装机占比						
	需求响应能力						
	多元储能占比						
	抵御大电源损失占比						
	灾后供电恢复速度						
数智互联指数	电力物联数字映射度	16.3	49.3	52.0	72.4	83.8	89.3
	数据资源利用率						
	能效服务覆盖率						
	源网荷储资源互动交易规模占比						

7 浙江新型电力系统建设典型示范

国网浙江电力充分调动新型电力系统建设的探索动力，推动先进研究成果转化，根据新形势要求、能源禀赋及发展阶段，培育推广具有创新性、先进性、示范性和推广性的新型电力系统示范项目。本章介绍浙江新型电力系统建设过程中省域层面“一端四强”示范工程的场景概述、攻关技术及示范项目的研究目标和内容；全域层面“八景八图”示范工程项目总体思路、建设内容及成效等内容。

7.1 “一端四强”省域示范

国网浙江电力立足电网发展现状、洞察电网演化趋势，围绕提升系统调节能力主线，聚焦外来电和新能源“两个不确定性”的核心问题，坚持问题导向和结果导向并重，布局多直流安全馈入、交流电网承载、大规模新能源送出和水利水电资源调节四个示范，着力支撑新型规划、应用新型设备、实践新型模式，重点攻关 15 项关键技术，落地 7 个示范工程，推动出台提升调节能力的一系列政策机制，形成一批配套技术标准，实现受（外来电）、控（短路电流）、汇（新能源）、调（流域资源）四个方面的示范成效。省域层面“一端四强”示范工程思路如图 7–1 所示。

针对高比例外来电的不确定性，从受得进、散得开两个层面布局，建设湾区负荷中心多直流安全馈入和稠密电网发展研究与高承载设备应用两个示范。在多直流安全馈入方面，聚焦大湾区负荷中心（杭州江东新区、宁波前湾新区、绍兴滨海新区）馈入灵绍、甘浙两大直流线路带来的安全稳定风险，攻关系统安全稳定评估、送受端曲线优化、交直流协调规划、动态无功优化四个关键技术，落地“特高压交流环网”和“柔性励磁调相机及组网”两个示范工程，实现强交流支撑宁绍两大直流线路落地，推动建立送受电常态协调工作机制；在交流电网承载方面，聚焦浙江 500kV 主网架结构紧密，短路电流控制难问题，攻关稠密电网发展路径、特高压高阻抗变压器、550kV 高遮断开关设备三个关键技术，落地“特高压高阻抗变压器”“550kV 高遮断开关设备”两个示范工程，实现系统性控制稠密电网的短路电流水平，推动形成两大设备技术标准的制定。

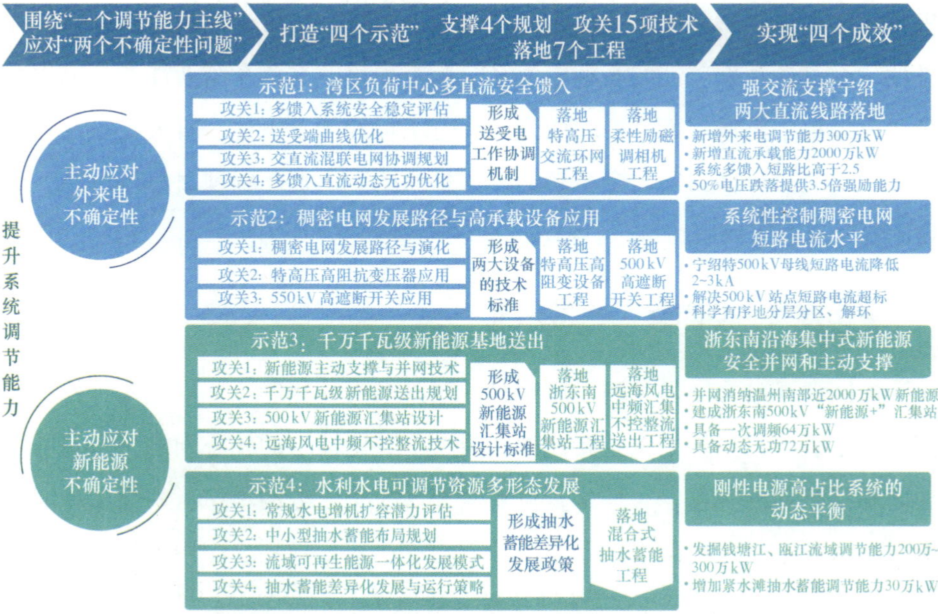

图 7-1 省域层面“一端四强”示范工程思路

针对大规模新能源的不确定性，从送得出、用得好两个层面布局，建设“千万千瓦级新能源基地送出”和“水利水电可调节资源多形态发展”两个示范。在新能源汇集送出方面，聚焦浙江东南沿海海上风电、滩涂光伏等千万千瓦级新能源基地并网主动支撑能力不足问题，攻关“新能源主动支撑与并网关键技术、千万千瓦级新能源基地送出规划、500kV 新能源汇集站设计、远海风电中频不控整流输电”四个关键技术，落地“浙东南 500kV 新能源汇集站”和“远海风电中频汇集不控整流送出技术”示范工程，实现浙东南沿海集中式新能源安全并网和主动支撑，制定500kV新能源汇集站设计标准；在水利水电可调节资源方面，聚焦非调节性电源增多电网动态平衡难问题，从源侧发力，攻关常规水电增机扩容潜力、中小型抽水蓄能布局规划流域可再生能源一体化发展、抽水蓄能差异化发展与运行四个关键技术，落地混合式抽水蓄能电站示范工程，实现刚性电源高占比系统的动态平衡，推动抽水蓄能电站差异化发展与运行策略的制订与实施。

7.1.1 湾区负荷中心多直流安全馈入示范场景

7.1.1.1 场景概述

随着大湾区经济的蓬勃发展，“三廊”“四新区”电力负荷逐年攀升，尤其是杭州江东新区、宁波前湾新区、绍兴滨海新区等大湾区负荷中心电网供电日趋紧张。“十四五”期间，在大湾区负荷中心规划落点甘浙直流，以缓解大湾区供电压力。但由于新落点甘浙直流与该区域现有直流间耦合关系紧密，在春秋季方式下，反映直流能否安全稳定运行的多馈入短路比指标值下降显著，灵绍、甘浙直流多馈入短路比均低于2.0，其电压稳定水平处于低位，近区故障有可能引起其连续换相失败，甚至闭锁。

为提升大湾区负荷中心多直流馈入的安全稳定运行，湾区负荷中心的多直流安全馈入示范场景重点攻关多直流馈入系统安全稳定评估、送受端电力曲线优化、交直流混联电网协调规划、多馈入直流动态无功优化四大关键技术，落地建设特高压交流环网和柔性励磁调相机及组网两大示范工程，加强交流对直流的支撑作用。

7.1.1.2 攻关技术

（1）开展常规直流馈入电网电压安全稳定运行边界研究，掌握多馈入短路比的适用场景和计算条件，建立基于机电—电磁混合数据驱动的广义短路比理论，形成受端大电网直流承载力的实用化评估方法。

（2）结合送受端电网负荷特性、区域电网结构、区内直流和常规电源特性等因素，按季节、典型日等不同时间尺度细化开展灵绍、甘浙等直流送电曲线研究，缓解浙江电网调峰压力，实现浙江电网的动态平衡。

（3）开展大受端交直流混联电网协调发展规划研究，论证交流电网对直流的支撑作用。提出特高压交流环网规划方案，以提高多直流馈入下的电压稳定运行水平，同时保障多直流双极闭锁下的电网安全稳定。

（4）开展甘浙等多回直流动态无功补偿协调优化技术研究，解决低多馈入短路比下交流系统故障，直流由于长期的低电压而可能引发的连锁换相失败问题。研究柔性励磁调相机技术，提升对灵绍、甘浙直流的动态无功支撑能力。

7.1.1.3 示范项目

1. 多馈入直流多时间尺度送受端曲线优化及大受端电网广义安全评估研究

研究目标：提出与送受端电网负荷、电网、电源特性匹配的直流送电曲线优化方案，实现浙江电网的动态平衡。提出多馈入直流广义安全评估方法。

建设内容：对灵绍、甘浙等直流送端的能源资源分布、能源生产和消费情况进行研究，结合送受端电网负荷特性、电源和电网结构，与省内调节资源联动，按季节、月、典型日等不同时间尺度细化开展灵绍、甘浙等直流送电曲线研究。建立基于机电—电磁混合数据驱动的广义短路比理论，形成受端大电网直流承载力的实用化评估方法。

2. 特高压交流环网示范工程

示范目标：提升浙江电网直流承载能力 1600 万 ~2400 万 kW，为第五、第六直流提供先决条件。

建设内容：浙江特高压交流环网工程北起 1000kV 嘉兴（吴江）变电站，自北向南经嘉兴、绍兴、宁波、台州、温州、丽水，到 1000kV 莲都变电站，规划建设 3 站 3 线，在嘉兴 G60 科创大走廊区域布局嘉兴（吴江）特高压，在杭州江东新区、宁波前湾新区、绍兴滨海新区区域布局宁绍特高压，在台温临港产业带布局台温特高压，并连接起来，与现有安吉特高压、莲都特高压相连，形成国内首个省域特高压环网。

3. 柔性励磁调相机及组网示范工程

示范目标：实现调相机励磁性能提升至具备 50% 机端电压维持 3.5 倍强励能力，提升直流近区电压稳定水平。

建设内容：开展柔性励磁调相机及组网研究，在甘浙直流建设若干台柔性励磁调相机，在灵绍、甘浙等直流站安装协调控制系统，实现甘浙、灵绍直流动态无功的相互支援，以提高换流站母线电压稳定水平。

7.1.2 稠密电网发展路径与高承载设备应用示范场景

7.1.2.1 场景概述

浙江经济发达、电网高度密集，导致浙江电网短路电流水平一直偏高。随着“十四五”期间浙江电网规模的进一步扩大，短路电流问题将更加严峻。尤其是浙北电网安吉特高压，以及瓶窑、杭变、汾湖变电站 500kV 母线，浙中电网宁绍特高压，以及春晖、舜江、河姆、天一变电站 500kV 母线，浙南电网台温特高压，以及瓯海、塘岭、回浦 500kV 母线均有短路电流超标风险。

为系统解决浙江 500kV 主网架结构紧密、短路电流控制难问题，以及稠密电网发展研究与高承载设备应用示范场景重点攻关稠密电网发展路径与演化方向，特高压高阻抗变压器，550kV、80kA 开关成套设备三大关键技术，落地建设特高压高阻抗变压器和 550kV、80kA 开关设备两大示范工程。

7.1.2.2 攻关技术

（1）结合不同电压等级电网发展情况，优化各电压等级分层分区结构，探索稠密电网发展路径与未来形态。

（2）开展 1000kV 高阻抗变压器绕组排列方案、漏磁场控制、损耗控制、温升控制等技术的深入研究，并根据研究成果进行 1000kV 高阻抗变压器方案设计和样机试制。

（3）开展 550kV、80kA GIS 设备典型电接触通流能力、短时耐受和峰值耐受能力等关键技术研究，研制 550kV、80kA GIS 开关设备，编制 550kV、80kA GIS 开关设备应用方案并落地应用。

7.1.2.3 示范项目

1. 500kV 稠密电网发展路径与演化方向研究

研究目标：提出适应浙江 500kV 主网架现状的发展路径及未来形态。

建设内容：结合国内外稠密电网发展情况，梳理稠密电网发展路径与演化方向。根据浙江特高压电网建设进度和电网互联新技术的发展，综合考虑交、直流安全稳定运行约束，提出适应浙江 500kV 主网架现状的发展路径及未来形态。

2. 1000kV 高阻抗变压器参数计算与示范应用

示范目标：研制 1000kV 高阻抗变压器，并应用于宁绍特高压，实现宁绍特高压 500kV 母线短路电流降低 2~3kA 的目标。

建设内容：开展 1000kV 高阻抗变压器绕组排列方案、漏磁场控制、损耗控制、温升控制等技术研究。开展 1000kV 高阻抗变压器参数计算、方案设计和样机试制研究。在宁绍特高压试用 1000kV 高阻抗变压器，并验证样机对近区 500kV 变电站短路电流的抑制作用。

3. 550kV、80kA GIS 开关成套设备示范应用

示范目标：研制 550kV、80kA GIS 开关设备，并在 500kV 河姆、双龙等变电站应用，以解决个别站点短路电流超标问题。

建设内容：开展 550kV、80kA GIS 设备典型电接触通流能力、短时耐受和峰值耐受能力，快速接地开关 80kA/216kA 短路电流关合能力等关键技术研究，完成 550kV、80kA GIS 开关设备方案应用设计和设备样机试制。并在 500kV 河姆、双龙等变电站应用 550kV、80kA GIS 开关设备，并验证样机切断大容量短路电流的能力。

7.1.3 千万千瓦级新能源基地送出示范场景

7.1.3.1 场景概述

截至“十四五”末，新能源装机将达到 3400 万 kW，届时装机容量将占总装机的 1/3 左右。集中式风电、光伏主要集中于东南沿海，如温州南部、宁波象山、舟山北部等区域，其中以温州南部（洞头、龙湾、瑞安、平阳、龙港、苍南）最为集中，海上风电 1100 万 kW，滩涂 / 海面光伏 837 万 kW，总计约 1937 万 kW。该区域电网处于浙江电网最南端，网架偏薄弱，“十四五”期间新增规划新能源接入面临电网资源不足、局部区域消纳困难、短路电流难控、宽频振荡风险大等问题。

为提升浙江东南沿海海上风电、滩涂光伏等千万千瓦级新能源基地并网动态平衡与主动支撑能力，千万千瓦级新能源基地送出示范场景重点攻关新能源主动支撑与并网关键技术、千万千瓦级新能源基地送出规划、500kV“新

能源 +”汇集站设计、远海风电中频汇集不控整流送出技术四大关键技术，落地建设浙东南 500kV“新能源 +”汇集站和远海风电中频不控整流输电技术验证工程，探索新能源基地送出新模式。

7.1.3.2 攻关技术

（1）开展新能源主动支撑控制与并网关键技术研究。基于新能源并网的数字实时仿真技术，建设大规模新能源实时数字仿真平台，研究新能源并网调频调压、惯量支撑、宽频振荡、新型并网模式，研发具备主动构建频率、电压，满足一次调频、快速电压响应需求的新能源控制策略与新能源发电宽频带振荡抑制方法。

（2）探索大规模沿海新能源与本地核电、火电、抽水蓄能和储能的一体化发展模式，谋划千万千瓦级新能源基地发展新模式，降低新能源随机性、波动性，提高新能源消纳能力和电网安全稳定性。

（3）开展新能源汇集站本体方案设计，论证站内升压变压器、储能、自动调频调压、惯量控制、无功设备等一、二次设备优化配置方案。

（4）开展远海风电中频汇集不控整流送出技术研究。研究海上交流汇集系统频率优化选择方法和系统主回路参数设计方法，提出适用于二极管整流单元的风机构网型控制技术和直流送出控制技术。

7.1.3.3 示范项目

1. 千万千瓦级新能源基地送出规划及示范应用研究

研究目标：提出千万千瓦级新能源基地送出规划方法，形成东南沿海新能源基地送出典型规划方案并应用于浙江东南沿海新能源密集区，保障新能源应接尽接，解决该区域新能源消纳难题，同时提升新能源主动支撑能力。

建设内容：建设适用于浙江新能源发展的实时数字仿真平台，对新能源并网的调频调压、惯量支撑、宽频振荡等问题进行仿真分析，并对千万千瓦级新能源基地送出规划提出相关装备配置需求；结合千万千瓦级新能源基地风光、抽水蓄能、常规火电和集中式储能等元素，探索“风光火储”一体化发展模式，形成千万千瓦级新能源基地送出典型规划方案并应用于浙江东南沿海新能源密集区。

2. 500kV“新能源 +”汇集站设计与示范应用

示范目标：提出集主动电压支撑、自动调压调频、共享储能、惯量支撑等功能于一体的500kV“新能源 +”汇集站设计方案，并建成东南沿海500kV“新能源 +”汇集站，具备一次调频能力64万kW、动态无功72万kvar。

建设内容：对新能源汇集站内升压送出主设备、共享储能、调频调压集控系统、惯量支撑控制系统、宽频振荡抑制装置等一、二次设备进行布置，形成“新能源 +”汇集站典型设计方案，并应用于浙东南500kV“新能源 +”汇集站落地建设。

3. 远海风电中频汇集不控整流送出技术验证工程

示范目标：研究中频不控整流输电基础共性关键技术，提出中频不控整流输电系统的构建方案；研制中频不控整流输电系统中二极管阀、中频变压器、中频断路器、中频交流电缆等核心装备样机，建设中频不控整流输电送出工程，完成现场验证。

建设内容：建设远海风电中频汇集不控整流送出技术验证工程，具体包括将2台小容量传统风机改造为2台大容量构网型中频风机，采用中频汇集，经不控整流二极管阀和电压源换流器并联混合站，通过 ±10kV 直流送至岸上柔直换流站（含耗能装置），换流后接入35kV交流电网。

7.1.4 水利水电可调节资源多形态发展示范场景

7.1.4.1 场景概述

“十四五”期间，浙江新能源、核电和直流非调节性电源新增装机容量占新增总装机的62.2%，非调节性电源增多电网动态平衡难。浙江省现有常规水电、抽水蓄能、气电、储能等调节能力有限，省内煤电机组有序调停亦成为常态。考虑浙江水利资源丰富，水电资源量丰富，分布集中，发电季节性较强，其中钱塘江、瓯江流域已建造水电站总装机容量分别为321.7万、156.2万kW，钱塘江流域已基本完全开发，瓯江流域仍有一定规模的可开发容量。

为满足浙江电网调节资源需求，水利水电可调节资源多形态发展示范场景重点攻关水电站增机扩容潜力、中小型抽水蓄能布局规划、流域可再生能源一体化发展、抽水蓄能电站差异化发展与运行四大关键技术，落地建设混合式抽水蓄能电站示范工程，试点变速抽水蓄能技术在运行效率、响应速度、调节范围等方面的优势。

7.1.4.2 攻关技术

（1）开展水电站增机扩容潜力研究。综合考虑水工建筑物、机组特性、河流生态流量、发电年利用小时、与上下游电站发电引用流量的协调等因素，研究大型水电站增效扩容的必要性和可行性评价方法，研究电站扩机容量优化配置方法并提出相应的电网配套规划方案。

（2）开展浙江钱塘江、瓯江等流域的水能资源调研，面向以流域为主体的中小水电资源统筹协调开发利用，研究中小水电站混合抽水蓄能改造技术经济性评价方法，研究计及流域水文耦合关系的多级水电混合抽水蓄能协调规划方法。

（3）开展流域可再生能源一体化发展模式研究。结合流域资源条件和能源特点，采取风能、太阳能、水能等多品类能源发电互相补充，并适度增加一定比例储能，统筹各类电源的规划、设计、建设、运营。

（4）开展抽水蓄能电站差异化发展与运行策略研究。结合水利资源条件和负荷特点，分析浙江电网抽水蓄能电站总体需求，研究浙江电网抽水蓄能电站成本疏导机制、变速抽水蓄能等新型抽水蓄能发展技术，提出抽水蓄能电站差异化发展与运行策略。

7.1.4.3 示范项目

1. 水利水电可调节资源多形态发展规划研究

研究目标：通过对钱塘江、瓯江两江流域可调节资源进行发展形态规划与设计，提高系统调节能力 200 万 ~300 万 kW。

建设内容：开展钱塘江、瓯江两江流域可调节资源多形态发展规划研究，从一次调频、二次调频、备用及调峰需求出发，挖潜现有水电扩建容量；从双向调节灵活性需求出发，规划布局一定规模的混合式中小型抽水蓄能电站；结合流域资源条件和能源特点，开展两江流域水风光联合运营模式研究。

2. 抽水蓄能差异化发展与运行策略研究

研究目标：提出抽水蓄能电站差异化发展与运行策略，推动政府制订抽水蓄能电站差异化发展政策与运行机制。

建设内容：结合水利资源条件和负荷特点，分析浙江电网抽水蓄能电站总体需求，研究浙江电网抽水蓄能电站成本疏导机制、变速抽水蓄能等新型抽水蓄能发展技术，提出抽水蓄能电站差异化发展与运行策略。

3. 抽水蓄能发展与混合式抽水蓄能电站示范工程

示范目标：利用紧水滩和石塘水电站现有水库，建设紧水滩混合式抽水蓄能装机容量 3×9.9 万 kW，新增可调节容量 29.7 万 kW，其中，新增快速响应容量 9.9 万 kW。

建设内容：开展变速抽水蓄能实现技术路线、功能价值挖掘、已有机组改造等关键技术研究，建设紧水滩混合式抽水蓄能电站，装机容量为 29.7 万 kW（3×9.9 万 kW），其中一台考虑采用变速抽水蓄能技术。上下游水库分别利用已建的紧水滩电站水库和石塘电站水库，电站建成后主要承担电力系统调峰、填谷、储能、调频、调相及备用等任务。

7.2 “八景八图”全域示范

国网浙江电力为建设四个省级示范目标，融合地域特色、资源特性和电网特质，精心构建全域示范“八景八图”。通过安全低碳城市景（杭州泛亚运城市级低碳新型电力系统综合示范）、绿能共富山区景（丽水全域绿色共富新型电力系统示范）、电碳协同云上景（国网新能源云电碳协同浙江湖州示范）、电力看碳数据景（电力看双碳大数据应用示范）建设，形成电力低碳转型风景；通过山海源荷互济景（宁波能源电力低碳转型先行综合示范）、有源新型配网景（嘉兴海宁面向高比例分布式资源的新型配电网综合示范）、微网平衡控制景（金华微网集群省地县三级协同控制示范）、多能直流耦合景（绍兴镜湖多能耦合直流配电示范）建设，展现源网荷储协同风景；通过风电柔性送出图（台州大陈岛柔性低频输电示范）、绿电安全消纳图（台州新能源消纳与稳控示范）、氢电高效耦合图（宁波慈溪氢电耦合直流微网示范）、绿电数智结算图（“双碳”目标下可再生能源结算数智化转型实践）建设，绘制新能源高质量发展蓝图；通过跨区柔性互联图（杭州城市电网500kV供区柔性低频互联示范）、县域智能源动图（新昌山城——智能“源”动示范）、数智运维站所图（数字化特高压站示范）、数智巡检线路图（输电专业“立体巡检+集中监控”示范）建设，擘画电网高质量发展蓝图。

7.2.1 安全低碳城市景

杭州供电公司全面落实网省公司新型电力系统建设方案，突出“城市电力安全可靠供应要求高、城市能源绿色低碳转型需求高”特征，选取位于杭州城市核心区的280km^{2}泛亚运区域作为先行试验田。

7.2.1.1 建设思路

构建“1277”大受端城市级典型新型电力系统综合示范模式，以建设“大受端城市级新型电力系统”为一条建设主线，着力瞄准电力安全可靠供给、能源绿色低碳转型两个目标，先行破解“主网承载、配网互动、资源唤醒、运行控制、多能耦合、用能清洁、能效提升”城市能源发展的七个典型问题。示范形成刚柔并济主网架高承载、国际领先新型配电系统、柔性负荷快速精准响应、智慧调度全域协同体系、多能耦合能效最优微网、交通服务网络柔性互动、城市产业能效吃干榨尽的首批点面结合的七类应用场景。

7.2.1.2 建设内容

1. 打造高调节能力的受端城市电网示范

（1）受端城市的刚柔并济主网架高承载场景。

1）在富阳—昇光供区联络点，通过已建220kV亭山变电站—中埠变电站（亭中2400线）开展世界首创低频输电工程，实现富春江两岸500kV富阳供区和昇光供区互联，提升20万kW有功及30万kvar无功的互济能力。

2）在瓶窑—大陆的联络线路，安装规模最大的分布式潮流控制设备，解决窑大2412等三线潮流不可控问题，提升20万kW输送容量。

3）在500kV涌潮变电站220kV母联母分开关，通过加装国内首个短路电流抑制快速开关，实现四台主变压器安全并列运行，提升30万kW供电能力。

（2）城市中心的国际领先新型配电系统场景。面对清洁能源和大规模柔性负荷接入形势下配电网转型的需求，聚焦亚运核心区域 22km^2 的配电网，依托配电自动化平台进行分布式能源分析控制、经济运行策略调整、设备状态评估、柔性负荷特性分析，在互联互济、双源双环的可靠配电网架上，深化配电自动化全自愈应用，投运 5G 差动保护、5G/4G+ 量子“三遥”智能开关，运用 5G+ 量子、物联代理、低压物联网等技术，采集并监控“网端—用户端”“中压—低压”的全景信息，实现源网储荷的数据可观可测，提升有源配电网下分布式能源群调群控能力，打造柔性互动的有源配电网示范。

（3）城市电力负荷的柔性快速精准响应场景。

1）构筑全时域、全频域覆盖的负荷资源池，结合能源大数据平台和分路负控数据，多维度开展客户侧精准画像，实现用户节能降碳和负荷响应的靶向分类施策。

2）创新打造商业楼宇精细化负荷响应场景，针对杭州商业都市特点，开展用户侧能效监测和提升工作，构建差异化的需求侧“一键响应”策略。

3）建立营调联席管控和决策机制，根据动态负荷缺口和区域柔性资源池状态，评估电网供电风险边界，生成分区分时缺口指标，制订主配网协同优化策略。

（4）多种资源全域调控的智慧协同体系场景。

1）推动主配网调度系统模型贯通，在萧山东部工业集聚区、北部钱江世纪城等重载负荷区域，主动进行主配协同网架动态优化，形成多台主变压器互为备用的控制集群，挖掘电网侧供电潜力 760MVA。

2）试点“光伏 + 水电 + 储能”综合能源平衡调度体系，利用杭州西部水光富集区的分布式电源，平移清洁能源发电时序。形成稳定电源 30 万 kW，提高新能源并网利用小时数 2%~4%。

3）开展调度广域调控平台与营销用电系统的数据互融，针对区域内储能、氢能汽车等分布式资源，形成多时间尺度百万千瓦级负荷响应资源池。

2. 打造城市各领域的能源绿色转型示范

（1）工业园区的多能耦合能效最优微电网场景。

1）服务产业类型丰富区域的新能源发展，在两座变电站间的 4 条单环线上打造集合化工、印染、轻加工等用能企业的碳电协同智慧微电网群示范，每年为微电网群内企业降低电费支出超 1200 万元，同步为电网提供充裕的灵活可调可控资源，延缓电网投资约 9600 万元。

2）服务能源类型丰富区域的新能源利用，在钱塘格力园区内，建成柔性直流配电网络—新能源制氢—氢能储存—氢燃料电池发电的多元素耦合系统，实现园区的单位产值能耗下降约 22%，每天需要的大电网负荷从 6400kW 降至 5010kW。

（2）绿色城市的交通服务网络柔性互动场景。针对泛亚运区域内化石能源消费比例最高的交通领域，政企协同开展泛亚运区域 0.9km 的专用网、公用网、基础网“三网协同”，在保障电动汽车充电需求的同时，实现车网动态支撑。建设彩虹“多站合一”微综合体充电站，利用本地分布式能源灵活运行特点，实现充电站低碳运行服务，提升充电网络对电网运行的互动支撑能力。研究“云—表—桩—车”居民电动汽车智慧有序充电技术和机制，构建有序柔性充电策略，实现车网高弹性互动，降低配电网投资建设成本。

（3）城市多种产业的能效吃干榨尽典型场景。针对杭州产业园区用电结构复杂的特点，结合 2022 年杭州“绿色亚运”用能需求，挖掘用户节能减排潜力，构建差异化“精细用电”策略，通过绿电交易、零碳变电站，提升用户侧能源供给的低碳化水平，以及本地分布式能源建设和能效提升改造，实现用户侧节能降碳能力，打造从“源头供应”到“末端用能”全链路覆盖的节能减排路径，形成源端绿色电力（绿电交易），中继零碳变电站（世纪变电站），末端低碳乡镇（所前）、园区（滨江人工智能产业园）、工厂（奔马化纤）多维典型场景。

3. 数智科技赋能

（1）构建综合示范七类数字化应用。建设浙电云平台杭电资源池，深化“网上电网”、杭州能源“双碳”大脑、广域调控平台、配电网智慧指挥等平台建设和应用，全面赋能各专业新型电力系统核心业务和重点任务流程再造、协同高效。

（2）打造一批基于 i 国网移动端的新型电力系统特色应用。依托 i 国网公共开放框架和能力支撑，打造亚运保电穿透式指挥、核心指标可视化管理中心、数智供电所多样化服务等一批微应用。

（3）建立数智赋能新型电力系统制度规范体系。加强新型电力系统建设数智赋能规范化管理，建立健全需求建设统筹、数据规范共享、网络安全保护三大贯穿新型电力系统数字化建设过程的制度体系。

4. 机制政策创新突破

（1）政企互动更加友好。联合属地政府出台全国首个区县级“双碳”行动纲领，共同争创整县（区）屋顶分布式光伏开发试点、低碳示范区（县）工作。

（2）能效治理精准精细。推动政府出台全省首个县域用能预算化管理规范性文件，依托“一脑一舱一码”，实现企业用能管控智能化；试点先行工业企业用能统筹调剂，实现企业用能市场化。

（3）企业机制不断优化。创新供电所“供电 + 能效”服务机制，在供电所原有业务基础上，推广用能预算化网格式管理、光伏布局接入指导、企业终端能效评级等新兴业务，助力社会能效提升。

（4）绿电交易示范应用。完成国内首次亚运专项绿电交易，实现亚运场馆、亚运村及配套设施全绿电供应，助力打造史上首届“零碳亚运”。

7.2.1.3 建设成效

1. 大受端城市级新型电力系统初步建成

（1）受端城市电网主动调节能力达到全国领先，实现区域灵活资源互动总量占比超过 20%（泛亚运区域灵活资源规模达到 50 万 kW，杭州全域达到 300 万 kW），配电网故障自愈率提升至 100%，变电站负荷全停全转率达到 100%。

（2）全社会能效水平达到全国领先，实现区域年碳排量从 848.57 万 t 下降至 673.5 万 t，单位 GDP 能耗强度降低至 0.39t 标准煤 / 万元，初步形成城区 5min 充电圈的“三网协同”城市充电生态网络。

（3）能碳数智化治理水平达到全国领先，形成对内以“网上电网”为主的电网企业精细管控平台，支撑新型电力系统协调发展；形成对外以能源大数据中心为主的社会能碳精准管控系统，支撑“双碳”目标落地的功能应用。

2. 科技创新与理论研究取得新突破

（1）依托“柔性低频输电”“电力系统分区协调自愈”“5G/4G+ 量子通信技术”“氢电耦合”等科研项目，积极打造四首创新成果。

（2）依托“柔性中低压直流”“网上电网”等重点科技示范工程，在“电网分析、控制与安全运行”“配电网与分布式能源”等五大领域培育重大科技成果。

（3）重点在氢电耦合、5G 电力、新一代继电保护、微电网运行等技术领域，形成技术规范标准成果。

（4）深化理论算法研究成果，在配网弹性规划、用户精准画像、广域调控策略、能效最优模式等方面开展理论与算法研究，形成软课题硬工程相互支撑的模式。

3. 政企协同与改革创新取得新突破

（1）构建清洁能源的可持续发展新模式，落地“新能源 +10% 储能”配额制；创新“共建、共享、共用”用户侧储能建设模式；创新分布式光伏消纳能力评估机制，协同政府科学制订整县光伏开发支持政策，促进分布式光伏可持续发展。

（2）构建需求响应的政策保障新模式，拓宽需求响应激励资金来源，推动需求响应成本纳入输配电价或辅助服务费用；建立“市场 + 行政”机制下的需求响应模式；构建公共充电站和居民充电的负荷柔性响应新模式；创新负荷聚合式服务，集聚消费侧“小、零、散”负荷资源和储能资源。

（3）构建电网发展的资源利用新模式，建成“变电站 + 光伏站 + 充电站”等多能组合综合能源站；形成祝桥变电站等在运变电站迁建项目综合利用，海潮变电站、丰北变电站等规划变电站入公建或政府出资代建模式；完成水、气、热、电等多种能源供应网络协同规划，高效综合利用城市空间资源。

（4）构建“供电 + 能效服务”新模式，提供多能供应、能源梯级利用等服务，创新形成碳资产管理等服务，形成光伏、分布式风能等可再生能源在城市建筑中的应用场景，构建综合能源示范园区。

7.2.2 绿能共富山区景

7.2.2.1 总体思路

国网丽水供电公司围绕“全域共富零碳新型电力系统综合示范”一个目标，坚持基础管理和创新发展两大原则，找准长周期电力电量平衡调节、清洁能源汇集、四高新型有源配电网三个定位，打造能源汇集低碳供能、源网荷储智慧互动、能效提升减排降碳、电力价值富民惠农四类场景，加快技术升级、数字赋能、政策突破、机制创新，建设“一域十县百景”示范，促进全域全社会绿色低碳转型，引领丽水高质量实现“全域零碳”和“电力共富”，以“充电宝”和“平衡器”作用支撑省级新型电力系统示范区建设。丽水全域共富零碳新型电力系统示范总体框架图如图 7–2 所示。

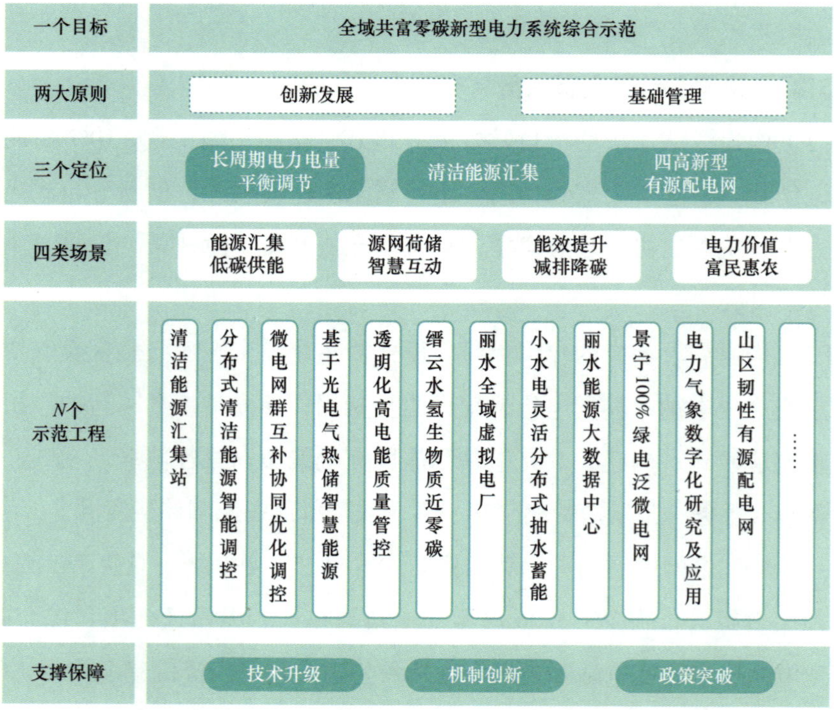

图 7–2 丽水全域共富零碳新型电力系统示范总体框架图

7.2.2.2 建设内容

丽水全域共富零碳新型电力系统示范遵照“顶层设计、试点先行、以点带面”的原则，分阶段打造能源汇集低碳供能、源网荷储智慧互动、能效提升减排降碳、电力价值富民惠农四类场景，实现电力促低碳、电力带共富。

1. 能源汇集低碳供能

（1）集中式电源汇集送出。

1）建设绿电送出大通道。综合新能源空间分布和电网消纳条件，建立全市清洁能源接纳一张图。针对西部新能源送出“卡脖子”问题，加快建设以500kV丽西变电站为枢纽、220kV网架为支撑的绿电大动脉，提升电网承载能力上限。

2）打造能源汇集站模式。采用“多方投资、多能汇集、共享储能、资产移交”模式，在缙云、景宁等清洁能源集聚区，建设11座风光水储能源汇集站，既补强优化山区电网网架，也有效解决偏远山区清洁能源集中送出“老大难”问题。“十四五”期间能提升近100万kW新能源送出能力。

（2）分布式电源就近平衡。

1）构建分布式电源规模化并网智能调控模式。在新一代调度自动系统补强AGC、AVC子站功能，在配电网自动化系统部署AGC、AVC模块，建成可观测、可描述、可调控的分布式电源群调群控模块，制订并执行多因素约束下的智慧控制策略，科学实时分配分布式可调资源，实现主配网协同的分布式清洁能源分层分级有功功率控制和无功电压调节。

2）深挖电力气象数字价值应用。研发布置气象资源监测装置，开发电力气象数字化应用模块，利用云图轨迹的深度学习与预判，实现用电负荷、新能源出力中短时精准预测。与丽水风光水储智慧管控平台、全域虚拟电厂进行信息交互，支撑功率预测、需求响应、灾害预警等业务。

风光水储能源汇集站效果如图7–3所示。

2. 源网荷储智慧互动

（1）建设四高有源山区配电网。

1）打造自治平衡微电网。建设园区型、乡村型互联互补与协同消纳微电网，实现微电网与大网协同运行。在景宁建设100%绿电泛微网，打造“县域—网格—线路—台区”分层分级平衡自治零碳微电网，提升消纳能力、灾备能力、综合能效。在经开区半导体芯片产业园，建设台区双端柔性互联、微网群云边协同系统，实现微电网群互补支撑与协同调控。

2）深化灵活智能自愈。开展山区特色配电自动化建设，推进 4G/5G+ 量子通信加密应用，深化营配调数据融合，实现配电网可观、可测、可控。探索基于分布式电源的实时监测、孤岛保护、无功调节、网络重构、故障处置策略等，实现“多小散”清洁能源与配电网优化互动。

3）打造透明化、高电能质量示范。建立有源配电网透明化监测治理体系，配置电能质量智能感知及扰动溯源分析治理设备，实现“站—线—变—户”电能质量智能感知、多要素分析、精准溯源，以及“源—网—荷—储”协同治理，解决电压暂降、谐波污染等供电质量问题，满足分布式电源高渗透率下“应接尽接”和战略性先导产业高电能质量需求。

图 7–3　风光水储能源汇集站效果图

（2）打造全域多时空广义灵活资源池。

1）打造全域绿色智慧虚拟电厂。完善风光水储智慧调度决策、微电网协同管控、市场交易等功能，聚合电源侧 100 万 kW、负荷侧 100 万 kW、储能侧

50万kW的灵活可调资源，打造多元互动、碳电协同、价值创造的地市级零碳虚拟电厂，实现全场景、全要素、多层级、多时空的智慧管控和协同运行。

2）扩容多时空尺度储能资源池。电源侧，落实新增风光电站“新能源+共享储能”模式。利用现有小水电上下库，建设云和、景宁等小水电分布式抽水蓄能，实现“分布式抽水蓄能+新能源”协同运行。用户侧，持续扩大全区域、全业务、全时间尺度的“一键响应”负荷资源，建成100万kW级需求响应资源池。推进浙交能源、青山钢铁等465MWh毫秒级新型储能建设。

3. 能效提升减排降碳

（1）深化能源大数据中心。按照“政府主导、电网主体、多方参与”的原则，在一期的基础上全量接入政府公共数据及煤、油、气、电等数据，以及所有规上企业用能信息，完善数据监测、趋势研判、超标预警等功能，实现区域、行业、产业、企业用能和碳排情况动态监测和实时预警。深化碳效码、数智电眼等13个模块应用，加快开发电税码、碳预测、浙丽碳税等数据产品，打造“全领域、全场景、全链条”能源及双碳监测、预警、分析、评价的共建共享平台，提升政府数字化改革、能源领域现代化治理能力。

（2）深化节能降耗服务。

1）推进重点领域节能改造。在工业领域，推进余热利用、电热转换等技术应用，打造缙云誉新余热利用综合能源、南城合力革业电—光—热转化、松阳云中马余热回收利用等项目。在建筑领域，对丽水学院、丽水党校、国网丽水供电公司等公共建筑，开展节能型技术、工艺、设备、材料、运行改造，通过智慧感知、智慧调节、智慧响应、物联互通等技术，实现节能降耗、用能优化。

2）深化能效综合服务。以534户签约用户为重点对象，推广售电+光伏开发、能源托管、智能运维等业务。打造纳爱斯智慧绿色园区、中广电器“光储售维”一体化等“能效+供电服务”项目。

4. 电力价值富民惠农

（1）丰富城乡低碳综合供能模式。

1）打造乡村综合用能惠农样板。针对庆元县的支柱产业香菇生产加工业，在大坑口香菇生产加工基地，建设“新能源+新型储能+热泵+余热回收+智慧管控”一体化系统，优化多能多时空能量耦合，打造光电气热储多能互补示范，助力香菇全产业链减碳、脱碳、降费，实践多能综合梯级利用助力乡村振兴、山区共同富裕新路径。

2）打造水光氢耦合零碳用能样板。针对丽水农村小水电和生物质资源丰富的特点，在缙云仙都5A景区利用水、光、生物质绿电制氢储氢，首创性构建电（水电、光电）—气（氢气、沼气）—热（热电联供）高效集成、多网耦合、多能互济场景，实现系统近零碳排放，打造全国首个基于乡村场景的水光氢生物质近零碳示范。

（2）挖掘能源价值带动富民。

1）实施“抽水蓄能富民”工程。推动政府加快开展8座纳规抽水蓄能电站建设，带动投资超1000亿元，推动山区基础设施、旅游产业发展，助力地方政府“大搬快聚”和农民下山脱贫，带动山民增收致富。

2）实施“光伏富裕”工程。居民以屋顶资源入股或租赁、电费折扣等方式，参与分布式光伏资源开发，并提供大量开发、施工、运维就业岗位，实现利益共享。探索聚合分布式光伏形成规模效应，推动户用光伏纳入绿电、绿证、碳排市场交易，为居民稳定创收。

7.2.2.3 建设成效

1. 先进创新点

国网丽水供电公司坚持创新驱动、示范引领、实用推广的原则，结合“能源汇集低碳供能、源网荷储智慧互动、能效提升减排降碳、电力价值富民惠农”场景建设，实现2项模式创新、3项机制创新、3项技术创新，具有较强的先进性、示范性、推广性。

（1）模式创新。

1）新能源汇集集中送出模式：创新性提出“多方投资、多能汇集、共享储能”模式，制订新能源汇集站的标准化设计规范、模块化建设方案，制订基于电力平衡的最优多能配比策略。

2）乡村智慧综合用能模式：打造全国首个基于乡村场景的“水光氢生物质”“光电气热储”近零碳场景，实践乡村多能互补、能源高效利用和近零碳排放。

（2）技术创新。

1）分布式灵活资源规模化并网智能调控技术：主要包括分布式新能源全景监测及功率预测技术、聚合及集群协同优化调控技术、多重不确定下分布式新能源并网运行风险预警技术，构建“场站—集群—电网”“输配协同—群间协调—集群自律”功率无功电压调节体系。

2）微电网群互补支撑与协同优化调控技术：提出构建微电网群全寿命周期电气元件碳排放模型，计算微电网“电力—碳流”耦合的实时碳排放技术。提出利用共享储能双向功率柔性负荷的微电网群协同运行技术。

3）透明化有源配电网高电能质量优化技术：提出通过电能质量智能感知、扰动溯源分析治理设备，实现“站—线—变—户”电能质量智能感知、多要素分析、精准溯源，以及“源—网—荷—储”协同治理。

（3）机制创新。

1）小水电上网峰谷时段优化机制：制订丽水小水电上网峰谷时段优化调整策略，利用价格信号引导新能源消纳送出能力提升。

2）分布式清洁能源聚合市场交易机制：利用虚拟电厂智慧管控平台的聚合功能，构建含高比例异质可再生能源的虚拟电厂辅助市场框架体系，探索“多小散”分布式电源，以聚合商形式开展市场化交易机制。

3）小水电市场化响应机制：推动政府列支财政专项资金，全省率先采用市场化激励方式，实现水电用户主动参与市场化响应机制。

2. 量化评价指标

（1）全域零碳方面，清洁能源总装机 580 万 kW 100% 接纳；清洁能源装机占比达 98.7%，清洁能源发电量占全社会用电量的 65%，保持全省第一；电能占终端能源消费比重达到 72%，单位 GDP 能耗降至 0.30t 标准煤 / 万元，保持全省最优；灵活可调电源 160 万 kW，占比 26%；需求侧响应资源 100 万 kW，占最大用电负荷的 30%；度电碳排降至 0.25kg/kWh，保持全省最优；能源消费增量实现近零碳排放，提前高质量碳达峰。

（2）电力共富方面，全市人均 1kW 水电 +1kW 新能源 +1kW 储能；“光伏富民”“抽水蓄能富民”带动居民增收超 10 亿元，带动产业投资超 1000 亿元，带动新增就业人口上万人；户均停电时长低于1.3h，故障平均修复时长35min，进一步缩小与全省平均水平差距；客户满意度不低于99%。

3. 总体成效

截至2025年，基本建成丽水全域共富零碳新型电力系统示范，创造巨大的社会经济效益和生态环境效益，引领丽水率先高质量碳中和，赋能丽水跨越式高质量绿色发展，服务丽水打造共同富裕美好社会山区样板。

（1）社会经济效益。

1）助力加快共同富裕。形成“风光为主、水电托底、多能互补”总装机超1000万kW的华东绿色能源集群，人均1kW水电装机+1kW新能源装机+1kW储能。“光伏富民”“抽水蓄能富民”带动上下游产业链、山区乡村基础设施、旅游业更快发展，提供就业岗位和带动居民增收，让山区人民享受电力发展红利。

2）提升电力安全供给服务。实现每县至少2座220kV变电站，每个县城至少2座110kV变电站，全面解决主供电源造成的停电风险。户均停电时间、故障平均修复时长、停电投诉次数均达到全省平均水平。建成30个“乡村振兴·电力先行”示范区、“革命老区·电力服务”示范区，电力服务驿站及便民点100%覆盖，客户满意度、获得电力指数位于全省第一集团。

3）促进电网降损增效。聚合100万kW级可调资源，唤醒各类沉睡资源参与响应互动，支撑大电网电力电量平衡调节，减少35kV及以上变电站12座以上，减少新建线路近350km，减少电网投资超12亿元，降低线损率0.5个百分点，年均减少损耗2亿kWh。

（2）生态环境效益。

1）能效提升碳排近零。GDP单位能耗降低到0.30t标准煤/万元以下，保持全省领先，经济发展与能源消费总量实现脱钩。新增绿电18亿kWh，年均电能替代超8亿kWh，年均节省标准煤56万t、减排二氧化碳140万t。能源电力领域真正引领绿色低碳转型，推动丽水提前实现能源领域“两个50%”与碳中和。

2）助力GDP与GEP高效转化。清洁能源生态产品价值机制全覆盖，聚合乡村清洁能源参与绿电、绿证和碳排放等市场化交易，创新小水电及分布式抽水蓄能辅助服务交易等产品，创造生态系统生产总值GEP超5000亿元，能源电力领域不断拓宽“绿水青山就是金山银山”转化通道。

7.2.3 电碳协同云上景

7.2.3.1 总体思路

国网新能源云电碳协同湖州示范工程聚焦“新型电力系统更好支撑双碳目标实现”主题，以电碳协同为突破口，紧扣物理降碳和数字降碳两条主线，全面推进“131”体系，即发挥数字经济平台优势，建设新能源云1个电碳协同核心枢纽，面向生产、生活、乡村3大普适减碳场景推进示范项目落地应用，实现示范场景全生命周期1屏数字化全景展示，打造新型电力系统电碳协同支撑“双碳”目标实现的标杆样板。

重点构建新能源云电碳协同核心枢纽四大功能（PS-BC），通过功能组合满足不同场景电碳协同降碳需求。针对海量分布式屋顶光伏发展问题，建设屋顶光伏服务功能（Photovoltaic Service），全面统筹规划布局、投资建设和电网承载；针对储能大规模发展问题，建设新型储能服务功能（Storage Services），全面统筹储能安全、商业模式和源网荷协同；针对生产领域节能降碳问题，建设企业用户服务功能（Business Services）（简称B端服务），全面统筹减排技改、绿金贷款和绿电抵扣碳排放；针对生活领域节能减排问题，建设个人用户服务功能（Consumer Services）（简称C端服务），全面统筹减排图谱、量化核证和激励机制。

7.2.3.2 建设内容

1. 构建新能源云电碳协同核心枢纽

（1）分布式光伏服务。浙江省能源局下发《关于2022年光伏发电项目建设有关事项的通知》（浙能源〔2022〕4号），要求湖州整县光伏试点覆盖市县（区）全域。该项目聚焦整县光伏试点工作中优质屋顶资源难寻、建设效益评估难、建设时序优化难、电网消纳评估难、绿电权益兑现难等痛点问题，在新能源云电碳协同核心枢纽开发屋顶光伏服务功能，主要包括以下5个关键模块。

1）卫星遥感识别模块：为探明屋顶光伏资源开发潜力，联合浙江大学开发卫星遥感识别模块，支持屋顶光伏资源面积自动识别、装机和发电量智能计算。

2）经济分析评价模块：为精准判别屋顶光伏投资收益情况，开发经济分析评价模块，支持结合光伏组件价格等投资因素，给出屋顶光伏开发的经济性评价。

3）时序规模测算模块：针对整县等大范围区域内屋顶光伏资源开发统筹难问题，开发时序规模测算模块，结合区域内不同屋顶光伏开发经济性差异及分批次投资限制等因素，给出不同屋顶开发时序及分阶段开发规模建议策略。

4）消纳评估优化模块：为提升光伏、电网协同发展水平，开发消纳评估优化模块，支持进一步结合配电网架构及承载能力、区域新能源消纳能力等因素，统筹优化电网承载力和投资回报率。

5）绿电权益收储模块：为进一步激活屋顶光伏建设动力，开发绿电权益收储模块，将屋顶光伏发电量自动折算成绿电权益纳入绿电资源池，支持交易撮合，实现绿电权益兑现。

（2）新型储能服务。浙江省发展改革委、浙江省能源局出台《关于浙江省加快新型储能示范应用的实施意见》（浙发改能源〔2021〕393号）提出要求加快新型储能发展，至2023年，建成100万kW左右新型储能示范项目。该项目聚焦储能大规模发展中数字化服务流程缺失、资源底数不清、安全监控薄弱、协同配置不足、盈利模式匮乏等问题，在新能源云电碳协同核心枢纽开发新型储能服务功能，主要包括以下5个关键模块。

1）报装并网服务模块：为规范储能并网流程，提升电网对储能资源分布掌控能力，开发报装并网服务模块，提供储能系统项目业主注册登记、报装并网业务办理及审批等全流程服务。

2）补贴发放服务模块：为服务政府补贴发放，增强储能投资者对新能源云的用户黏性，开发补贴发放服务模块，系统线上提供储能补贴项目的确权申请、审核确认、补贴申报发放等一站式服务。

3）安全监控服务模块：为及时掌握储能运行情况、确保储能系统安全稳定运行，开发安全监控服务模块，支持储能运行全方位监测，涵盖储能管理系统、电池管理系统直至电芯监测各层级，融合 AI 算法实现电池及其系统的智能预测与精准管控，避免热失控、火灾等情况发生。

4）联合配置服务模块：为支撑区域新能源消纳和电网发展，开发联合配置服务模块，根据电网供电能力及新能源消纳能力等关键指标，计算储能可配置容量，引导社会投资者投资。

5）商业应用服务模块：为深度挖掘储能经济价值，开发商业应用服务模块，支持储能参与辅助服务市场交易，提供海量分散式小储能参与云端聚合应用、共享储能等高级商业模式。

（3）企业用户服务（B 端服务）。浙江省发展改革委等五部门制定《严格能效约束推动重点领域节能降碳工作的实施方案》（浙发改产业〔2022〕1 号），要求加快推进重点行业低碳转型和高质量发展。该项目聚焦生产领域节能降碳量化评价难、精准分类难、节能改造难等核心痛点问题，基于前期工业碳效码和工业碳效评价等工作，在新能源云电碳协同核心枢纽开发企业用户服务功能，主要包括以下 3 个关键模块。

1）绿改超市模块：为引入先进节能装备工艺流程，开发绿改超市模块。引入中国节能协会等第三方节能服务机构，针对高碳低效企业组织开展节能诊断服务，制订降碳减量计划，服务企业采用绿色减碳技术和使用清洁能源，并联合省财政厅对每年节能减碳技术改造重点项目择优给予支持。

2）绿金超市模块：为引入低息金融贷款支持企业节能降碳工作，开发绿金超市模块。与银保监局金融综合服务平台实现互联互通，合作 206 家金融机构，为企业提供绿色金融产品一键申请和“一站式”授信服务，将企业“碳效码”评价结果作为重要参考因素纳入授信全流程，通过采取差异化的利率定价、授信额度、贷款规模等措施，引导信贷关键资源向绿色低碳方向倾斜。

3）绿电超市模块：为实现通过绿电交易抵扣企业碳排放量，开发绿电超市模块。与浙江省电力交易中心打通接口，基于已接入的浙江新能源场站、规上工业企业以及居民用户和公共机构数据，为企业和个人提供便捷、高效、优质的绿色电力交易“一站式”服务，通过购买绿电，可享受产业政策、电价补贴、税费减免、贷款利率和额度优惠、降碳补贴等红利，并实现国际绿证交易等多元绿色权益交易方式全景覆盖。

（4）个人用户服务（C端服务）。国家发展改革委等部门印发《促进绿色消费实施方案》（发改就业〔2022〕107号）要求全面推动吃、穿、住、行、用、游等领域消费绿色转型，推动生活各领域节能减排。该项目聚焦生活领域节能减排存在的减排行为归集缺失、减排效果难以量化、激励机制缺乏等问题，在新能源云电碳协同核心枢纽开发C端服务功能，主要开发以下3个关键模块。

1）减排行为图谱模块：为全面梳理各类节能减排行为，开发减排行为图谱模块。实现屋顶光伏、公交出行、低碳入住、节能空调、电动汽车等行为归集，并按照减排成效是否具备量化核证条件分类。

2）碳积分机制模块：为激励不具备量化核证条件的减排行为，开发碳积分机制模块，实现与支付宝等第三方平台数据贯通，支持通过减排行为获得碳积分，在积分商城兑换公共服务优惠资源、商业优惠券、会员服务等，聚合商户组成低碳联盟，为用户提供商品折扣，体现碳汇价值，提升全社会对绿色低碳用能行为认可度。

3）量化核证模块：为激励具备量化核证条件的减排行为，开发量化核证模块，合作上海环境能源交易所，围绕家庭屋顶光伏、电动汽车，以及参与需求响应的空调、空气源热泵热水器、节能建筑等减排行为，开发专项减排方法学，创新建筑等碳效体系，依托减排行为的量化核证兑现，促进相关减排行为从社会效益向降碳收益转化。

2. 生产、生活、乡村电碳协同多跨场景示范应用

该项目重点打造新能源云电碳协同核心枢纽建设，支撑整县光伏试点、新型储能、新型电力系统建设等重点工作，为全省提供可复制可推广的湖州样本。在此基础上，结合区域特点，示范面向生产、生活、乡村电碳协同多跨场景应用，开展光伏集群绿色低碳园区、画溪谷“零碳”民宿集群、朗诗近零碳绿色建筑研发基地、泛余村绿色共富乡村碳汇等示范建设，验证电碳协同降碳成效，实现示范场景全生命期1屏数字化全景展示。

（1）德清雷甸光伏集群绿色低碳园区（PS-B）。聚焦工业园区高渗透率光伏集群特点，融合中压柔性互联、光伏群调群控、配电网灵活重构等技术提高区域光伏全消纳能力，依托新能源云屋顶光伏服务，测算区域未来光伏进一步发展潜力及消纳能力，积极引导光伏有序发展。依托新能源云新型储能服务测算区域内储能可配置装机容量，积极引导社会投资者投资储能，支撑区域电网向主动有源配电网演进，提升区域物理降碳能力。依托新能源云 B 端服务，以政府碳排放考核指标和企业降碳需求为出发点，推动实现园区规上、规下企业工业碳效体系全域全覆盖，构建完整的园区碳评价体系，结合新能源云绿改超市、绿金超市服务园区内高碳低效企业实施碳技改、降低碳强度，依托绿电超市服务提升企业碳中和水平，支撑园区整体碳效水平提升。

（2）长兴画溪谷“零碳”民宿集群（PS-C）。聚焦本地民宿产业节能降碳内生需求，建设交直流混合网架，依托新能源云新型储能服务和屋顶光伏服务，示范应用超威集团高安全、高防护钠盐电池，结合园区内光伏、充电桩等元素构建高效低碳微电网，提升园区供电可靠性及能效水平。依托新能源云碳积分机制建立一套以绿色低碳为导向的“零碳”民宿评价体系，依托新能源云实现 270 亩森林碳汇权益量化，实现碳汇权益兑现，构成激励基金。以民宿—游客为核心，引入民宿产业链相关方构建碳汇联盟，为民宿、游客等多元主体赋予低碳积分，打通“碳汇森林—民宿—游客—激励”闭环减碳路径，打造典型降碳场景。

（3）朗诗近零碳绿色建筑研发基地（PS-C）。聚焦新型电力系统与绿色建筑融合创新发展，以绿色建筑为用能单元，开发基地内风光新能源，分散部署分布式储能装置，结合园区柔性负荷特征，构建多个交、直流元胞型微电网，并分别接入交直流母线，通过构建以混合电力电子变压器为核心的控制体系，形成“分级控制、集中管理”的柔性资源调度模式，打造基于绿色建筑的低碳能源应用示范和交直流双重微电网示范。依托新能源云 C 端服务，实现建筑能效监测和碳排放结果换算，建立分类分级的建筑碳效码，结合光伏建筑一体化工作量化建筑碳中和程度，定制建筑碳效评价体系，开发建筑减碳方法学并核证减排量，推动建筑减排权益兑现。

（4）泛余村绿色共富乡村碳汇场景（PS–BC）。聚焦绿色共富乡村振兴高质量发展要求，依托新能源云屋顶光伏服务和新型储能服务，测算泛余村区域屋顶光伏开发潜力、引导储能设施投资，以低碳环保变压器及台区感知终端建设，构建光伏、移动式储能全感知、群感群控智慧低碳环保型台区，支撑实现乡村电网建设低碳、运行低碳、光伏就地全消纳。依托新能源云开发节能环保电网设备减排方法学，核证减排量，促进降碳成效交易变现。依托新能源云 C 端服务，实施追光逐日计划，促进现有家庭屋顶光伏发电量减排权益参与绿电交易，有序引导新建家庭屋顶光伏；实施绿色出行计划，推动电动汽车减排量交易变现；依托新能源云实现与“两山银行”等主体互联互通，聚合竹林碳汇等绿色资源权益，促进量化核证体系持续发展壮大，助力乡村绿色共富。

7.2.3.3 建设成效

1. 先进创新点

（1）实现电碳协同模式创新。该项目创新新能源云电碳协同核心枢纽，构建屋顶光伏服务、新型储能服务、B 端服务和 C 端服务四大功能，通过功能组合优化满足不同场景电碳协同降碳需求，建设德清雷甸光伏集群绿色低碳园区等示范工程，实证降碳成效。

（2）实现降碳机制融合创新。该项目发挥新能源云数字经济平台优势，有序引导屋顶光伏开发和新型储能建设，促进绿色金融、碳技改、绿电交易、碳普惠积分等要素跨界优化配置，以数字、物理两种降碳机制融合创新，支撑新型电力系统建设、助力全社会节能降碳。

（3）实现降碳系统装备跨越式创新。在朗诗绿建基地全国首创双层微电网新形态，拓展传统光储直柔建筑配电系统，集成风光等新能源要素，组建基地双层元胞型微电网群结构，实现能效、碳效、新能源就地消纳平衡等多目标解耦优化。在“画溪谷”民宿集群全国首次研发应用高安全、高防护钠盐电池，将高安全、高防护钠盐储能电池分布式接入本地微电网，为实现 100% 可靠、安全供电奠定坚实基础。

2. 建设成效

在经济效益方面，依托新能源云增值服务，社会资本投资光伏、储能等获得收益，企业通过节能降碳降低能源使用费用、降低碳配额或减排资产购置费用，用户依托节能减排行为积分和光伏、电动汽车等普惠核证减排量参与交易实现价值兑现，绿电交易、碳汇交易等权益交易产生收益，综合降低的支出部分和增加的收益部分，仅示范点各类社会主体每年可获益 870 万元，综合效益每年超 2 亿元。

在社会效益方面，通过构建新能源云电碳协同核心枢纽，开展典型降碳场景示范应用，预计仅示范点每年可实现降碳 37000t，并能够带动企业、政府、居民等多方主体共同参与减碳，形成全社会降碳共同体。通过全市推广可实现湖州地区碳技改服务 100% 全覆盖，绿电交易服务 100% 全覆盖；绿色金融降碳服务 100% 全覆盖，支撑“十四五”期间综合碳强度降低 20% 目标的实现。

示范推广前景方面，打造以新能源云为电碳协同核心枢纽的“131”示范，建设新能源云屋顶光伏服务、绿色储能服务、B 端服务、C 端服务四大核心功能，支撑多元减碳场景多跨应用，并在德清雷甸光伏集群绿色低碳园区等 4 个场景落地示范应用，完成面向生产、生活、乡村 3 大普适减碳场景的电碳协同降碳模式实证，具备全省（全国）复制推广条件。

7.2.4 电力看碳数据景

7.2.4.1 总体思路

以国网公司服务国家“双碳”行动大局为总指导，以电力服务省域“双碳”行动方案落地为目标，基于 1（《关于完整准确全面贯彻新发展理念做好碳达峰碳中和工作的意见》）+*N*（6 领域 +1 科技创新 +1 数字化平台）+*X*（11 地市）的建设体系，以“需求导向、统筹组织、协同开展、快速迭代”为原则，完成示范应用建设工作，助力全省低碳高效高质量发展。

（1）需求导向。围绕“双碳”目标，结合政府、企业、个人需求差异，务实开展业务清单梳理，精准定位政府科学控碳、企业低碳发展、个人绿色生活的需求。

（2）统筹组织。以省级数字化平台为载体，发挥“政企协同、省地联动”优势，加快推进数据归集，深化省地一体化建设，打好电力看“双碳”的数据基础。省级层面负责数据归集管理、标准制定、运营服务等，地市层面负责数据采集接入、个性化应用创新等。

（3）协同开展。深化政企深度合作，与省发展改革委、省能源局、省统计局、省大数据局等相关部门协同推进跨领域业务开展，协调跨部门数据汇聚，推动“双碳”多跨场景落地。

（4）快速迭代。以应用为抓手，遵循“小步快跑、迭代创新”机制，形成应用推动数据接入，以数据推动应用实用化的良性导向，推动全社会节能降碳与绿色转型。

7.2.4.2 建设内容

1. 建设内容

以省级能源大数据中心为基础，围绕数据“汇起来、准起来、用起来”基本原则，以“数据贯通、省地协同”为核心，加快数据归集，实现价值倍增，破题行业间壁垒；以“数仓落地、模型构建”为依托，规范“电—能—碳”协同，推进数据提质，推进碳排监测精准化；以“场景深化，应用做实”为抓手，打造“数据多源、纵横贯通、高效协同”的省市县三级一体化碳达峰碳中和数智平台，建成一批高质量的特色应用，服务政府、企业精准掌握碳排情况，辅助制订减排降碳策略。结合数据、模型、平台和应用成果，最终形成可推广的省级双碳数字化典型案例，打造新能源为主体的新型电力系统示范样板，促进经济向绿色、创新、效率驱动转变，高质量引领“双碳”目标落地。

2. 主要做法

（1）数据汇聚及运营体系构建。建立支持电力看“双碳”大数据应用的数据汇聚及运营体系。对内通过数据中台和实时量测中心实现电力调度、营销、设备、电力交易等专业运行、计量等数据接入，实现电力流、信息流有效汇聚；对外加快“6+1”领域碳监测相关基础数据接入，加强省地两级能源大数据中心联动，重点推进能源领域数据高质量汇聚，实现能源数据“应接尽接、统一汇聚”。完善数据常态接入制度，健全数据交换共享流程，强化数据运营服务机制，建立数据整体安全防护能力，形成能源数据管理办法相关建议，支撑“双碳”应用的构建。碳监测数据架构如图 7–4 所示。

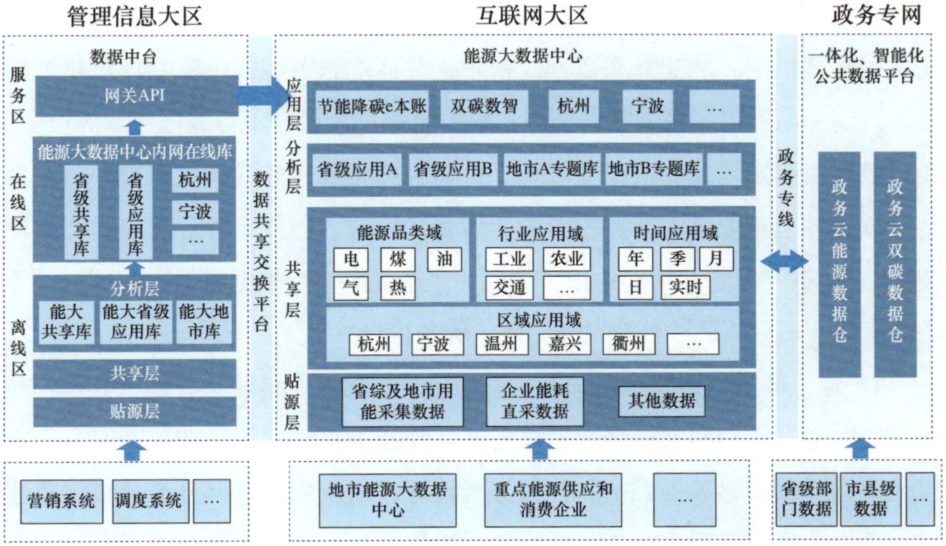

图 7-4 碳监测数据架构图

1）各领域双碳相关数据汇聚。加快推进“6+1”重点领域“双碳”相关基础数据接入，包括对接省发展改革委、省统计局、省能源局、省大数据局、省生态环境厅、省交通厅等相关厅局，完成各领域监测指标相关碳排放数据的持续接入，提升接入时效性，并形成省、市、县三级数据归集机制。

2）重点用能企业用能数据接入。针对全省重点用能企业能源消费数据，以供能企业集成、消费端直采、数据报送相结合方式推进数据持续接入。以各地市为主体，依托地方能源主管部门，通过与城燃、热电等供能企业系统接口方式，接入高频用能数据；对于无法从供能企业集成的，通过部署采集终端实现数据直采；对于企业工业增加值、产品产量等相关数据，以报送方式进行统一归集。最终形成能源数据仓数据常态接入体系，指导各品类数据的接入共享。

3）形成全过程数据汇聚共享机制。开展能源数据权属界定边界研究，构建不同数据归属方数据流通机制，形成跨层级、跨领域、跨区域的多方协作模式。立足多源数据的采集、汇聚、加工、应用职责，形成《能源数据管理办法》及数据管理细则，从数据管理工作体系、数据合法取得、数据共享开发、数据使用管理和数据安全管理等方面形成完备的制度规范，促进基础数据合规、安全、高效地服务于“双碳”相关应用。

4）强化数据运营服务机制。构建“双碳”数据开发、运维、运营等一体化协同管理机制。从业务和数据双视角提升运维服务能力，建立规范化数据流转机制，为各用户提供数据调用、数据监控、数据分析与数据展现等服务，实现数据流程规范化、数据业务化、数据服务化及服务共享化，提升数据运转效率；健全新业务、新业态下的运营管理模式，逐步完善运营流程，完成“双碳”数据资源管理功能建设，迭代完善产品超市、数据目录、服务目录等功能模块与展示页面，打造对外一站式服务窗口。

5）建立数据整体安全防护能力。聚焦数据接入、传输、存储、处理、共享、销毁全生命周期，加强数据管理规范和技术组件部署。在数据安全管理规范上，开展敏感数据识别和分类分级设计，完成能源数据分类分级规范建设；开展数据定源定责工作，明确数据提供方、平台运营方、数据需求方的责任和权益，形成规范的数据使用协议；建立数据安全管理工作机制，针对数据采集、存储、使用、共享、销毁等制订数据安全管理制度。在数据安全组件能力上，探索数据安全新技术，加强数据加密传输、脱敏使用、接口监测、安全审计、权属确认、水印溯源能力，建立能源大数据中心安全防护体系，积极探索安全多方计算、联邦学习等数据共享关键技术，推动多方参与主体下的数据资源安全使用，充分释放数据价值。

（2）“双碳”数据仓建设。聚焦跨主体、多源头、异口径“双碳”数据标准化综合应用需求，以“双碳”数据仓为核心数据载体，设计实施“双碳”公共数据模型实现基础数据跨域融合，构建电能碳模型强化电力析碳中枢，加强数据治理和公共服务建设，具备高质量持久化服务能力，为浙江省“双碳”场景化、跨领域、综合性应用提供坚实的数据支撑。

1）构建“双碳”公共数据模型。设计分层次公共数据模型；统一核心数据编码，为主数据及业务数据融合奠定基础；规范合并多源主数据形成权威主数据，支撑数据按实体有效归集；分层次融合多渠道业务数据，实现多源头、多口径、不同频率“双碳”数据综合应用；建立跨时间、区域、领域主题模型库和场景化，便捷支撑共性数据应用需求。

2）打造电能碳协同模型。研究能源数据校核模型，基于频度、结构一致的基础数据资源，形成多品种能源数据转换计算标准；基于能源流剖分碳轨迹，结合能源结构溯源分析，设计碳流追踪算法，形成动态碳排测算因子，精准化测算实时碳排强度，支撑省市县企业四级碳排放情况高频监测与精准测算。

3）提升数据综合服务能力。依据“以用促建”原则，重点围绕“6+1”领域重点“双碳”业务，建立《多源异构双碳数据常态联合治理机制》，开展“双碳”数据的质量核查及闭环治理工作，持续提升数据质量；面向通用应用及数据共享开放需求，沉淀共性公共数据服务，建立数据资源目录和服务目录，依据《双碳数据仓数据共享开放指南》，形成持久化、常态化数据服务能力。

（3）碳监测场景深化建设。建立统一的碳排放监测指标体系，明确数据来源、计算方法和核算口径，形成全过程、全领域、全地域的监测分析体系。深化完善碳监测平台功能，基于碳政策的深入分析，依托“电—能—碳”协同模型，实现全领域碳排高频监测、动态跟踪和指标分析，支撑全省“碳达峰、碳中和”工作有序推进，率先完成整体碳达峰目标。碳监测场景深化如图 7–5 所示。

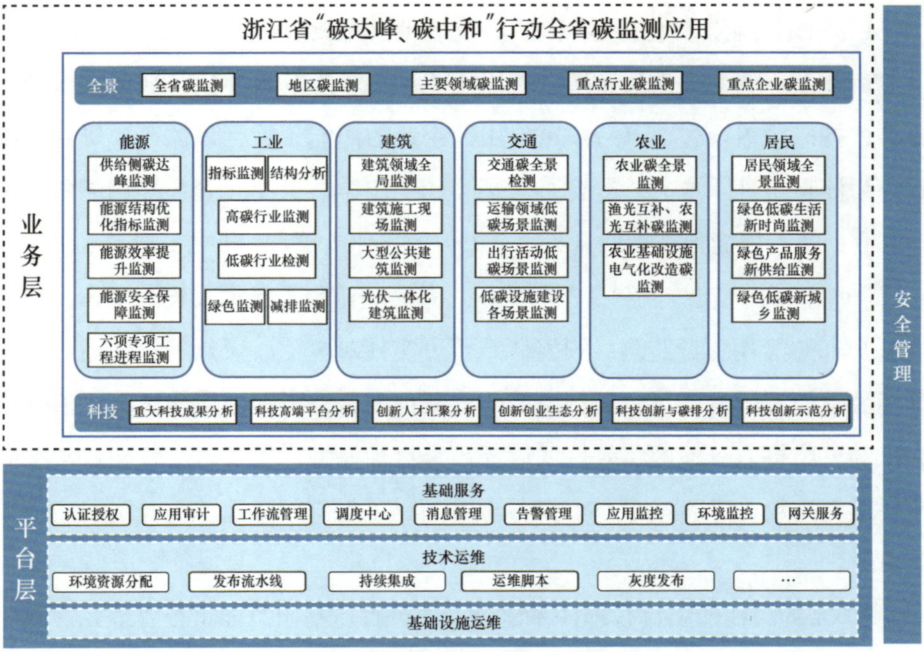

图 7–5　碳监测场景深化图

1）监测分析体系构建。建立全省碳监测平台建设规范，明确平台架构、技术标准和接口规范等；建立统一的碳排放监测指标体系，明确指标定义、范围、数据来源和结构等；形成统一的碳排核算方法，明确碳排核算口径和计算方式，确保核算结果的科学性和合理性，最终形成全领域覆盖的碳排监测分析体系。

2）碳监测能力深化。在现有“双碳”平台基础上，深化各领域监测应用。通过优化能源结构、推动产业和工业优化升级、推进节能低碳建筑和低碳设施的建设、构建绿色低碳交通运输体系，开展碳监测核心业务的任务梳理和逐层深化，将多领域融合监测，实现数据实时监测、指标高频追踪、进度精准分析、评价智能全面的流程闭环，构建可复制、可推广的省级碳监测平台。

（4）“节能降碳 e 本账”场景深化建设。基于电力实时数据及重点用能企业实采日频度油、气、热、煤等多品种能耗数据，建立全社会及企业侧用能监测，以用能预算化模块为核心，深化完善“节能降碳 e 本账”体系场景建设，贯通省市县三级，加快建设完善“一户通”“一把尺”“一网办”三大功能体系，为政府、企业的节能降碳提供全方位支持。

1）深化用能预算化落地应用。建立省地县用能预算化管理数字支撑体系，以地市试点应用为突破口，融合省级用能预算管理实施办法与地市实施细则要求，打造覆盖全省 3 万余户重点用能企业的用能预算管理体系，研究以能效码为核心的对标体系，形成《能效码编码细则》，并基于全品类用能数据实时监测，实现用能预算管理业务的全方位数字化支撑。

2）建立能耗在线监测及预警体系。基于基础数据汇聚及接入工作，建立覆盖全省的能耗总量监测、预警体系，可实现对电力、天然气、油品、蒸汽等多品类能源的日、月、年频率的监测和预警，按照区域用能情况比值分级标识的思路打造分地区、领域的能耗预警指标模型，以实时反映能效水平的能耗运行指数（EII）为载体，支撑地方节能主管部门提前掌握经济发展与用能情况。

3）完善高耗能项目管理体系建设。通过打造基于节能审查管理、“两高”（高耗能、高排放）项目管理、能效专家管理等多维度的高耗能项目管理体系，对浙江省高耗能项目的能评准入、项目整改、专家审查实现数字化管理，打通项目能耗管理与投资准入管理的数据壁垒，设计评审专家随机抽取算法，实现浙江省高耗能项目全过程数字化流程管理。

（5）综合示范应用建设。以实现跨领域、跨部门、跨层级高效协同为目标，以碳监测为基础，面向公司内部深化“电碳一张图”重大应用，面向政府、企业等对象打造碳账户、碳核算预警等一批统筹全局、保障实现全省“碳达峰、碳中和”目标的协同应用。

1）深化“电碳一张图”。通过采用电力系统潮流计算方法、电气剖分理论，基于电网电源构成、电网潮流以及负荷信息，建立电碳因子与碳排放流测算模型，实现全网电厂、变电站、用户的全链路碳排放数据精准计算，构建“电碳一张图”，实现调度侧相关数据脱敏加密、电碳数据实时贯通，形成动态碳排测算因子，完善分电压等级碳足迹追踪算法模型，为电网碳排放精细化计量、碳足迹实时溯源等业务提供支撑。以杭州某商务大厦为例，基于电厂直接输入和变电站输入的所有线路潮流、电量和电碳因子等实时数据，进行动态加权计算得出该节点的电碳因子为195.24g/kWh；加强多专业融合，多业务协同，丰富应用场景并以试点应用逐步推广覆盖至发、输、变、配、用全链路，实现源网荷储各关键环节电力潮流和碳排强度实时监测、分析、预警，扩大电网碳感知的覆盖度，辅助低碳调度、低碳规划、低碳运行决策，助力打造可观、可测、可控的数字低碳电网支撑新型电力系统建设。

2）碳账户应用构建。重点聚焦工业、建筑、交通、农业等领域开展企业碳账户建设；推进公共机构、林业碳汇等领域和投资项目主体碳账户开发；对接浙能集团接入个人碳积分等相关数据，完成个人账户建设；最终形成对全省重点用能企业、机构、项目和个人的碳排放在线监测和智能评级，构建以碳排放评级为核心的不同类型用户减碳降碳服务体系；推出碳金融授信服务，推出“碳易贷”产品，推动绿色主体积极参与碳排放交易市场，助力金融资源要素高效配置。

3）碳达峰进程跟踪场景建设。依托碳监测各频度数据，开展分析、预测、预算和预警等重点功能建设。开展省级碳排放趋势分析，形成区域、领域和重点企业的排放趋势分析和碳效评级对标；基于浙江省经济社会发展现状及趋势、能源消费结构现状和趋势、国家下达能耗考核指标等因素，重点考虑分产业 GDP、分产业单耗等关键变量，预测浙江省达峰进程；根据碳达峰预测值和国家考核指标，进行碳排放指标的分解，包括设区市和分领域的指标分解；面向省级、地市层面，制订碳排放预警机制，实现当年碳排放科学、柔性管控。最终实现碳监测至预警全流程贯穿，有利于碳达峰进程全过程管理。

7.2.4.3 建设成效

1. 创新平台建设模式

电力数据助力碳达峰进程精准管控示范的落地，实现区域、行业、领域的碳排放监测体系构建，精准助力政府治碳、企业减碳和个人普惠。以浙江积极协同省委省政府相关部门，统筹省地一体化建设的模式为典型样板，为兄弟网省构建碳排放监测分析体系提供思路。“双碳”数据来源复杂，业务涉及范围广，需要建设主体积极对接政府相关厅局，并依托能源大数据中心平台，以能源领域作为主要突破口，强化顶层设计，依托相关标准服务地方双碳工作，对内加强发展、营销、调度、数字化部等专业的高效协同，对外主动对接政府部门和省级能源集团，通过横向协同，纵向统筹的方式，有利于双碳数据、业务广泛融通。

2. 沉淀数据汇聚机制

通过数据常态接入体系和能源数据管理机制构建，对“数据怎么建、怎么管、怎么用”提供指导意义。该项示范应用建立的数据交换、共享、应用机制，有助于唤醒企业优质资源，激发能源、经济、双碳等各类数据应用价值。

（1）实现政府统计数据与企业高频采集数据融合，支撑“双碳”关键指标监测、数字化场景落地、管理机制革新等。

（2）建立“应用推动数据接入，数据推动应用实用”的模式，为政府、企业打通数据应用通道，为政府治理和企业发展赋能。

（3）优化升级数据资产对外服务的模式，深挖数据潜在价值，为省域高质量发展和社会清洁低碳转型提供数据支撑。

（4）通过数据共享机制的规范性设计，降低“双碳”业务在数据共享和资源协同方面的业务壁垒，有利于跨领域、跨区域、跨层级的应用构建。

3. 构建电碳协同体系

充分发挥电力数据高时效、高精度的特性优势，通过对电力生产、传输、消费全过程的碳排精准测算，针对重点碳排放主体构建电碳协同体系，支撑碳轨迹可观测、可描述、可控制。

（1）在电源侧，实时监测度电碳排。引入“电碳因子”评价体系，分析不同类型电源单位发电量的碳排情况，对碳排较高的发电厂进行重点监测、及时预警。

（2）在电网侧，精准绘制碳流轨迹。面向各电压等级的变电站及电力线路，动态跟踪绿电轨迹及碳流轨迹，为新型电力系统规划、精准绿电调度打下坚实基础。

（3）在负荷侧，科学衡量碳效水平。融合八大高耗能行业实时用能数据，应用“一码三标识”（碳效码、效率对标、中和对标、水平对标），量化用户碳效水平和碳中和进度，引导全社会低碳转型。

（4）在储能侧，量化评价减碳效益。针对抽水蓄能、电化学储能、电动汽车等设施，研发碳追踪、碳计量功能，量化减碳效益。

4. 打造标准复用场景

实现能耗“双控”向碳排放总量和强度“双控”转变是国家推进“双碳”行动的核心指导思想。该项示范应用围绕这一主旨，体系化打造可监测、可观察、可归集、可控制、可研判的“双碳”标准应用场景，深度契合区域内政府、企业和个人行动需求。

（1）通过碳监测应用形成全口径、跨领域、多层级、高频度碳排放计算和统计数据，是区域内“双碳”行动推进的必要数据基础。

（2）“电碳一张图”应用形成的动态电碳因子及电碳协同路径是电网公司作为能源消费中枢重度参与“双碳”行动的基石，也是实现新型电力系统的必要数字化支撑。

（3）“碳账户”应用建设将为碳排放元素的归集、核算、流通建立数字账户，为“双碳”行动执行确立监管、服务主体，是“双碳”数字化建设基础性工程。

（4）“节能降碳 e 本账”是基于用能预算分级管理体系，实现柔性化、精准化、市场化的节能降碳转变的浙江创新实践，在全国具有先进性。

（5）通过碳达峰进程跟踪场景建设，形成一套普适性较强的“双碳”路径演进的研判工具，有助于为各区域“双碳”目标制订和“双碳”政策调节提供决策支持。

7.2.5 山海源荷互济景

为支撑国网公司“3060 重大攻关计划”，加快关键核心技术攻关、高端装备研制和科技示范工程建设，在宁波“一港一城一湾”区域，开展多元智慧协同新型配电系统综合示范项目建设，助力“双碳”目标和共同富裕先行建设。

7.2.5.1 总体思路

国网宁波供电公司全面贯彻国网公司和国网浙江电力要求，以未来配电网新形态和管控手段需求为导向，按照“坚持统一性、体现差异性、保证安全性、提高经济性”的基本原则，以提升新型配电系统的资源配置能力为目标，积极开展“能源互联、多元互动、透明高效、智慧管控”的数字化电网建设，构建具备“横向源网荷储新型物理形态，纵向云管边端新型管控体系”特征的新型配电系统，验证“源侧”并网消纳互动支撑、“网侧”柔性互联自治平衡、“荷侧”多能互补聚合协同、“储侧”移动组网应急保供等配电网物理新形态、控制新模式、数字新架构、协同新场景，以透明化、数字化电网为基础，建设全域智慧资源管控平台，打造公司级新型配电系统验证基地，统筹推进“大规模分布式电源并网协同、中低压柔性网络、分布式资源自律协同、配电网数字化协同与管控、新型配电系统应急供电”等全域及邻域示范工程，实现宁波新型配电系统高质量建设。国网宁波供电公司新型配电系统建设总体思路及三层架构分别如图 7-6、图 7-7 所示。

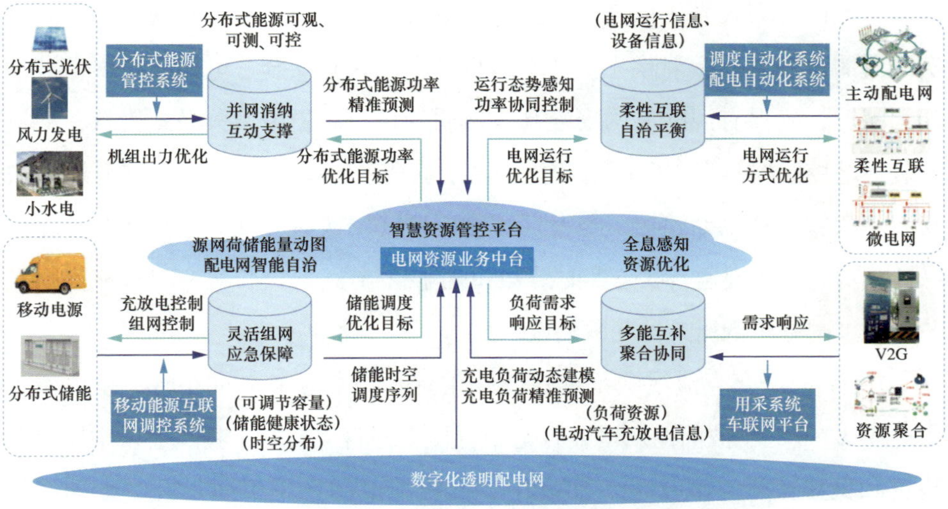

图 7-6 国网宁波供电公司新型配电系统建设总体思路

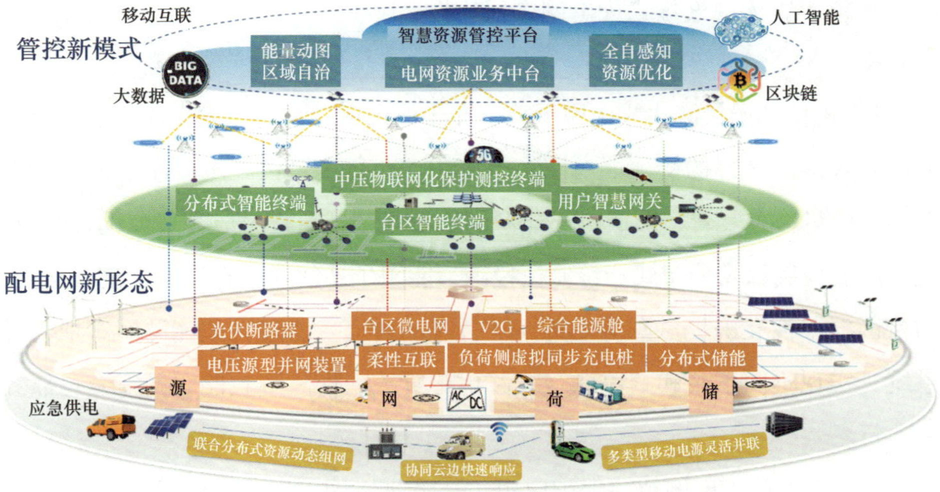

图 7-7 国网宁波供电公司新型配电系统三层架构

7.2.5.2 建设内容

1. 打造配电网源网荷储四位一体新形态

开展源侧并网消纳支撑互动控制、网侧中低压柔性互联、荷侧多元化分布式资源聚合自律、储侧多情景灵活组网应急供电保障建设，打造配网源网荷储“四位一体”物理新形态。

（1）源侧并网消纳支撑互动控制。构建分布式电源信息标准化接入模式，开展示范区分布式光伏信息全量接入配电自动化系统建设，实现分布式光伏实时监测可调可控，消除光伏并网运行带来的人身安全、电网安全、谐波治理等问题，确保有源配电网安全高效透明管理。对于中压分布式光伏，通过安装远动控制器，实现配电自动化一区系统直采直控；对于低压分布式光伏，安装光伏智能并网断路器，与台区智能融合终端实时交互，依托智能终端边缘计算功能，实现运行状态实时感知和就地控制。

（2）网侧中低压柔性互联建设。

1）中低压交直流混联系统建设。在新能源渗透率达 60.79%、发电量占比达 55.97% 的宁波前湾新区，打造中低压柔性直流互联工程，建设中压合环装置和低压柔性互联单元，实现中、低压配电网系统不同片区、不同线路的实时互联，实现新能源大规模就近消纳，提升分布式光伏、充电桩、分布式储能等直流要素接入配电网的便捷性，降低并网转换损耗，提高能源利用效率。

2）狭长形场景链式能源网示范。在宁波山区、乡村、海岸线地区，建设面向狭长形台区群的链式能源网示范应用。在每个台区配电变压器低压侧部署链式能量耦合装置，形成链式能源网能源子站，负责对应交直流耦合变换、直流潮流控制以及分布式资源便捷接纳，能源子站间通过直流系统链式连接，为台区群柔性互济提供潮流上行、下行流动通道。通过链式能源网本地管理系统，实现不同子站和直流联络线路优化管控，保障链式能源网安全可靠经济运行。

3）5G 通信配电网智能保护应用。基于 5G 低时延、高速率技术优势，开展配电网智能分布式 FA 和差动保护建设，部署小型、智能、模块化磁控速动型断路器，实现故障时快速分闸和多级级差保护配置，基于国产商用密码算法的交互数据加解密防护措施，认证、加密同步完成，全面缩短数据交互时延。

（3）荷侧多元化分布式资源聚合自律。

1）电动汽车智能柔性充电网络示范建设。社会桩本体改造方面，结合示范区电动汽车充电设施部署情况，开展多功率等级充电桩改造，通过植入

SDK 开发包或库文件，响应融合终端调控指令和功率控制命令。充电桩涉网数据交互方面，在集中式充电站或分散式充电桩处，安装物联网控制器模块，应用充放电数据多参量广域感知技术，实现计及规模化电动汽车接入时频域宽动态、多特征量宽动态信号的高准确度感知，满足大规模社会充电桩运行控制信息的安全和高质量采集。源荷协同方面，在融合终端部署多目标协同优化耦合管控 App，构建电动汽车集群优化调控平台，实现以台区为单元的源荷聚合自律、广域范围内电动汽车集群优化调度，满足用户高品质电能需求，提升新能源就地消纳水平。

2）基于多能流耦合管控的互济型微能网示范。基于示范区分布式电源接入、负荷用能及用户侧冷热气需求，依托柔直互联技术，打造低碳高效、多能融合、安全可靠、智能协同的互济型微能网。以“碳势感知，多能互补，高效消纳”为抓手，部署预装式多能流耦合管控舱、碳追踪多能协同处理器，测算各设备碳排量，支撑园区碳链分析和行业降碳辅助决策。通过电、冷、热、气多种能源的耦合管控，保障用户能源供应和设备使用率最优“双平衡”。

（4）储侧多情景灵活组网应急供电保障建设。针对国网宁波供电公司供电可靠性要求高、受台风内涝极端天气影响大的现状，打造配电网多情景灵活组网应急供电保障体系。建设移动交直流混合组网装置、移动发储配一体能源舱等新型应急供电电源，结合现有的柴油发电车、移动储能车，形成自主可控、快速响应的移动应急支撑功率终端系统，实现灵活组网、自适应云边实现快速响应，构建多情景、多元化应急供电及移动组网高效复电模式，提升生命线用户持续供电能力。

2. 构建全域智慧管控体系

基于电网资源业务中台，搭建面向新型配电系统的全域智慧能源管控平台。

（1）打造源网荷储动态一张图。优化整合配电网源网荷储资源，源侧汇集光伏逆变器（光伏并网断路器）等分布式电源并网数据，网侧汇集配电终端采集的电网运行数据，荷侧汇集充电桩和用户智能电能表数据，储侧汇聚移动储能和储能站能数据，实现原子化、分散存储数据的一体化融合与关联，构建模型描述规范全面、源网荷储要素齐全的一张图，全面夯实数据基础、模型基础、服务能力、前端应用，实现图形服务动态刷新、业务数据灵活叠加与运行数据实时统计，夯实数字化运检基础。

（2）建设全域智慧能源管控功能。

1）分布式资源协同管控应用。汇聚分布式电源/微电网/可控负荷等资源，开展新型资源集群划分，构建“台区内集群自治、台区间集群协同、台区与配电网协调”的分层管控体系，部署配电网分布式资源并网管控模块，实现分布式资源统一协调调控。通过群内自治功能，实现对集群内部的电压控制和有功调度，响应群间协同调控指令；通过群间协同功能，实现集群间的协调优化调控，改善区域电压分布，降低配电网络损耗；通过输配协同功能，实现 AVC 主站和配电网分布式资源集群调控间的双向互动，支撑区域末端电压。

2）中低压柔性互联展示应用。实现柔性互联装置运行状态的实时展示，包括系统结构、系统运行工况、运行参数，运行模式切换、计量检测等内容，重点突出系统能源互联状态、系统故障态下事件记录和告警等信息的全景展示、关键参数的定制下发。

3）配电网承载力精准评估应用。综合考虑开关、线路、变压器等一次设备参数限制，继电保护和自动化等二次设备的配置和参数整定配合，电压偏差、谐波、三相不平衡等运行约束，制定配电网分布式电源承载能力评估方法。基于电网资源业务中台，开发配电网分布式电源承载能力评估系统，支撑配电网对分布式电源承载能力的精准评估、配电网薄弱环节的精准辨识。

4）多能耦合与碳链分析应用。综合测算燃气、冷、热、电能用量数据，分析各设备碳排量，开展园区碳链分析，为降碳提供辅助决策，通过电、冷、热、气多种能源的耦合管控，保障用户能源供应和设备使用率最优的“双平衡”效果，实现系统整体能效水平与经济性的优化。

5）应急供电与辅助决策应用。基于电网资源业务中台和融合终端，开发云边端协同的配电网应急供电管控与辅助决策系统，实现配电网故障预测分析、移动电力资源跟踪、应急供电方案辅助决策、现场任务远程指挥、任务成效客观评价全流程服务，实现跨区域应急资源快速调控与复电辅助决策分析，全面提升新型配电系统应急保供电能力与效率。

6）电缆观察井智能监测应用。建设智慧井盖、状态监测云端服务和移动监测终端，打造电缆观察井智能监测系统。实现电缆系统状态全景监测与主动运维，通过移动终端实时查勘电缆井工作状态、推送告警服务，提升电缆通道运行可靠性。

（3）可观可测三维能量流展示平台建设。以示范区地理三维空间展示为基础载体，基于城市建筑、道路、河流等城市背景和地理环境，开展面向电网设备本体的三维可视化建模，实现配电网站房管廊、设备设施外观、机械结构动作、电网电气拓扑的三维展示；同步集成设备基础台账、电网运行状态、异常实时告警、气象环境监测等各类数据，通过电网状态估计、潮流计算分析、电能质量分析、供电可靠性分析等电网计算分析，实现三维能量流的动态叠加与展示，基于数字孪生体实现电网运行状态可观可测，有效提升电网智能感知能力。

（4）配电网通信安全保障能力提升建设。差异化开展配电网通信安全能力提升建设。本地通信采用有线＋无线多模安全通信机制，基于多模安全通信头尾端模块，确保信息传输安全；远程通信推广量子加密通信机制，开展通道层的安全防护，在主站侧部署量子安全通信平台，在终端侧部署量子加密模块，终端内部增加可信启动、安全隔离、系统加固机制，保障终端本体信息安全。

7.2.5.3 建设成效

1. 先进创新点

（1）体系侧构建配电网新形态。提出支撑高比例分布式资源的配电网发展新形态及其演变路径，构建配电网新形态下的能源数字化协同体系与资源配置平台，实现配电网承载能力动态评估和分布式资源协同互动；实现配电网对分布式电源、充电设施及多利益主体能源接入的高效服务和互动支撑。

（2）源侧互动支撑新能源消纳。分布式资源并网协同管控系统的构建，将全面助力区域配电网分布式资源可观可测能力全面升级，实现分布式资源的实时监测及分布式资源数字化管控的示范应用效益全面辐射，为多利益主体资源接入和优化配置提供高效服务，将配电网打造成源网荷储高效灵活互动的资源配置平台。

（3）网侧柔性互联自治平衡。采用中压柔性直流互联可消除传统配电网合环过程中因合环点两侧电压的幅值和相角差大引起环流造成设备过载，甚至越级跳闸事件的问题，进一步提高配电网的运行可靠性。通过电力电子装备灵活的功率调节能力，实现配电网线路潮流的灵活控制，改变配电网的潮流自然分布特征，降低重载线路的负载率水平，提高配电网运行的经济性。在新能源高渗透地区，中压线路的合环运行可进一步提升新能源的消纳能力。

（4）荷侧多元化分布式资源聚合自律。构建基于“边—端”协同的资源聚合自律及“云—边”协同的广域多元化资源动态管控架构体系，提出多层级源荷协同优化控制方法，强化供需侧资源耦合匹配能力，打造国内首个最大规模的社会桩安全接入电网耦合管控工程，实现规模化电动汽车参与电网多层级友好互动；提出基于预装式多能流耦合管控舱的多元化能源灵活组网方案，满足区域多能流即插即用，依托柔性直流技术，通过多舱能量互补共济，形成“点—面”结合的园区集约型综合供能方案，满足园区用户多元化高品质用能需求，高度契合能源互联网发展形态；基于现有电网架构，结合电能替代任务深度推进，提出服务于狭长形场景的链式能源网供能架构，有效应对电能替代背景下增量负荷的高品质用能需求，缓解配电网投资改造压力，助力能源清洁化转型。

（5）储侧应急供电保障。建设基于多情景下多元化应急供电电源的快速并联、灵活组网、快速响应的技术解决整体方案，建设应急供电全流程管控与方案辅助决策数字化支撑系统，基本建立多灾害区域平时保供电与极端情况下的生命线用户和关键网络环节快速复电技术体系，初步建立新型配电系统建设要求下，可应对极端条件和突发事件的高强度弹性电网的示范效应。

2. 量化评价指标

首创“弹性承载、多元协同、智慧管控”的新型配电系统，打造公司级新型配电系统验证基地。宁波多元智慧协同新型配电系统量化指标如表 7-1

所示，至2023年，宁波示范区内，新能源消纳率达100%，新能源可观可控率达100%，实现分布式新能源就地消纳；融合终端覆盖率达100%，数字化管控覆盖率达100%，低压监测交互台区覆盖率达100%，实现电网源网荷储四侧灵活资源形成规模化协同互动；供电可靠率达到99.992%，故障恢复时长压降30min，实现新能源主动支撑电网故障应急保供。

表7-1 宁波多元智慧协同新型配电系统量化指标

序号	指标名称	单位	2023年目标
1	新能源消纳率	%	100
2	新能源可观可控率	%	100
3	融合终端覆盖率	%	100
4	数字化管控覆盖率	%	100
5	供电可靠率	%	99.992
6	低压监测交互台区覆盖率	%	100
7	配电网故障自愈时间	min	30

3. 总体成效

（1）构建国内首台套中低压柔性交直流混联系统，融合“云边端协同控制”，配套互联区域内“分层分级、协调控制”互联监控系统。系统可以实现分布式光伏在中压馈线、低压台区，就地、就近高效消纳，同时多电压等级、多馈线、多台区间通过柔直互联实现互联互备与可靠供电，储能系统在直流侧接入继而满足储能资源在不同馈线及台区的容量共享，满足全场景分布式电源消纳及用电负荷的调节需求，对于高比例清洁能源县域配电网典型模式具有试点示范价值，可大面积推广应用于国内所有高比例分布式光伏接入的中低压配电网，对新型电力系统的建设具有重要示范意义。

（2）建成国内首个大规模社会桩安全接入电网耦合管控互动示范，通过规模化充电桩智能改造，打通充电桩与电网的数据交互链路，形成基于“云—边—端”协同的柔性充电网络；打造国内首个多能流互济微电网示范，通过合理规划部署多能流耦合舱，实现多能流聚合自律及多舱协同调控；打造国内首个应用于山区、乡村、海岸沿线等狭长形场景的链式能源网示范，依托交直流混合微电网、柔性直流、V2G 等技术，通过能源子站接续成链，有效应对电能替代背景下增量负荷的高品质用能需求，助力能源清洁化转型。

（3）构建国内首套完整面向配电网多情景的应急供电保障系统，基于移动发储配一体化电源联动其他类型应急电源实现移动电力灵活组网与自律运行，打造分布式资源综合利用的高效辅助支撑。部署区域“分析—决策—调度—评价”一体化的应急供电全流程数字化管控和智能化方案辅助决策支持系统，包括面向典型场景的多类型移动电力无缝配合应急供电方案推荐、基于云边端协同的应急供电实时指挥与辅助决策等，支撑常态下配电网紧急功率平衡与能量动态调节，支撑极端条件下移动电力快速调度与状态跟踪，支撑应急现场实时指导与消缺处置，可有效提高配电网应急保供电的效益和抢修复电效率，缩短故障和复电时长。

（4）构建配电网数字化协同与管控体系，助力区域配电网分布式资源可观可测能力全面升级，实现分布式资源的实时监测、配电网承载能力动态评估以及分布式资源数字化管控的示范应用效益全面辐射，为多利益主体资源接入和优化配置提供高效服务，将配电网打造成源网荷储高效灵活互动的资源配置平台。

7.2.6 有源新型配网景

7.2.6.1 总体思路

在“双碳”目标和新型电力系统建设的背景下，电力系统正快速向供电多元化、源荷互动化、设备电力电子化、系统数字化和智能化方向发展。现有配电网正面临着日益突出的分布式新能源消纳能力不足、电力电量平衡困难、配电系统稳定性不足和协同控制能力不足等多重挑战。

项目围绕新型配电网物理结构、资源基础、控制系统三个方面重点创新，以柔直换流站、能量路由器为基础构建立体柔性中低压贯通、配用一体的立体柔性环形互联互济的新形态配电网网架作为物理配置平台，首创“外联型”向“外联与内生并重”转变的配电网未来形态。以电压源构网技术和分布式资源主动支撑能力改造，全面提升以分布式光伏为代表的配电网资源可观可测可调可控能力，首创“跟网型”向“构网型”转变的分布式新能源主动支撑体系。以源网荷储协调控制系统为基础构建分层分区高效统筹的“运行、警戒、故障”三态智能协调控制系统作为信息配置平台，首创“集中控制”向“云边协同”转变的智能管控系统。

7.2.6.2 建设内容

1. 中压环形柔性配电网示范工程

尖山已建成的互联线路为尖山变电站 20kV 富江 C5342 线（3 号主变压器）和 10kV 凤凰 P536 线（1 号主变压器），柔性联络点为凤凰换流站。考虑到拓展站间不同电压等级联络的探索目的，结合变电站馈线路径的关联程度，项目以变电站母线作为基本单元，形成中压柔性互联方案：20kV 富江 C5342 线—凤凰换流站—10kV 凤凰 P536 线—10kV 仙侠 P5313 线—1 号中压能量信息基站—20kV 海东 C776 线—20kV 北岸 C779 线—2 号中压能量信息基站—20kV 听潮 C5338 线。

建设中压能量信息基站 2 座，每座容量 3MW，其中一座配置支撑电压源一套（中压直流直挂储能，3MW/6MWh），中压柔性互联方案示意图如图 7–8 所示。

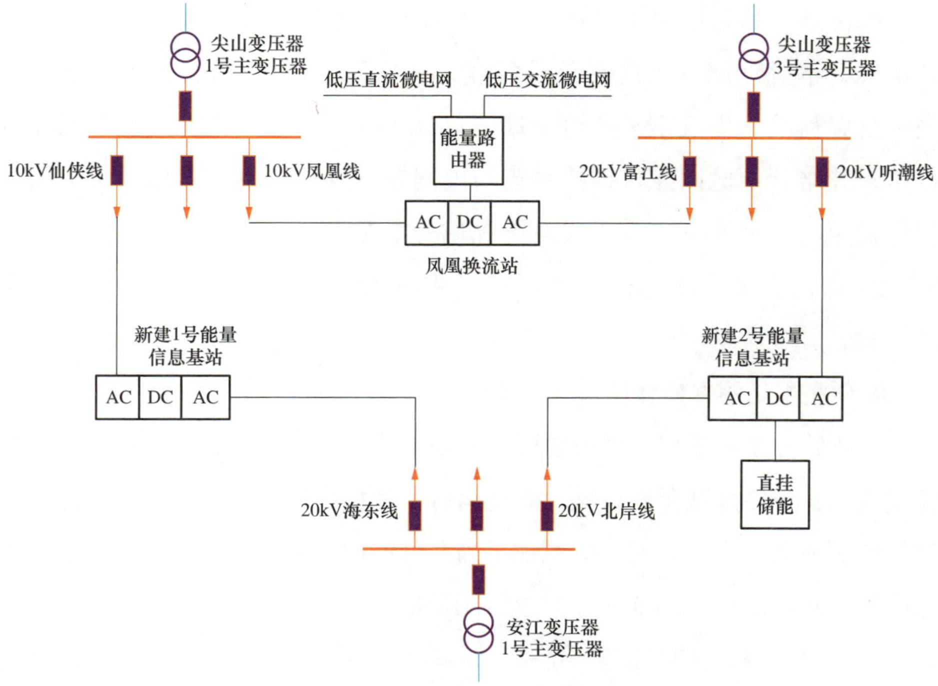

图 7–8　中压柔性互联方案示意图

2. 低压互联互济配电网示范工程

工程选取商业、居民、政府、文体活动等负荷具有时空互补特性的台区，七个台区的整体新能源渗透率为60.6%，未来还将进一步提高至100%以上。其中汽车站箱式变压器（预计倒送容量50kW）、全民健身配电变压器（预计倒送容量200kW）、供电所公用变压器（预计倒送容量100kW）存在光伏倒送，需要实时转供至其他台区进行消纳。潮韵苑箱式变压器（负载率72%）、悦湾府箱式变压器组（负载率75.64%）属重载台区，需要其他轻载台区来平衡负荷。

台区内具有分布式光伏、充电设施或储能的新型源荷资源，利用低压能量信息基站的AC/DC端口，连接各台区交流母线。台区内资源依托融合终端自治实现源网荷储协调，台区间依托集成能量流和信息流的低压能量信息基站进行能量互济的控制。建设低压能量信息基站6座，配置3套支撑电压源（低压液冷一体化储能，100kW/230kWh）。

3. 构网型关键技术应用示范工程

运行态下，利用中压柔性互联、低压柔性互联潮流转供，促进光伏就地消纳，消除线路、台区局部重过载，满足配电网经济运行。警戒态下，当系统源荷功率出现不平衡时，规模化分布式新能源采用构网型并网发电技术，并结合配电网光伏群控系统与电网友好互动，主动支撑系统电压和频率稳定。故障态下，分布式新能源作为电源点，与中低压柔性互联灵活网架配合，通过快速运行方式调整，帮助系统恢复供电，保障重要负荷“零闪断”供电。

4. 新型配电网智能管控系统工程

智能管控系统采用“区域协同—网格互济—微网自治”的多层级协同管控架构，实现该区域源网荷储一体化运行。依托台区融合终端与微网边缘代理系统实现低压台区源网荷储就地平衡和微网内部能量管理与运行控制；依托广域互联边缘代理系统，针对中压能量信息基站及其互联的中压线路，基于线路上的可调资源与能量信息基站的调控特性，实现线路内平衡与网格间互济，针对由低压能量信息基站构建的低压微网群实现群间协同互补；依托多状态智能管控应用，协同主配数据共享，根据主网运行安全边界条件，制定主配协同控制策略，实现区域最优运行。

7.2.6.3 建设成效

1. 先进创新点

（1）创新构建“闭环设计、闭环运行”的中压柔性配电网。在中压配电网层面通过配置中压能量信息基站，结合已建柔性联络换流站，实现尖山区域重点 10（20）kV 线路柔性环形组网，促进互联馈线和母线的负载均衡。创新采用三电平串联型换流器代替多电平换流器，减少设备占地面积和建设成本；创新采用直流直挂型储能作为柔性环网支撑电源，配合柔性互联换流器实现电压和频率支撑。

（2）创新构建微网集聚的广泛互供互济低压互联配电网。在低压配电网层面采用适用于微网群的新形态低压配电网网络拓扑，通过配置低压能量信息基站，实现台区配电变压器低压母线柔性互联，创新构建安全可靠、智慧高效的外联与内生并重的新型配电网形态。

（3）创新具有分布式资源主动支撑和网络主动构网的构网技术。对中低压分布式光伏进行广义虚拟同步技术升级改造，充分挖掘光伏 MPPT 调节潜力及逆变器直流母线电容能量，实现分布式资源对电网电压和频率的主动支撑。同时，通过柔性闭环组网实现网络结构的动态重构，实现不同运行状态下灵活构网。

（4）创新构建云边协同的智能管控系统。创新建立新型配电网智能管控体系，采用“区域优化—网格互济—微网自治”的多层级协同管控架构，依托微电网边缘代理系统与台区融合终端，实现台区 / 微电网群自治；依托配电网网格边缘中心，实现网格互济；依托区域配电网多状态智能管控系统，实现区域最优运行。

2. 量化评价指标

（1）区域内新能源就地消纳能力显著提升。在海宁尖山新能源高速发展条件下，实现海量分布式新能源高效就地消纳。工程建成后，可实现区域内就地消纳率从 79% 提升至 100%，配电网的新能源就地消纳能力提升 20% 以上。

（2）配电网供电可靠性显著提升。在完善的新型配电网形态下，可有效降低负荷点故障率和年平均停电时间，对故障平均停电时间具有一定改善作用。通过对典型网络的理论供电可靠性理论计算，系统平均停电频率可从1.91（次/a）降低至1.0829（次/a），平均停电时间从10.33（h/次）降低至5.66（h/次）。

（3）电力电子设备对电网的支撑能力显著提升。通过光伏构网开关、低压分布式光伏集中构网终端、中压光伏快速频率/电压支撑装置，使电力电子化的并网设备对配电网提供一定的电压/频率支撑能力。

（4）配电网数字化和智能化水平显著提升。通过“运行态—警戒态—故障态”在线辨识与态势感知方法解决配电网运行状态复杂多变不易辨识与感知的问题；通过可调资源多层级精准量化方法解决配电网多状态下可调资源难以量化问题；通过运行模态协调切换控制技术解决海量分布式可控资源问题。

3. 总体成效

先进性方面，形成代表未来配电网形态发展普遍要求的技术路线。该示范工程技术路线能够满足新型配电网的建设需求，具有未来配电网“泛在微网、柔性组网、广域互联”的结构特征，能够适应未来配电网分布式新能源和新型负荷广泛接入、微网集聚发展、主配网融合发展的发展趋势，可满足未来配电网“正常柔性运行、一般故障刚性运行、极端故障韧性运行”的普遍需求。示范性方面，形成与配电网发展现状具有良好兼容性的技术方案。工程技术方案立足于配电网发展实际情况，避免大拆大建、另起炉灶，在丰富的分布式资源基础上进行改造升级以提升分布式资源的支撑能力，在已有配电网基础设施的基础上进行柔性控制能力提升，在配电自动化系统基础上进行云边协同的智能管控系统集成，为配电网发展演进提供路径示范，具有较好的软、硬件兼容性。可推广性方面，形成在不同应用场景具有良好可移植性的技术成果。该项目重点关注对未来配电网在普遍发展趋势下的灵活构网、资源配置、柔性控制等典型能力的提升，以海宁尖山典型应用场景为案例进行技术路线验证和应用示范，并不针对单一应用场景进行技术固化，因此在网络物理形态、构网技术应用和智能管控方面的技术创新成果可移植到各类不同的应用场景。

7.2.7 微网平衡控制景

7.2.7.1 总体思路

依托新一代电力调度技术支持系统，构建省—地（主配）—微网多级协同互补的调控支撑体系，利用调度数据网、综合数据网和互联网三种网络，对上结合省调的日前、日内调峰和故障协同处置需求，对下结合地区与微网的信息感知、协同控制和友好互动等业务，广泛接入变电站、配变站、新能源站、外部气象环境、用电采集、电动汽车以及柔性负荷等数据，通过研究基于人工智能与大数据的微网运行态势全景感知、主配微一体化分析和协同控制智能决策等关键技术，开发基于新一代的金华微网集群省地县三级协同控制平台，创新多层级、多自治主体的一致性协调控制，提升电网与微网的主动互济和局部自平衡能力，支撑省级电网的调峰、调频和拥塞管理，实现新能源“有效聚合、分层控制、多级协同”，打造国家微网集群省地县三级协同控制示范标杆，共同保障电网的安全运行和可靠供电。金华微网集群省地县三级协同控制总体架构如图 7–9 所示。

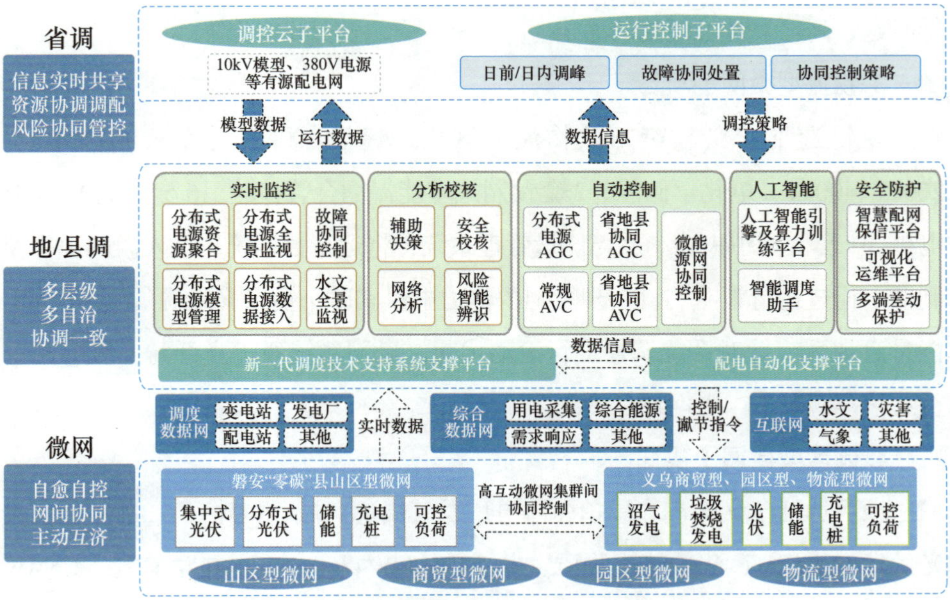

图 7–9 金华微网集群省地县三级协同控制总体架构

7.2.7.2 建设内容

金华微网集群省地县三级协同控制示范项目建设包括省地县三级协同控制、商贸型微网、物流型微网、园区型微网、山区型微网等5项子项目组成。

1. 省地县三级协同控制示范子项目

基于新一代电力调度技术支持系统，构建省—地（主配）—微网多级协同互补的省地县三级协同控制体系，利用调度数据网、综合数据网和互联网三种网络，建设基于新一代的主配微网运行全景智能监视、省地县三级协同控制智能决策、基于调控云平台的有源配电网智能调度关键技术、电力调度人工智能引擎及算力训练、安全风险智能辨识及协同控制和新型电力系统立体防御等平台功能，实现大电网与微网的信息感知、协同控制和友好互动等业务。

2. 商贸型微网子项目

项目选址于义乌市商贸城，通过智慧融合终端、建设嵌入式微网EMS平台，微网实现内部“源—网—荷—储”全方位“可观、可测、可控”的智控自治自愈运行，外部与上级电网调度平台融合互济，采用储能浸没式液冷技术，提高储能运行安全性，建设交直流混合网架，减少直流设备接入电网的损耗，提高能源利用率；建设微网内5G无线专网，使各终端和主站可以进行低时延、高可靠性、便捷的通信。

3. 物流型微网子项目

项目选址于义乌市邮政物流园区内，建设300kW分布式光伏发电、200kW/400kWh电化学储能、2套预制式多能流耦合管控舱、6套直流V2G充电桩、1套微网中央控制器与能量管理系统，将运行数据统一接入微网中央控制器，通过运行策略制订实现微网内电力电量实时平衡及多能源的互补共济，能量管理系统针对系统调控进行滚动优化。微网系统通过光纤与上级电网进行通信，满足参与电网调控需求。

4. 园区型微网子项目

项目选址于义乌市赤岸镇西海电厂及其周边区域，拟建设6.3MW分布式光伏发电、12MW集中式生物质发电、1750kW/4760kWh电化学储能、1.5MW先进绝热压缩空气储能系统、V2G充电桩，由微网EMS系统及嵌入式终端进行智能调控，实现设备状态监视、运行策略制订、调度控制等功能，通过光纤与上级电网进行通信，实现新能源消纳、灵活调节冷热电气供应比例、响应上级电网调控需求等功能。

5. 山区型微网子项目

项目选址于磐安尖山区域，深入挖掘小水电调节能力，利用微型抽水蓄能、移动储能、光储充一体化等手段，增强区域电力时空平衡能力，提高分散灵活资源的聚合调控管理水平，提升配电网可靠性，实现区域内100%绿色电力供应，建成“零碳电力”典型示范。

7.2.7.3 建设成效

1. 先进创新点

（1）全国首套微网集群省地县三级协同控制平台。基于新一代调控系统架构，上结合省调的调峰和故障控制需求，对下结合与地区微能源网的业务互动，充分发挥各级调控机构多元资源的互补能力，开展适用于新型电力系统的省地县三级有功无功协同控制体系架构建设。

（2）主配微电网运行全景智能监视。构建精细化、层次化、标准化的新能源模型体系，多途径汇集新能源运行数据，多手段确保海量新能源数据完整、准确、可信，并对分层分区资源聚合，实现主配网运行全景智能监视。建设主配一体的安全风险智能辨识及协同控制应用，提升智能电网主配调度间在线安全风险防控能力。结合水电与气象数据耦合功能，为流域区域性的发电能力预测和防洪形势的把握提供更为科学的计算手段。

（3）基于调控云平台的有源配网智能调度应用。基于调控云总体架构，在PAAS层增加配电网模型管理、配电网电子接线图、配电网潮流计算等功能，在SAAS层增加智能方式安排、网络化下令、经济调度、负荷预测、调度计划、检修计划、定值整定等功能。

（4）电力调度人工智能引擎及算力训练平台。通过构建以计算/存储/网络硬件虚拟化、分布式计算、大数据挖掘和分析、机器学习、深度学习和知识图谱等关键技术为基础，开展适应调控领域应用场景的统一、标准、开放、共享的人工智能平台建设，为海量数据分析研判与辅助决策提供有力支撑。

（5）新型电力系统立体防御体系。研制国内首台基于电子式互感器的新能源场站集电线路暂态量保护装置；完成国内首套新型配电网主动探测式保护装置；建成国内首套微电网二次系统数字孪生平台。

（6）碳资产政企共识机制。以能源视角，加快推动县域电网全面透明化和能源领域全过程碳轨迹捕捉。建立县域碳指标体系和对标体系，将清洁能源发电、电能替代和能效服务等服务能源转型所开展的各项工作折合到减少碳排放上来。建立县域碳管理体系，支撑零碳县创建技术标准，推动磐安负碳资产，与东阳、义乌、永康等构建零碳样板，助力金华总体零碳。探索县域间碳资产交易，支持磐安共同富裕示范区建设。

（7）峰谷时段电价引导机制。依据磐安玉山台地区域“两峰两谷”电力负荷曲线和丰富的水电资源，联合相关部门开展水电上网峰谷电价时段调整工作，通过降低用电负荷曲线峰谷差，拓宽大用户夜间用电渠道，满足大用户日益增长的用电需求，挖掘电网企业弹性安排发电计划潜能，提升企业经济效益。

（8）绿色电力市场交易机制。推动政府构建磐安“零碳、负碳”下碳资产政企共识体系，出台相应机制。基于电力交易，建立以数字形式存在的权益凭证的通证经济体系县域样板，打通绿证、配额、超额消纳量、绿电消纳凭证、国家核证自愿减排量、碳配额等各类绿色凭证，建立其中各类通证之间等转化当量。在满足电力用户购买、消费绿色电力需求的同时，为用户提供相应的绿色电力消费认证，为打造全社会绿色电力消费产业链提供支撑。

2. 量化评价指标

建成国际领先的微网集群省地县三级协同控制决策系统，支持百个微网接入，实现峰谷差率下降10%、微网信息有效感知率达到100%、百兆瓦级微网灵活资源“分钟级互动、秒级决策、百毫秒级响应”，创新形成多类型微网时空互补、省地县三级协同控制的融合发展模式，技术指标如下：

（1）支撑平台部分，可管理的全局服务不低于15000个，全局服务定位时间小于10ms，广域服务总线可以支撑并发2000客户端进行广域服务访问，资源管理节点个数不小于4096个，支持并行计算的任务个数不小于10240个。

（2）电力调度人工智能引擎方面，机器学习算法调用平均响应时间不大于2s，图像识别准确率不小于90%，语音交互平均响应时间不大于2s，准确率不小于95%。

（3）协同控制策略方面，自动发电控制支持风光水火储燃负荷及直流等8种源网荷储可调节资源的协调优化闭环控制，采用源网荷储多元调节资源协调优化自动控制后，同等大功率缺失扰动后频率恢复时间缩短30%。

（4）主配协同方面，主配网拼接准确率不小于95%，主配网拼接时间小于3s，全网状态估计耗时小于10s，状态估计月平均遥测估计合格率大于99%，全网潮流计算耗时小于5s，全网静态安全分析单个故障扫描平均耗时小于0.1s，全网紧急状态辅助决策计算耗时小于5min，全网安控及系统保护策略在线校核耗时小于5min。

（5）新能源消纳预测方面，支持风电、光伏、水电等集中式、分布式新能源消纳，新能源短期（日前、次日0~24h）预测精度，风电功率预测不低于85%，光伏预测不低于90%，计算时间小于30min，新能源超短期预测精度，风电功率预测不低于85%，光伏预测不低于90%，计算时间小于3min，分布式电源短期（日前、次日0~24h）功率预测精度不低于80%，计算时间小于30min，分布式电源超短期功率预测精度不低于85%，计算时间小于3min。

3. 总体成效

（1）科技创新成效。示范工程将推动分布式光伏、多形态微网、信息通信保障、省地县三级协同控制等相关领域的技术科技创新，促进关键技术装备和协同智能控制系统的设计研发，实现大电网与微网相互支撑，向经济高效、绿色智慧的高阶属性发展，具有广泛的示范意义和推广价值。

（2）生态环境成效。示范工程的实施，能够有效提升区域新能源消纳能力，预计消纳能力较现状提升30%左右。新能源作为清洁能源，其渗透率的提升可以有效降低区域对大电网供电依赖，显著减少向大气排放二氧化碳等温室气体，提升空气质量，实现二氧化碳和PM2.5的协同控制。清洁能源年发电量 224986 万 kWh，每年可减少 224.08 万 t 二氧化碳排放。

（3）社会成效。示范项目预计能实现区域内新能源就地消纳能力提升 30% 以上的目标，所产生的社会成效主要包括社会用能成本下降、有效增加就业、提供产业发展新动能等三个方面。

1）社会用能成本下降。示范工程建设能够推动地区光伏、风力、生物质能、新型储能、电动汽车、其他新型负荷等分布式资源接入配电网，在智能化调控手段驱动下，社会用能成本显著降低。

2）提供产业发展新动能。示范项目能够有效推动分布式新能源、新型储能、电动汽车及配套充换电基础设施、智慧能源调控系统等相关产业实现跨越式发展，对提升我国 GDP 作出贡献，产生巨额的间接经济效益。

3）有效增加就业。示范项目在推动分布式新能源、新型储能、电动汽车及配套充换电基础设施、智慧能源调控系统等相关产业快速发展的同时，能够有效带动相关行业就业岗位增加。据数据分析，我国 2035 年仅光伏发电行业相较目前将新增 300 万个新岗位，为社会经济稳定发展提供重要保障。

7.2.8 多能直流耦合景

7.2.8.1 总体思路

按照“一个聚焦、二级形态、三维应用、六大举措、多个重点项目”的建设思路，即坚持“统一规划、分步实施”原则，通过多个重点项目实施，围绕“能源清洁低碳转型、终端消费结构优化、互联互通智能升级、综合服务质效提升、关键技术研究应用、体制机制创新突破”等六大举措，实现“新型配网上的交直混合、能源供应上的多能耦合、能源服务上的政企联合”三维应用，建成“区域能源互联网、未来新型配电网”二级形态，以中压公共直流配电网为能源综合配置平台，打造城市核心区聚焦“双碳”目标的城市级多能耦合供能模式。直流多能耦合配电系统如图 7–10 所示。

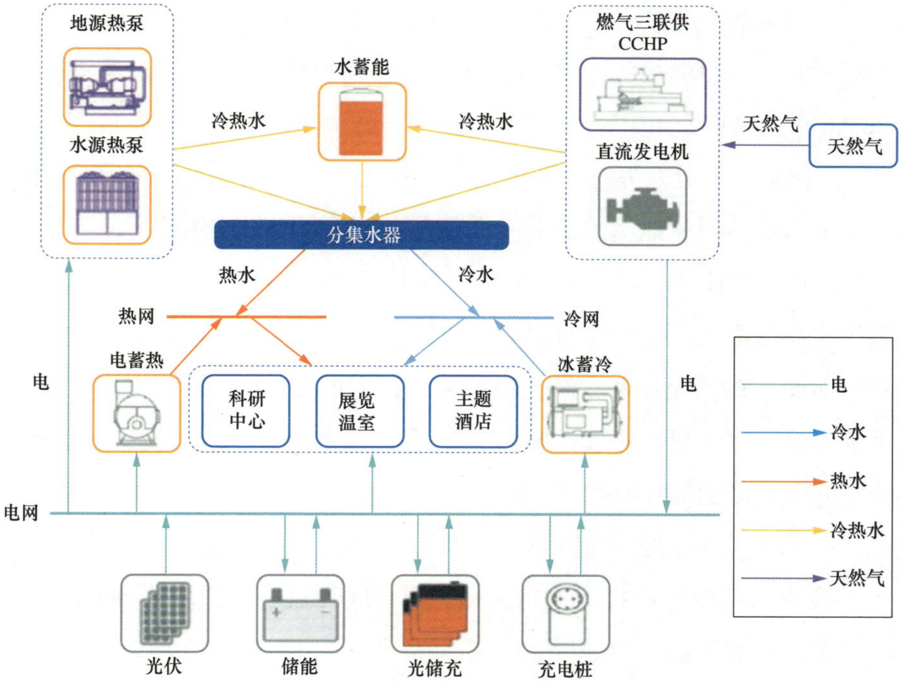

图 7–10 直流多能耦合配电系统

7.2.8.2 建设内容

1. 打造首个“交直混合”“多能耦合”区域能源互联网示范区

探索以多能互补的微能网为基本单元、以柔性可控的直流配电网为互联手段的区域能源互联网建设模式，实现区域内以电能为核心的多能耦合与多能互补集成优化，构建契合城市核心区定位的未来城市用能新形态和能源利用新体系。

（1）源侧。面向大型商业综合体、公共建筑，充分利用太阳能、地热能等分布式资源和天然气三联供综合能源站构建直流并网式多能耦合微能网，依托直流配电网进行能源的优化利用，满足供能范围内用户多元化需求，达到规模化利用可再生能源、提升能源供应清洁化和高效化水平的目标。①发展分布式光伏建设。充分利用建筑屋顶、玻璃幕墙资源，大力推广分布式光伏建设。区域内光伏规模预计可达到 40MWp，积极与政府、用户沟通，确保示范工程区域内光伏装机总量超过 10MWp。②建设多能协同的综合能源站。

综合利用天然气、湖水源、浅层地热等清洁能源，对接用户多样化的冷、热、电需求，开展综合能源站建设。已明确建设的综合能源站 2 座，总供冷负荷为 70MW，供热负荷 40MW。

（2）网侧。充分发挥电在能源体系、电网在多能转换利用中的枢纽作用，全力促进清洁能源就地消纳、全面提高电力安全可靠供应水平，以直流为载体建设高可靠智能化且潮流灵活调控的未来城市配电网。一次系统建设方面，探索传统交流配电网向交直流混合配电网过渡的未来配电网形态，建设 2 座总容量 20MW 的换流站和 3 座直流开关站，远景接入 14.5MW 直流负荷。二次系统建设方面，开展主站 OPEN-5200 系统升级改造，部署换流站就地监控系统和低压直流能量管理系统，配置直流保护。通信系统建设方面，以光纤、量子 +5G/ 无线公网的方式提升城市能源互联网终端通信接入网本地通信感知能力，换流站至变电站接入通信采用光纤 EPON 通信方式，新建 OLT 4 套、ONU 8 套、光缆 20km、5G 基站 20 座。

（3）荷侧。涵盖商业、居住、公共服务等全社会负荷类型，着力提升终端电气水平，针对能源用户开展用能优化管理，提升综合能效。①深化电能替代建设。结合镜湖新区用能特点，拓展电能替代广度和深度，引导清洁、绿色、高效的能源消费新格局，全面提升终端电气化水平，提升电能在该区域能源终端中的占比。②绿色用能建筑建设。开展智慧用能优化管理，深化商业楼宇、公共建筑等典型场景应用光储直柔技术，建设互动型直流充电设施、降低用能成本、提升用能体验。③多功能路灯建设。融合路灯、5G 微基站、交通信号灯、广告标识等元素，综合利用杆塔资源，实现多杆合一。

（4）储侧。为源网荷三者服务，电网侧增加分布式电源的消纳能力，解决负荷的峰谷问题，改善电网潮流分布，提升供电可靠性。能源侧增强能源存储能力，提高能源利用效率。①试点电化学储能。试点开展集中式储能项目应用，规划建设一座容量 4MW/13MWh 的集中式储能电站，推进用户侧分布式储能的应用，培育发展储能运营商，整合区域各类储能资源无缝接入直流配电网，既作为电网储能，又作为应急电源。②探索多能存储模式。在规划的 2 座综合能源站与植物园的小型综合能源站内应用地源热泵技术，提高冷热能源利用灵活性，制冷主机包含在能源站建设投资内。

2. 创新“政企联合”能源设施建设运营新模式

创新能源设施建设商业模式。多方共同投资建设冷、热、电、气多联供综合能源系统并按市场化进行交易的新模式。针对在示范区开展的天然气、冷、热、电三联供能源站，推动综合能源公司与绍兴市公共事业集团共同投资建设。促成社会资本采用市场化方式试点光储直柔建筑建设和水源热泵的建设。针对多杆合一、多站融合、廊道等涉及多主体部门的建设场景，采用租赁、广告收益的方式消融成本。

创新储能商业化运营模式。由公司主导、政府配套政策建设基于“区块链”技术的“云储能”交易平台，实现“共享储能”、储能电量交易功能，为新能源企业、分布式储能商、可中断负荷等业主提供聚合、交易服务，运用“量子 +”技术参与电网实时调度响应。

建立能源数据一体化共享机制。政企联合开展能源大数据中心和综合能源管控平台建设，推动政府研究制订碳排放权交易总量设定与配额分配方案，以指标导向促进区域内建筑节能应用。

7.2.8.3 建设成效

1. 先进创新点

通过示范项目建设，形成一整套具有自主产权的技术、管理、运营等标准制度体系，为多能耦合直流配电作出示范，示范创新明细如表 7–2 所示。

（1）创新探索源网荷储多能调控一体化，按“四个最优”（碳排、经济、安全、综合）的控制策略和供能目标，实现自动跟随匹配城市不同阶段的用能需求。

（2）适应能源互联网的交直流配电网新型运检一体化示范。

（3）创新储能配置原则，推动政府出台储能建设、运行机制和云储能商业模式。

（4）推动政府出台政策，探索多方参与机制，吸引社会资本共同投资，培育直流产业、打造直流生态。

（5）构建以电为中心、以直流配电网为载体的清洁能源消纳平台。

表 7–2　示范创新明细表

技术应用方面	多能转换与综合利用技术
	直流负荷开关与交流快速开关的融合应用技术
	直流配电与微电网技术
	源网荷储调控一体化技术
	配电网智能自愈与快速恢复技术
	国产化、紧凑型直流变压器技术
政策体制方面	碳排放管控与交易政策
	电能替代推广政策
	储能补贴政策
	需求响应激励机制
	光伏幕墙及直流建筑激励政策
商业模式方面	新能源设施多方建设模式
	综合能源服务的商业模式
	云储能商业模式
	直流家电设备商业模式
首台首套设备	基于电—热能源系统建模与调度优化算法的微能网协同优化控制系统
	含多能微网群的区域电热综合能源分层自治优化调度系统
	基于区块链的“云储能”管理交易系统
	多端口直流断路器
	基于微能网的智能边缘代理装置

2. **量化评价指标**

清洁能源利用率达到 100%，供电可靠性达到 99.999%，能源平台接入光、电、气、冷、热等能源数据，区域能源数字化率达到 100%，实现电能占终端消费比例超过 45%，单位 GDP 能耗降低至 0.37t 标准煤 / 万元，年减排二氧化碳 2 万 t，分布式光伏发电量可达 0.12 亿 kWh，综合能源站供冷 / 供热可核减电量与发电量合计可达 0.71 亿 kWh，总计达到 0.83 亿 kWh，占总用电量的 7.2%，关键指标提升明细如表 7–3 所示。

表 7–3 关键指标提升明细表

序号	指标名称	现状指标值	2023 年	2025 年
1	单位 GDP 能耗（t 标准煤）	0.43	0.40	0.37
2	能源数据资源利用率（%）	87.00	100.00	100
3	电能占终端能源消费比重（%）	33.00	39.00	45.00
4	灵活互动资源占比（%）	0.00	25	30
5	非化石能源装机及电量占比（%）	0.37	23.44	46.70
6	清洁能源利用率（%）	100	100	100
7	新增新能源配置储能比例（%）	0.00	11	15
8	配电网网架结构标准化率（%）	58.89	100.00	100.00
9	用户平均停电时间（ h/ 户 ）	0.788	0.307	0.083
10	负荷平均峰谷差率（%）	41.06	35.59	35.84
11	综合线损率（%）	2.59	2.48	2.35
12	清洁能源发电量占比（%）	0.15	7.2	8.7

3. 总体成效

场景示范方面，构建以交直混合配电网为核心平台、多能耦合微能网为补充的城市区域电网新模式，打造以纯直流区域电网为平台纽带的弹性能量蓄水池，构建可调节多元负荷，形成多能耦合互补、区域自治平衡的综合示范场景。

指标提升方面，首个含天然气三联供、地源热泵、水源热泵、光伏发电等多个能源网络运行主体的微能网示范区，极大提高了能源利用效率。

机制成效方面，创新探索源网荷储调控一体化、交直流配电网运检一体化，促成政府出台光伏、储能、节能低碳建筑等相关支持政策。

价值成效方面，支撑绍兴碳达峰行动方案落实，助力绍兴“十四五”中期碳排放达到峰值；推动公共建筑和居民住宅集中供冷供热，探索政府、企业多方参与机制，吸引社会资本共同投资，探索直流配电网的推广途径。

7.2.9 风电柔性送出图

7.2.9.1 总体思路

为促进“双碳”目标实现，“十四五”期间，浙江省重点发展海上风电，着力打造海上风电基地。随着近海风电项目的站址资源日趋紧张，中远海因具有更广阔的海域、更丰富的风能资源，成为海上风电开发布局的新战场。目前，近海的风电主要采用 50Hz 交流方式传输，且由于海缆的充电无功功率相对较大，有功功率的传输受限，风电传输距离很难超过 70km，中远海风电开发传输受限。

柔性低频输电技术可通过电力电子装置控制，灵活选择 0~50Hz 的频率输送电能，既具有与柔性直流输电相似的功率控制、电压动态调整、异步电网互联等功能，又兼有交流输电方式的电压变换容易、组网便捷等优势。经计算验证，确定 20Hz 输电的适宜距离为离岸 70~185km 的中远海范围内，可实现百万千瓦风电全额送出，比柔性直流输电更具经济性。

台州柔性低频输电示范工程采用国际首创海岛低频互联技术并结合了风机低频接入技术，构建陆地—海岛—风电互联系统，实现大陆侧电网和大陈岛间的电能高效互济，改善风电经海缆送出存在的充电无功大、损耗高等问题，减少风电资源的浪费。海上风电柔性低频送出技术路线示意如图 7-11 所示。

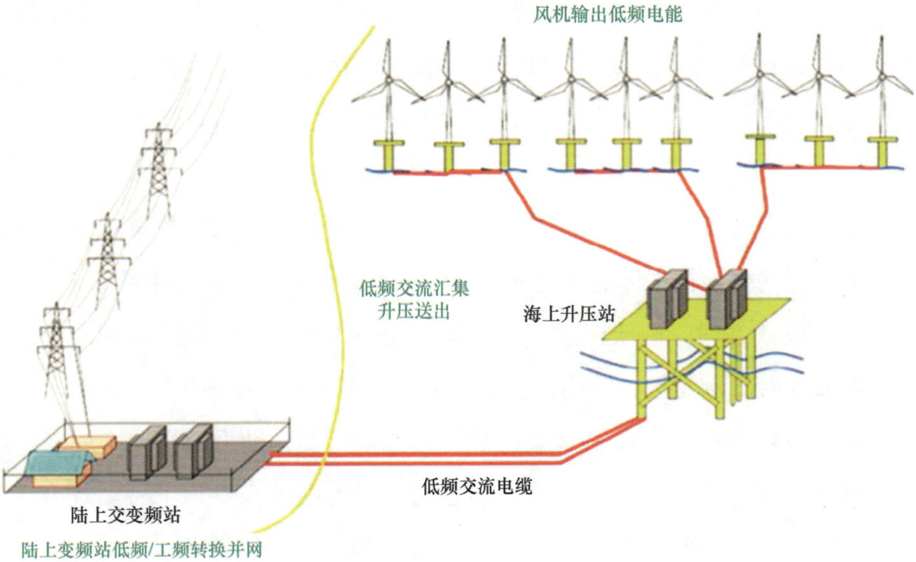

图 7-11 海上风电柔性低频送出技术路线示意图

7.2.9.2 建设内容

台州柔性低频输电示范工程属中远距离海上风电送出示范应用场景，工程结合大陈岛上风电机组低频改造（容量 2×1.1MW），新建 35kV 新市—盐场—大陈 1 回 35kV 海缆，总长度约 25.7km，全程采用深埋保护方式进行施工，埋设深度不小于 3m，连接大陈岛上的大陈变电站与路桥金清的盐场变电站，顺利打通海岛—大陆通电通道，实现风机低频送出。并结合大陈岛附近海域风电开发的潜力（容量约 2×4MW），在 35kV 盐场变电站新建 35kV 换频站，容量为 11MVA，采用国际首创海岛低频互联及风机低频接入技术，通过海底电缆连接大陈岛上的大陈变电站与路桥金清的盐场变电站，构建陆地—海岛—风电互联系统。

研发 35kV 柔性交流换频站、低频变压器、低频断路器、低频风机、低频控制保护系统和低频计量表计等多项首台首套设备。使得穿越海缆的低频风电，在站内流经低频断路器、低频变压器进入阀厅，再分别流入模块化多电平矩阵变换器中，在电力电子模块的共同配合下，完成低频电能和工频电能的可控转换。转换后的工频电能通过变压器升压转换为 35kV、50Hz 的电能，将低碳清洁的海上风电汇入电网。台州柔性低频输电示范如图 7-12 所示。

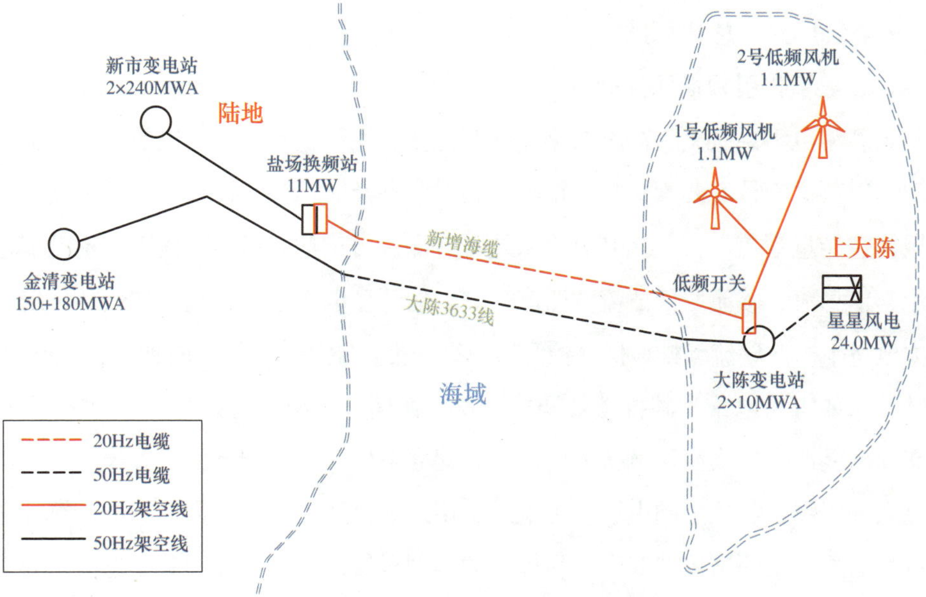

图 7-12 台州柔性低频输电示范示意图

7.2.9.3 建设成效

（1）台州柔性低频输电示范工程攻克了柔性低频输电领域成套设计、核心装备和关键技术的制高点，首创海岛低频互联技术及风机低频接入技术，验证风能经海缆低频送出技术可行性。该技术可适用于中远海域风电送出，特高压直流落点潮流疏散、电缆化供电的海岛及城市电网等多种场景。工程投运后，将实现大陆侧电网和岛屿间的潮流互济，并利用柔性低频输电变频器的交流电压控制能力，减小风电场并网侧母线电压波动，改善新能源并网特性。同时，打造创新研究、技术验证和真型实践平台，为未来新能源消纳提供全方位支撑。

（2）35kV 海缆线路将海岛上风电发出的 20Hz 低频交流电源源不断送往大陆，通过低频柔性互联技术实现 11MW 风电的低频汇集与送出，相当于 5000 余户居民的日常用电需求。这是低频互联迈向大规模商业化运用的“探路石”，为开发 70~200km 中远洋丰富的风力资源，增添了更加经济高效的输送手段。同时，当以前的海缆检修或故障停运时，还可将新建海缆转换至工频运行模式，由盐场变电站向大陈变电站供电，作为备用线路承担起海岛保供电重任，让海岛的供电可靠性得到有效提升，摆脱以前单条海缆供电的局面。

7.2.10 绿电安全消纳图

7.2.10.1 总体思路

1. 数字化引领能源互联网

新型电力系统具备高度数字化、智慧化、网络化特征。要以数字技术为带动，以数据为核心要素，打造精准反映、状态及时、全域计算、协同联动的全域智慧能量管控平台，提升电力系统可观测、可描述、可控制能力，推动能量流、信息流、碳流、价值流“四流合一”的新型电力系统转型，加快从传统电力电量平衡向碳流碳排最优并控升级，纵深推进能耗“双控”向碳排放“双控”转变。要电力电量和碳排碳效调控并重。在满足新型电力系统安全稳定运行、支撑新能源大规模高比例接入的同时，建立电碳因子与碳排放测算模型，构建电碳一张图，实现全网电厂、变电站、用户的全链路碳排放数据精准计算和全过程监测，全面掌控“双碳”目标下的电网运行态势和能源网碳排态势。要信息系统和控制系统相融并举。新型电力系统的电源侧和负荷侧呈现强随机性特点，而且采集控制对象呈现分布散、规模大、容量小等特征。要扩展信息系统业务范围向源荷两端延伸，实现新型电力系统全环节在线、全业务透明、全过程管控，各要素广泛互联互通、智能友好互动，切实提升电能和碳排放的双调节调控能力。要数字赋能与多元融合发力并进。在以数字技术赋能能源大数据中心、电力市场运营系统和源网荷储各主体能源电力信息系统的基础上，融合能源电力政策、市场、价格机制与政府、产业和行业管理要求，强化源网荷储一体管理、协同联动、优化控制，提升电力保供、社会能效、减排降碳水平，实现新型电力系统安全可靠、清洁低碳、经济高效“三重目标”的有机统一。

（1）探索研发全域能量智能分析决策大脑。综合分析多时间尺度下不同可调资源的差异化运行特性和虚拟聚合能力，考虑典型气象条件、激励水平以及用户意愿等多种内外部因素影响，深度挖掘区域资源灵活互动潜力，根据电网动态需求统筹四大智能体在时空多维上的全局协同优化，实现资源的提前决策与调控，优化纵向调度机制下资源的协同控制，涵盖全景信息采集、资源潜力评估、资源有效聚合、资源弹性控制、动态决策调度等功能。

（2）探索建设四大核心智能体。四大核心智能体是清洁产能智能体、灵活调能智能体、高效用能智能体、丰富储能智能体，分别对应“源—网—荷—储”，实现有针对性的高级应用，全域智慧能量管控平台总体框架如图 7–13 所示。

图 7–13　全域智慧能量管控平台总体框架

1）清洁产能智能体。在新能源层面，在实现各类新能源与电网协同优化布局的基础上，通过融合气象环境等数据信息，依托机器学习、深度学习等人工智能算法提升清洁能源预测精度和消纳水平。在传统能源层面，在对火电机组能碳画像智能监测描绘的基础上，依托二氧化碳捕集、利用与封存，节能降碳改造等技术，实现传统能源清洁低碳化。

2）灵活调能智能体。主网层面，依托有源电力系统稳定器、短路电流自动控制系统、新型电力系统托底保障系统、多柜并联柔性励磁设备等首台首套设备，实现智能化的电网宽频振荡抑制、在线短路电流柔性控制、频率电压主动支撑。配微网层面，依托智能体实时精准感知区域负荷、潮流、线损等运行态势，并开发计及可靠性、经济性、低碳性的多目标智能化新型配微网规划、建设及运维方法。

3）丰富储能智能体。通过人工智能、边缘计算等技术，实现规模化储能系统的健康状态评估、风险故障预警及集群智能协同控制，完成分布式储能系统协同聚合。整合台州全域储能资源并深度挖掘调节潜力，以储能多功能复用支撑需求侧响应、虚拟电厂、市场化交易等关键应用。

4）高效用能智能体。利用智能体开发高效的多能耦合互补利用系统，对用户电、热、气、冷、氢等各类用能行为进行精准感知并预测，构建用户能碳画像，并通过对可中断、可调节、可互动资源的协调控制，实现用户侧用能智能优化控制及能效提升。

2. 实现清洁能源稳定生产

（1）挖掘传统机组稳定控制能力。实施煤电机组灵活性改造，科学核定煤电机组深度调峰能力。开展大中型机组柔性励磁控制技术示范工程，提升高渗透率电网的电压支撑能力。推进煤电机组节能提效、超低排放升级改造，合理建设先进煤电机组。利用退役火电机组的既有厂址和相关设施建设新型储能设施，推动火电领域二氧化碳捕集利用与封存技术研发和试验。

（2）创新海风接入新模式。结合台州中长期海上风电开发计划，开展海上风电场汇集及联合送出方案研究，促进大规模海上风电安全稳定消纳。依据不同装机容量、不同距离科学选择工频输电、低频输电，以及柔直输送方式，提升海上风电消纳水平和容量支撑能力。

（3）促成氢电耦合因地制宜应用。以绿色低碳为方针，强化氢能绿色供应。在电网低谷负荷处布局储氢 / 加氢一体站，推动在海岛、园区、港区等区域开展氢能源综合利用示范，探索以氢燃料电池为基础的发电调峰技术研发和示范，实现氢能分布式生产与就近消纳。

3. 建设网源协调新型电网

（1）提升电网稳定运行能力。应用有源电力系统稳定器，实现储能设备集宽频振荡抑制功能、同步构网运行功能、弱网稳定性提升功能、谐波抑制功能于一体的电网侧储能系统功能复用。

（2）提升新能源调控能力。采用新能源短路电流主动控制技术，实现新能源场站集群短路电流柔性可控。开展全域分布式电源在线主动响应能力建设，实现源网良性互动。建设云边协同的分布式新能源集群控制系统，提升新能源消纳水平并拓展新能源场站对电网的动态支撑能力。

（3）探索配微一体化配电网形态。构建配微一体化体系，实现配电网与微网的信息互通互动；利用各种分布式能源，实现多层次、多范围的局部电网灵活自愈和微网之间的柔性互联。

4. 引领用户绿色低碳用能

（1）提升需求侧响应能力。实现负荷群的多态聚合、无感响应。基于负荷资源的时间、类别、电压、区域等静态特征与用户响应舒适度、反悔概率等动态特征融合算法模型研究，建立多维度需求侧智能负荷响应。结合需求响应平台，广泛应用物联网技术，依托全域智慧能源管控平台实现全时域负荷资源云端无感智慧响应。

（2）提升用户用能能效。打造能源聚合商、管家服务商和综合能源供应商角色。结合 AI 仿真、数字孪生 3D 可视化技术搭建用户用电负荷智慧管理系统，实现用电量需求预测，优化电能使用空间；构建全口径能源标准化模块化采集策略，分层分级开发企业、楼宇、园区和市场综合能效管理系统平台，为不同类型用户提供综合能效管理提升解决方案；基于大量供给侧和需求侧能源数据的集合，迭代在线能效诊断工具应用，智慧赋能多域源端和终端综合能源增值服务，成熟应用各类聚合托管商业模式，助力全社会能效提升。

（3）撬动治理侧资源。推动政策机制出台，健全需求响应政策保障体系，建立“市场＋行政”的需求响应工作机制，推动出台需求响应实施方案，固化需求响应业务和组织体系，拓宽长效激励资金来源，探索建立季节性尖峰电价，逐步形成需求响应标准体系。推动政府建立能效和碳排放对标监管体系，加大企业能源管理认证、用能审计等推广力度。

5. 加强储能资源灵活应用

（1）开展多类型储能多元化应用。在大规模新能源汇集、调峰困难和灵活调节资源不足的关键电网节点，合理布局集中式新型储能及中小型抽水蓄能电站。推动高精度、长时间尺度功率预测和智能调度控制创新技术应用。围绕特色制造、大数据中心等用电量大且对供电可靠性、电能质量高的用户，根据优化商业模式和系统运行模式配置新型储能，提高综合能效率、拓展储能应用场景。

（2）探索新型储能商业模式。联合各类社会主体，依法合规投资建设电网独立新型储能电站及中小型抽水蓄能电站，建设风光储用能源汇集站，发挥储能“一站多用”的共享作用。探索共享储能、云储能、储能聚合商等商业模式应用，建立用户侧储能联调联控机制，用户根据需求加装储能装置，公司收购其调控权。

（3）探索突破储能相关政策机制。加快推动储能明确独立市场地位，研究新型储能价格机制，促成各级“新能源＋储能”配额制等支持政策出台，形成合理的成本分摊和疏导机制。推动中小型抽水蓄能电站滚动纳入专项规划，争取两部制电价政策。健全储能安全风险评估和防控机制，提升储能安全防护水平。

7.2.10.2 建设内容

结合台州“山海水城”资源禀赋、融合源网荷储四侧要素，加强专业技术融合应用，着力打造“沿海风光储联合送出示范、湾区多能耦合低碳示范、山水配微灵活调能示范、海岛清洁用能综合示范”四大可复制、可推广样板，综合示范场景分布图如图 7-14 所示。

图 7-14　综合示范场景分布图

1. 沿海风光储联合送出示范

（1）有源电力系统稳定器示范工程。按照“技术研究—装备研制—示范验证”的实施路线，对电力系统宽频振荡抑制、变流器谐波抑制、变流器构网控制等技术进行相关理论、技术研究，重点研究储能多功能灵活控制技术；研制有源电力系统稳定器核心控制系统，依托控制器载体及其形成的系统控制架构，实现储能电站多储能变流器协调高效运行；搭建一套宽频振荡与谐波治理移动测试平台，实现振荡模拟、谐波发生、宽频段连续高精度阻抗量测等功能；依托三门储能项目，建设有源电力系统稳定器示范工程，形成首套基于电网侧储能的有源电力系统稳定器成套装备。突破宽频振荡抑制技术、同步构网运行控制技术、接入弱网稳定性提升技术、有源谐波抑制技术等核心技术，丰富和扩展电网侧储能的应用场景和支撑能力。逐步形成适用于多类型储能、新能源接入的广义有源电力系统稳定器系统成套方案，为解决电力系统宽频稳定运行问题提供经济可靠的方案。

（2）新能源短路电流主动控制示范工程。结合台州电网大容量海上风电场和光伏电站接入后的短路电流特点，建设适应高比例新能源地区电网的短路电流评估与决策控制系统；依托天台南坪乡山地光伏工程、仙居安岭乡农光互补共富光伏工程和京运通分布式光伏工程，建设新能源短路电流主动控制示范工程，形成首套新能源场站短路电流主动控制成套装备。构建适用于短路电流计算需求的新型电力设备精细化模型，滚动计算新能源场站贡献短路电流。实时评估电网各节点短路电流水平，校核分析各分支短路电流分布情况。根据电网短路电流水平，提出短路电流主动控制方案，当短路电流水平较高，通过参数调整减少新能源机组提供的短路电流；在系统短路电流较低区域，通过参数调整提升新能源机组短路电流水平，从而发挥新能源的短路电流主动可调节能力，通过远端控制和近端控制两种模式，实现新能源机组参数动态调整，提升继电保护的灵敏性和电网的供电能力，为高比例新能源电力系统短路电流灵活调控提供示范样本。

（3）大中型机组柔性励磁示范工程。推动台州电厂建设大中型机组柔性励磁系统应用示范工程，应用基于大功率模组的高功率版本柔性励磁功率柜，突破多功率柜高效并联技术、多柜交叉耦合的环流抑制技术、考虑复杂运行方式的故障容错运行等核心技术，形成首台套适用于大容量发电机组的多柜并联柔性励磁成套装备，满足大容量发电机组所需的高电压大电流输出与高可靠性运行要求，形成可在各类大中型同步发电机组中复制推广的柔性励磁系统成套装备解决方案，为新型电力系统稳定支撑提供经济有效的解决方案。

（4）风光储用能源汇集站示范工程。根据台州新能源及大型高耗能企业发展需求，衔接电网现状及规划要求，集约土地资源、电网廊道资源、变电站间隔资源，在台州围垦区科学布局高电压等级沿海开关站。合理布置开关站典型主接线，合理制订电源用户接入方案，预留集中式储能空间位置，实现无功补偿就地平衡、电能质量源端治理、零碳电能就近消纳，将汇集开关站模式推广至台州全域。

2. 湾区多能耦合低碳示范

（1）行业负荷预测能效对标示范工程。

1）构建重点行业负荷预测模型。以头门港经济开发区为试点，选取以华海药业、永太药业等大工业用户为主，一般工商业用户为辅的目标用户群，搭建短期和中长期电力负荷消费预测模型，实现用户用电负荷曲线分析和预测，提高用电量预测准确性，指导用户市场化交易行为。

2）打造AI驱动的能源管理及能效优化平台。通过AI算法将历史能耗数据、设备运行数据、生产流程数据融合，与企业能效指标建立关系模型和专家知识库，可视化企业能源结构，建立能效体系（KPI）；对标同行业企业能效指标，建立能效偏差清单；优化和提升能源效率，逐步提升行业整体能源效率；精准预测企业逐时、逐月和年度用能信息。

3）一键诊断能效优化方案。通过综合能耗分析、用户产品单耗、厂级能耗和工序能耗等多维分析，对标行业指标体系完成能效诊断，输出负偏差指标。以数字孪生为基底，基于AI算法和专家知识库，输出可执行强、性价比高、3D可视化的能效优化解决方案，及时进行工艺优化及设备改造，提升行业能源效率。

（2）湾区供需一体能效服务示范工程。

1）提供能源管家服务，完成公共建筑、工业领域能效提升工程。以物联网、大数据等新型数字化技术为基础，将园区内的光伏、储能、电网、用户等数据实时接入，构建园区综合能效管理平台，实现能源、设备、人员的全链条管理，落地“供电+能效服务”新业态模式。对头门港经济开发区公共建筑进行联合节能改造，固化公共建筑以能源费用托管型合同能源管理的商务模式；以浙江陆虎汽车有限公司等头门港经济开发区工业领域典型客户为入口，结合全口径能源标准化、模块化采集策略，构建分层分级的能效分析算法，挖掘高品质余能回收潜力，构建客户画像与解决方案储备库，签订综合能效提升合作协议，提升客户综合能效。借助客户用能数据分析，打造负荷聚合商角色，提供客户生产计划合理建议，协助调节柔性负荷。

2）统筹统建多能产供系统，打造园区级一流综合能源供应服务商。通过空压机制气系统、溴化锂制冷系统、变压吸附制氮机组、海水源热泵机组，配合余能回收装置等设备，搭建多能产供系统智慧耦合、能量高效梯次利用的园区综合供能微网，实现园区压缩空气、热能、热水、冷气、氮气等能源协同供应，服务客户实现降本增效。

（3）碳电耦合能源交易示范工程。

1）在外来电统计数据和本地风光储出力数据基础上，追溯湾区用户侧电力来源并计算碳排强度，同时监测获取用户侧其他用能实时数据，根据“碳排放—能源—电力”三者之间的协同影响机理和转换关系，核算出不同能源的碳排放，精准描绘多元能源主体下不同用能用户的碳足迹、碳画像。

2）基于台州全域智慧能源管理平台，精准计算电网潮流碳浓度，形成实时碳流图，构建分布式电源出力及综合能源系统冷、热、电、气负荷的态势感知模型，并构建基于用户碳画像的多能源优化调度模型，通过考虑源侧最低碳排放、荷侧最高能效、用户侧最优经济效益的主配协同调度技术，提升头门港区域清洁供能水平。

3）建立基于“区块链”的碳电协同运行机制，构建用户碳足迹全生命周期可信追踪模型、履约执行及实时监管的机制与方法；形成基于区块链的碳交易示范应用，积极推动碳排放权、用能权、碳汇产品、绿色技术、绿色电力等市场交易。

3. 山水配微灵活调能示范

（1）配微一体新形态配电网示范工程。

1）依托黄岩西部山区三座水电站已建成的10kV微网，拟建设分布式能源汇聚装置（配微一体自治装置）1套，并对区域内的架空智能开关进行量子化“三遥”改造升级，部署配电自动化系统功能模块1套，集中区域台区安装低压智能剩余电流保护装置和光伏并网低压智能断路器。构建台州宁溪镇等供区透明感知、智能调节、多能互补、微网自治的中低压微电网群。构建以配电自动化为核心，多层级微网协同的配微一体控制体系，实现配电自动化对微网系统的控制，打通与微网的信息互通，实现多微网灵活连接和能量灵活分配，打造智能高可靠配电网。

2）依托新型智能融合终端，改良研发智能剩余电流保护装置和光伏并网低压断路器，构建区域内低压设备和分布式电源的全景监测、可调可控、柔性互济，探索建设高效可靠、互联互通的本地通信网络，提升向下延伸末端设备的即插即用能力。

3）通过配电自动化系统，以“网损最优能量配置”为目标，通过后期扩展功能，达到动态匹配水电储能出力，实现有功区域消纳；动态调整光伏逆变器、线路可调节无功设备出力，尽量满足无功就地平衡。各感知装置将实时监测情况并反馈，形成动态响应。

4）在台风等自然灾害情况下，各感知装置迅速完成故障的隔离，依托后续系统功能扩展开发，可根据台风持续时间等要素进行综合研判，以“民生最优能量配置”为目标，实现多层级微网灵活组网，最大范围恢复居民用户用电，确保民生用电。各感知装置实时监测故障恢复情况，在故障修复后自行完成并网，并反馈配电主站，以便进行新的能量配置。

（2）区域智能调荷示范工程。

1）建设需求响应智慧资源池。通过普查机制全面摸清黄岩各产业链生产负荷可控情况，细化负荷资源的多维静态表征和用户反悔概率、DR潜力时变性等动态因素导致参与响应的程度，全面构建用户响应能力画像智能档案。建立毫秒级、秒级、分钟级、小时级、日级、年度、中长期7级全时域负荷池，通过智慧能源管控平台，实现电网资源和需求响应资源一张图，“分层分区，分时分类”动态匹配配电网承载能力，解决黄岩局部供需平衡问题。

2）拓展虚拟电厂资源库建设。培育综合能源服务公司成为当地负荷聚合商，整合全区公共楼宇空调负荷可调资源池，聚合黄岩热电厂熔盐储能等新型储能资源，通过分散资源整合评估用户需求响应潜力进行调荷，保障黄岩区电力的负荷平衡。

3）落地“一键响应”需求侧管理场景。在全业务、全区域、全时间尺度，实现负荷资源统一管理、统一调控、统一服务，有效保障电力供需平衡，提升电网运行效率，实现精细化、柔性化、市场化的需求响应模式。

（3）热电储热型储能电站示范工程。项目一期应用储热型储能技术，将谷电以热量方式进行储存，转化为蒸汽供企业错时、错峰用能。一期储能规模42.5MW/340MWh熔盐储能；供能规模50t/h工业蒸汽。二期增设汽轮发电机组，提高项目的调峰能力，并提供调频、调相、旋转备用等电力辅助服务，开展产业园区热电综合供应、热电耦合研究。结合时长大于8h的热储能特性，进一步与园区光伏相结合，充分实践能源综合利用及新型储能大规模长时间应用场景。

4. 海岛清洁用能综合示范

（1）大陈岛柔性低频输电示范工程。首创海岛低频互联技术及风机低频接入技术，验证风能经海缆低频送出技术可行性，通过降低输电频率、减小线路阻抗、减少电缆线路充电无功，提升电网的输送能力和柔性调控能力。投运 35kV 低频换流站、低频变压器、低频断路器、低频风机和低频控制保护系统等首台首套设备，对柔性低频输电领域重大装备和关键技术进行技术验证。

（2）海岛绿氢综合利用示范工程。建设基于海岛场景的氢能综合利用示范工程，制氢功率 100kW，发电功率 100kW，储氢容量 200m^3，综合能效不低于 72%，打造国际领先的国产化 PEM 制氢技术，实现不稳定新能源制氢的能量管理、风险评估和安全控制技术突破。建设氢电耦合互联系统的能量管理系统，效率领先的电—氢、氢—电热能量转换装置等首台首套装置，促进海岛清洁能源消纳与电网潮流优化，提高系统针对波动性源荷的适应性与安全性，实现清洁可靠备电、供热、供气，打造绿色海岛。

（3）海洋绿色零碳示范工程。依托氢能综合利用示范工程，构建高效、可靠和稳定的“风电制氢—储氢—燃料电池热电联供”能源综合利用系统，为岛上国内最大的大黄鱼养殖基地、医院等供氧，旅游业民宿酒店等住宿供热，实现氢燃料汽车加氢等使用场景，实现零碳化电、热、氢、氧综合利用，实现生态循环可持续运营，打造绿色海洋牧场。并将区域用能数据接入零碳综合供能全景智慧监测平台，实现用能情况全景展示。

7.2.10.3 建设成效

根据新能源消纳与稳控示范项目建设方案，台州在“十四五”末期，将力争在“能源生产清洁水平、资源配置灵活水平、储能支撑容量、能源管理高效水平”四方面实现翻倍提升，在“承载能力、互动资源、抗扰自愈、效能优化”四大能力上实现领先，全面支撑台州创建国家级新能源城。

1.“四大能力”领先

（1）承载能力领先。强化电网配置平台能源配置枢纽地位，筑牢坚强能源网架，建成“两纵两横”500kV 骨架支撑，全面实现 220kV 环网运行，完成246个网格目标网架建设。全面保障电网安全稳定运行，实现清洁能源友好接入与消纳，满足大规模新能源、电气化消费接入。

（2）互动资源领先。完成电网资源和需求响应资源一张图构建，实现电网与新能源、可调节负荷、多类型储能等资源联合运行控制，提升电网灵活调节能力。柔性可调负荷规模达150万kW。集中式和分布式储能大规模建设并实现协调发展，预计“十四五”期间新增抽水蓄能装机容量将超过200万kW，新型储能超过100万kWh。

（3）抗扰自愈领先。聚合灵活性资源，最大限度发挥分布式能源价值，完成消纳新能源为主的智能分布式电网集群建设，实现与大电网兼容互补，在沿海岛屿及山区实现集中式和分布式协同的“自适应、全自动”电网运行体系全覆盖，提升极端条件下的电网故障处置能力。

（4）效能优化领先。满足建筑、交通、工业、居民全方位清洁、高效用能需求。实现多种能源互动互济互补，构建多领域能源结构低碳化、能耗管理数字化、能效服务专业化的终端消费体系，实现资源优化配置与社会能效最优，提高终端电气化水平和能源综合利用效率。

2.“四个翻一番”

（1）能源生产清洁水平翻一番。“十四五”末期，新增光伏、海上风电装机容量共300万kW；“十五五”末期，清洁能源装机同比当前翻一番。

（2）资源配置灵活水平翻一番。“十四五”末期，柔性可调负荷规模达150万kW；“十五五”末期，全域柔性可调负荷同比当前翻一番。

（3）储能支撑容量水平翻一番。“十四五”末期，新增新型储能、抽水蓄能等储能容量300万kW；“十五五”末期，全域储能容量同比当前翻一番。

（4）能源管理高效水平翻一番。“十四五”末期，统筹聚合50%重点用能企业水、气、热等多元能源数据；“十五五”末期，整合各项能源数据与覆盖企业规模同比翻一番。

7.2.11 氢电高效耦合图

7.2.11.1 总体思路

随着新能源渗透率的快速提高，电网形态及运行特性将发生变化，电力电子化特征逐渐凸显，浙江电网将面临电力电量平衡困难、稳定控制难度大、调节能力不足等挑战。氢能与电能同属二次能源，更容易耦合电能、热能、燃料等多种能源并与电能一起建立“产业互联”的现代能源网络，以“绿氢”推动的零碳电气化是实现供给侧和消费侧深度脱碳目标的关键。供给侧方面，以电网为平台，通过“绿氢”和可再生能源耦合运行，促进可再生能源就地或并网消纳；消费侧方面，氢能在交通、化工、钢铁、半导体等领域有着广泛的应用前景，实现“绿氢”替代和能效提升将成为必然之势。

氢电耦合即氢能和电能可以互相转化、高效协同的能源网络，在用电低谷时通过风电、光伏等可再生能源将水电解制成氢气和氧气，并将氢气存储，在用电高峰时再将储存的氢气通过不同方式转换为电能输送上网，促进可再生能源主动参与电网调峰，提升新能源利用效率，实现“绿电”造“绿氢”，“绿氢”再发电。

宁波慈溪氢电耦合直流微网示范工程是国家重点研发计划《可离网型风/光/氢燃料电池直流互联与稳定控制技术》的配套示范工程，是世界首个电—氢—热—车耦合的中压直流微网，也是浙江省“十四五”新型电力系统建设试点示范、宁波市氢能产业发展重点项目。该示范工程将突破氢电耦合直流微网在安全、稳定、经济运行方面关键技术，自主研发高效电解制氢系统、燃料电池热电联供系统、氢能与电池混合储能、多端口直流换流器等核心装备，将电、氢、热等能源网络中的生产、存储、消费等环节互联互通，实现绿电制氢、电热氢高效联供、车网灵活互动、离网长周期运行等多功能协同转化与调配，形成以电为中心的电氢热耦合能源互联网示范，氢电耦合直流微网工程架构图如图 7–15 所示。

7.2.11.2 建设内容

示范工程选址于慈溪市滨海经济开发区，已入驻绿动、博氢等氢能高新企业，以燃料电池、制储氢装备和氢能应用装备为重点布局方向。示范工程拟建设 10kV 直流互联系统，宁波慈溪氢电耦合直流微网示范工程示意图如图 7–16 所示。其中可再生能源发电总功率 4.4MW，质子交换膜电解制氢功率 400kW，质子交换膜燃料电池发电功率 240kW，电池储能总容量 3MW/6MWh。工程供热能力 240kW，供氢规模 100kg/d，储氢能力 400kg，可满足 10 辆氢能燃料电池汽车加氢、50 辆纯电动汽车直流快充需求，可离网连续运行 168h。

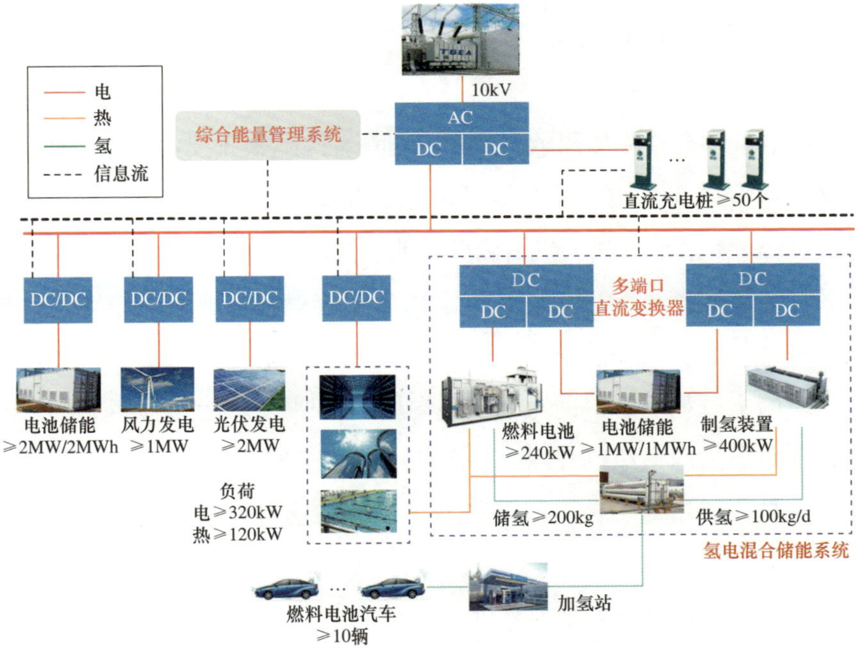

图 7-15 氢电耦合直流微网工程架构图

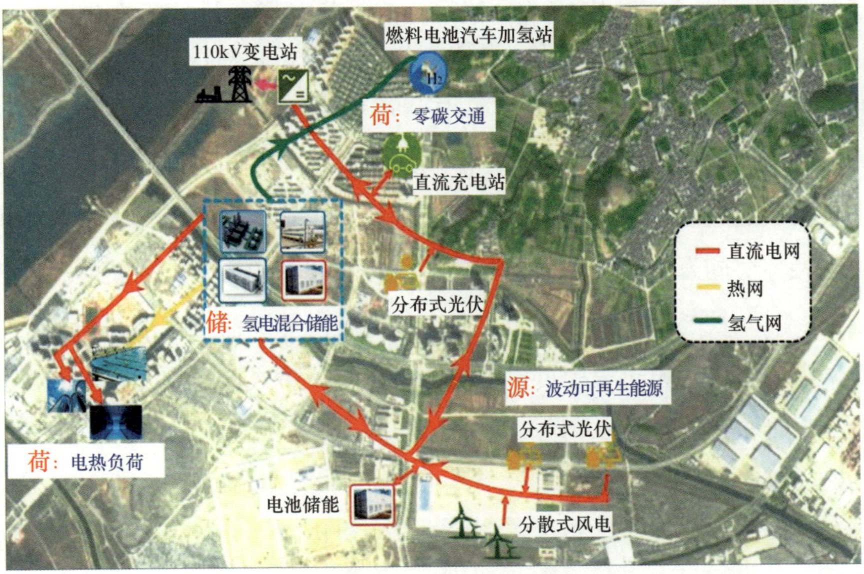

图 7-16 宁波慈溪氢电耦合直流微网示范工程示意图

工程中氢能主要用于燃料电池热电联供系统，满足建筑高效清洁供能的需求；用于氢燃料电池汽车加氢；作为氢储能，与电池储能协同构成氢电混合储能系统，实现可再生能源的多时间尺度、多途径消纳，减少可再生能源波动性、间歇性对电网的影响。

7.2.11.3 建设成效

慈溪氢电耦合直流微网示范工程应用具有国际领先技术指标的制氢、储氢技术，将氢能与风力、光伏等可再生能源耦合运行，在能源供给侧促进清洁能源 100% 消纳，减少供给侧碳排放。同时，通过氢能支撑的微网，每日可满足慈溪滨海经济开发区用户对 10 辆氢能燃料电池大巴加氢、50 辆纯电动汽车直流快充等多种能源的需求，实现从清洁电力到清洁气体能源转化及供应的全过程零碳，助力氢能终端应用，加速消费侧深度脱碳。制氢、储氢技术则通过国家绿色技术交易中心技术成果转化，形成集科研、制取、储运、交易、应用为一体的氢能产业体系，加速当地氢能产业集群高质量发展。

7.2.12 绿电数智结算图

7.2.12.1 总体思路

从政策文件出发，围绕“自动化、无纸化、智慧化”三大目标，应用“区块链”“智能机器人”等先进技术，深化能源互联网省域领先实践，创建“132”新能源全生命周期数智生态圈。即搭建一个新能源数字管理平台，构建智控管理体系、智联结算体系、智享分析体系的三智体系，融合“碳—电”两个市场。通过夯实数字平台基础，充分发挥三智体系效能，支撑两个市场有机互融、协同发展。推动数据开放、交互和共享，不断提高新能源结算的规范性、时效性、数据承载能力，在审计署等内外部监管要求的基础上，满足新型电力系统建设过程中可再生能源结算量井喷式增长的旺盛需求，助力新能源产业发展，助力“双碳”目标达成。

7.2.12.2 建设内容

基于浙电一体化云平台部署，充分运用区块链、云技术、极限学习等数字化技术，贯通交易、营销、新能源云等前端业务系统，整合端到端的全流程、全口径、全量数据信息，为“碳—电”两个市场融合提供“精准、公平、透明、高效”的智控管理、智联结算、智享分析服务，在全国范围内率先实现“一平台、三体系、两市场、微应用”，助力新型电力系统建设。新能源数字管理平台整体功能框架如图 7–17 所示。

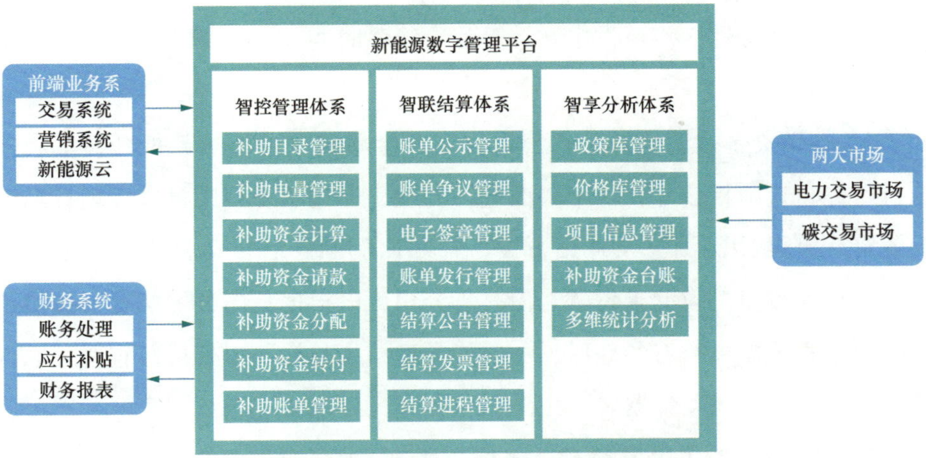

图 7–17　新能源数字管理平台整体功能框架图

1. 智控管理体系

构建新能源全流程智控管理体系，实现从补助项目获取到补助资金转付的全环节智能处理，并确保项目全过程可控、在控。

（1）补助资金结算。

1）补助目录管理方面。补助目录项目基本信息由新能源云平台集成至项目管理单位，其中非居民分布式光伏项目信息同步至财务管控系统（以字段更新方式集成），基本信息包含拨款项目类型、全生命周期合理利用小时数、补贴年限等字段，用于补贴结算及补贴发放规则处理。省公司层级可以查看所有项目信息，项目信息查询支持文件链接查询，可按补助目录批次、项目类别等筛选查看，支持信息变更前后信息查询［项目名称、容量、项目公司（业主单位名称）、收款方账户名称等关键信息］。

2）补助电量获取。集中式项目考虑后续将开展现货结算，上网电量信息需要考虑从营销集成计量点的数据，分布式光伏项目服务调用财务管控功能获取。

3）补助资金缺口统计上报。因同步开展历史数据治理，需要开放数据调整补录功能，确保历史数据准确无误；支持每月自动生成补助资金缺口统计表，可按项目与机组或电厂对应关系，根据机组或电厂当月结算电量及项目补助标准自动计算生成月度资金缺口信息，汇总形成累计缺口统计表，鉴于垃圾发电的特殊性，垃圾发电在计算资金缺口时能够根据其核定周期进行单独处理。

4）补助资金拨款管理。省公司收到资金后统一进行拨款处理，集中式项目与分布式项目合并在一个界面进行处理，通过系统规则自动实现补贴缺口统计、补贴比例测算及补贴下拨，补贴比例确定后自动将金额拆分至项目，且自动覆盖对应的未付款月份，省公司可以根据具体分配情况下拨给市县公司。省公司可查看各地区、各电能类型结果数据，市公司可查看地区内各单位、各电能类型数据。

5）补助资金结算支付管理。各单位自动接收省公司资金拨款完成后结果记录，通知电厂开票，支持异常数据调整处理，直接进行发票校验及结算处理后续账务处理。结算入账操作仍需衔接发票池进行发票检验，同时衔接日排程进行支付操作，同时补助资金支付完成后也需要同步营销、新能源云系统支付结果信息。

（2）统购电结算业务需求。将现有业务流程由财务管控系统迁移到新一代电费结算系统。在业务流程不变的情况下，实现统购电在新一代电费结算系统结算，进行全流程结算操作。除资金支付外，原电价人员处理的环节全部在新一代电费结算系统操作，不再登录财务管控系统进行操作。在新一代电费结算系统处理预估业务，录入预估依据，生成预估凭证，凭证审核在新一代电费结算系统完成；从交易系统接收中长期结算依据，在新一代电费结算系统完成电费计算，并推送财务管控系统，生成结算通知单。与日排程衔接，可沿用目前结算通知单预约方程的方式；发票校验保持和现有处理方式相同的模式，支持附件上传；结算入账时，生成凭证和发票登记单（支付申请，电价专责发起—电价主管审核）。发票登记单审核完成后，推送到资金做拆分。

（3）非统购电结算业务需求。将现有业务迁移到新一代电费结算系统，所有电价处理环节在新一代电费结算系统操作，不再登录财务管控系统操作。非统购的新增技改项目流程，迁移到新一代电费结算系统，满足新增技改项目审批，并自动出具新增技改基本情况信息表；新一代电费结算系统不接收计量点信息，按发电户号从营销集成非统购电厂的账单数据；在新一代电费结算系统实现与营销、“网上国网”App的电厂协同业务，包括电费发票审核、审核状态和支付进程反馈等功能；电费支付发送网报，走支付审批流程；电费结算与日排程衔接，满足日排程资金预算和支付控制要求。

2. 智联管理体系

利用现有的技术手段与现成的业务平台，通过实现目前电费结算过程中电费账单、电费发票、发票清单的电子化，优化现有电费结算工作业务流程，实现电费结算工作全流程无纸化处理。

（1）账单公示管理。财务部未签章的账单将账单数据传至“网上国网”进行公示。

（2）账单争议管理。电费结算账单发布后，市场成员接收查看账单，可对有异议部分提交异议，同时支持添加相关依据等附件功能。针对有争议的结算，属地财务部将进行争议处理及回复。该成员的争议金额在退补清算中添加进入下一结算周期。属地财务部需要在规定时间内，对市场成员的争议进行处理，必要时需进行场外处理。

（3）电子签章管理。最终确认的账单中需要盖章，视实际情况，签章可为传统盖章或电子签章，对于电子签章账单，须在政策准许、保证安全以及各市场主体认可的情况下，调用浙江电e签电子签章服务，进行签章处理。

（4）账单发行管理。各项目属地财务部将已签章的账单推送到“网上国网”给新能源发电业主加盖电子签章。将加盖电网与电厂双方电子签章的结算账单数据传至财务管控系统进行财务处理。

（5）结算公告管理。每月依据市场结算规则梳理结算工作中需要各个市场主体知道的通知以及相关的注意事项，在新一代电费结算系统手工输入后形成公告信息，支持公告信息线下导入与附件上传，对暂存但尚未发布的公告信息可以进行删除处理。线上发布至外网服务平台（“网上国网”、95598 网站等），各个市场主体可以及时查询相关通知与结算公告，支持对当前结算月内已发布的公告信息进行撤回处理；可按月度、年度查询结算公告信息以及发布状态。

（6）结算发票管理。发电企业完成发票开具后，在“网上国网”扫描上传纸质发票（电子发票可直接上传），发票上传后，系统通过 OCR 自动识别并验真发票信息，对于已验证为真的发票可关联匹配到电费账单，提交至新一代电费结算系统省侧。

（7）结算进程管理。发电企业完成发票开具后，可通过新一代电费结算系统维护支付进度，推送至“网上国网”进行展示。

3. 智享管理体系

智享分析体系通过搭建政策分析库，纵横联动分析，满足内部管理需求和外部分级共享，实现新能源全生命周期数字化展示。

（1）政策智能分析。形成新能源政策文件池，支持智能查询、信息提取、关联分析，可创新比对政策差异、分析原因，切实弄通悟透政策要点，规避政策执行风险。

1）政策思维导图。将所有新能源政策进行归纳整理，形成新能源政策文件池，体系化呈现新能源政策，如将政策文件分类为标杆电价类、目录管理类、平价上网、补贴管理类等。以思维导图样式呈现新能源政策图谱，方便业务人员掌握所有新能源政策脉络，快速了解所有政策分布。根据文档间的引用关系，建立文档引用图谱。展示复杂的文档间引用关系，方便业务人员追本溯源。

2）政策智能搜索。根据关键字快速全文搜索、精准的个性化智能推荐，解决业务人员文档查询难的问题。

3）政策多维分析。政策文档智能解析，对政策原文条款进行全面解析，全面、精准地理解每一条政策规定。建立新能源价格一览表，检索每次政策执行价格，形成价格一览表，比对政策差异，判断政策走向及趋势。

（2）多维分析辅助决策。纵向实现单个项目全生命周期数据统计分析，横向实现同类别（跨类别）项目数据对比分析，自动生成不同维度的数据统计报表和分析报告，满足公司不同层级领导、不同专业部门的管理需求，提高科学决策水平。

（3）信息对外分级共享。根据政府机构与项目业主不同的查询需求，设置几个常态查询方案供不同用户查询数据。同时依据财政部、发展改革委、审计署等不同监管要求，通过灵活配置查询方案，自动生成满足条件的最小限度统计数据，满足数据上报及监管要求。

4. 其他方面

（1）数据集成方面。考虑到未来电力市场发展的变化，需要尽量考虑全数据集成需求，便于用户集中沟通协调。

（2）系统性能方面。系统优化改造中考虑计算性能问题，保障补助项目管理、补助资金结算等查询、业务处理的快速、准确、高效。

7.2.12.3 建设成效

1. 先进创新点

（1）应用区块链、智能机器人等先进技术，通过搭建新一代电费结算系统完成“账单自动化出具，资金无纸化兑付，项目智慧化管控”目标，率先实现“最多跑零次”，提高可再生结算工作时效性和准确率。

（2）以“目录管理—资金拨付—查询统计”业务为主线，创新实现可再生能源补贴结算的数字化、智慧化管理，完善可再生能源全生命周期管理，预期成果属国内领先。

（3）系统性梳理，形成国内最完备的政策体系库，通过政策深度学习，前瞻性、领先性探索未来政策趋势，推动补贴资金管理融合、补贴数据深度挖掘分析，充分发挥数据价值。

（4）通过前端业务系统的升级改造，打通内外网交互壁垒，在国内率先实现购电全链条无纸化，进一步推进零碳目标实现。

（5）系统内首次提出探索设置可再生补助全链条管控规则，事前预警、事中控制、事后清算，实现系统智慧化管控。进一步满足审计署、财政部等内外部监管要求。

2. 量化评价指标

通过该项目的实施，在搭建自动化、无纸化、智慧化结算平台的同时，同步形成一套涵盖可再生能源全链条的指标体系。

（1）可再生能源结算平台使用率：该指标主要统计可再生能源电费线上系统平台结算情况，用于解决线下统计、线下分析、线下申报等数据质量偏低、混乱等情况，推进可再生能源结算入池、入平台，统一科学规范管理。

（2）可再生能源结算无纸化率：该指标主要统计可再生能源结算过程中，各环节无纸化程度实现情况，用于推动系统各单位在完成系统结算的同时，推进发票、原始单据、审批流程、电子回单等的线上流转、线上存档，提升全链条的无纸化程度。

（3）可再生能源结算差错检出率：该指标主要用于统计可再生能源结算数据的准确性，通过前期基础信息的收集，设置自动校验规则，与结算数据进行实时比对，提高结算数据的准确性。

（4）可再生能源资金发放的及时率：该指标主要用于监控可再生电费结算资金的发放时效，涵盖上网单价、补贴的全过程监控，通过对审批流程、电子回单线上流程的监控，实现结算资金、补贴方法的及时依法合规。

3. 建设成效

通过该项目的研究和实施，搭建首个涵盖可再生能源全链条的数字化结算平台，提供首套可再生能源结算示范化系统建设方案及配套手册，便于全网推广应用；形成国内最完备、最详细的系统性政策体系库，并对未来政策趋势进行前瞻性研究；率先实现可再生能源结算全链条无纸化；首次提出可再生补助线上全过程管控，并在信息系统中予以实现；结合内控规则，创造性探索并制订可再生能源结算内控流程图、资金管理办法及操作细则。

探索实践全方位成果均属国内领先，由于供电企业同质化程度较高，具有很好的普遍适应性和推广价值。既能满足内外部审计、各类统计需要，实现资金统计与稽核数字化、智慧化高质量发展，更能有力支撑新型电力系统建设，为蓬勃发展的可再生能源结算做好坚实支撑。同时，各专业系统基础数据的整合，形成的海量数据库，可实现数据价值的深度应用，便于进一步搭建碳、电两个市场联动的桥梁，提高新能源电力在“碳—电”两个市场的效益，促进新能源电力消纳规模和投资意愿。

7.2.13 跨区柔性互联图

7.2.13.1 总体思路

在特高压电网大力发展背景下，杭州作为大受端城市，呈现“两交两直”主要电源，东、西、北三个环网的电网布局。但受短路电流限制，500kV/220kV 供区独立运行，供区间互济能力没有被充分利用。以 500kV 富阳变电站和 500kV 昇光变电站为例，富阳变电站现有主变压器容量 3×75 万 kVA，主供富阳、杭州市区南部和桐庐东部等区域，昇光变电站现有主变压器容量 3×120 万 kVA，主供滨江、萧山西南部和富阳南部等区域。近年来，富阳变电站负载率居高不下，最高负荷达 188 万 kW，在用电尖峰时期已超出主变压器稳定限额。而昇光变电站供电区域负荷增长较为平稳，最高负荷 165 万 kW，距主变压器稳定限额仍有较大空间，亟须释放 500kV 昇光变电站盈余供电能力，实现灵活互济。

柔性低频交流输电是以电力电子技术为基础，通过降低输电频率、减小线路阻抗、减少电缆线路充电无功，提升电网的输送能力和柔性调控能力的一种新型高效输电技术。低频交流相对于工频交流具备更长的有效输电距离，可异步互联，隔断短路电流；相对于柔性直流无需安装换流站，工程建设难度和投资成本低，不存在空间电荷积累效应。

杭州城市电网 500kV 供区柔性低频互联示范工程使用交流开关和变压器实现组网和电压等级变换，同时借鉴常规交流系统的控制保护配置方案，组成多端低频交流输电系统，拥有更强的组网性能和更灵活的运行方式，提升电网承载能力，有效解决因外来电不确定、不稳定而造成的电网潮流不均和电网稳定问题。在发生重大电网事故时，提升两大供区的支援能力，大幅降低失电负荷比例。柔性低频交流输电示意图如图 7-18 所示。

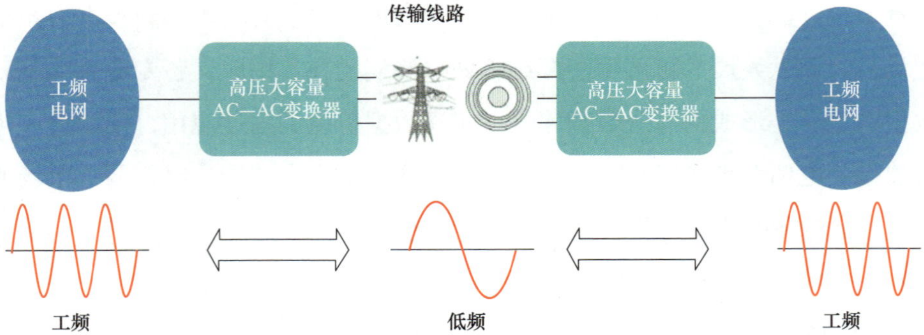

图 7-18 柔性低频交流输电示意图

7.2.13.2 建设内容

（1）一期工程通过已建 220kV 亭山变电站—中埠变电站（亭中 2400 线）开展低频输电，实现富春江两岸 500kV 富阳供区和昇光供区之间的异步互联与灵活互济。

（2）二期工程将在 500kV 富阳供区与建德供区间再建设一条柔性低频输电线路，实现建德、富阳、昇光 3 个供区之间的低频互联互通。

（3）攻克掌握柔性低频输电设备设计及制造、试验、控制保护等核心技术，取得 220kV 柔性交交换频站、低频变压器、低频互感器等一系列首台首套设备成果，抢占全球柔性低频输电领域核心装备和关键技术制高点。

杭州城市电网 500kV 供区柔性低频互联工程示意图如图 7-19 所示。

7.2.13.3 建设成效

应用柔性低频输电技术，浙江将首次实现 500kV 供区异步互联。此举将让富春江两岸富阳、昇光两大供区之间具备 30 万 kW 功率的柔性潮流互济能力，相当于新建了一座 220kV 变电站，实现了潮流从自然分布到互济功率“可控可调”的优化。同时，为电网提供 300Mvar 动态可调无功补偿，大幅提高杭州电网跨江通道的输送能力和运行效能。

根据电网规划，二期工程建成后将大幅提高杭州电网对白鹤滩等外部清洁能源输入的承载力，有效缓解杭州西部电网对新安江水电、富春江水电、乌龙山抽水蓄能等清洁能源的消纳压力，实现杭州西部和南部电网全面互联互济，为浙江新型电力系统示范区建设提供有力支撑。

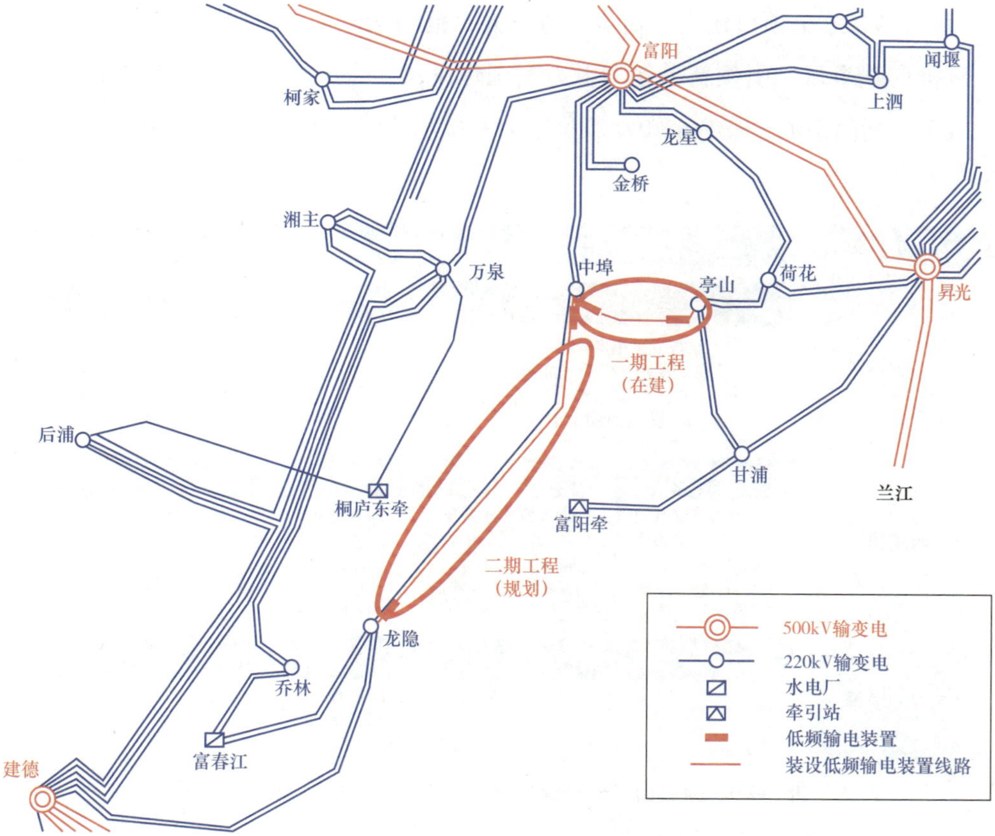

图 7-19 杭州城市电网 500kV 供区柔性低频互联工程示意图

7.2.14 县域智能源动图

7.2.14.1 总体思路

国网新昌供电公司以打造新昌山城——智能源动新型电力系统综合示范为目标，以服务“双控”为核心，打造绿色、智能、交互用能模式。以能源大数据管理和应用为导向，打破县级供电企业原有组织机构模式，通过体制机制二维突破，紧扣四项重点工作，打造回山零碳有源配电网、澄潭园区综合能源服务示范、新昌县域碳排管理平台三大示范场景，初步建成具备“运行状态全感知、源网荷储全互动、多元发展全链条、清洁低碳全覆盖”的新型电力系统县域示范标杆。

按照“一年创示范，四年成标杆”的目标，2022 年，在源网荷储四侧发力，开展 26 个项目建设，初步打造三大示范场景，全方位构建初步框架，示范推广建全域，引领新昌新型电力系统建设，并完成与其相适应的体制机制改革。新昌山城——智能源动新型电力系统示范建设思路如图 7-20 所示。

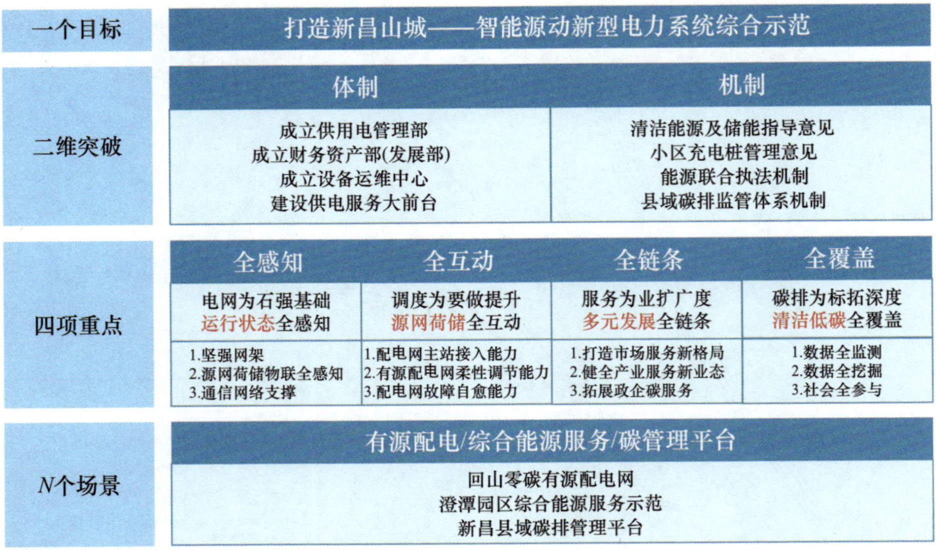

图 7-20 新昌山城——智能源动新型电力系统示范建设思路

7.2.14.2 建设内容

1. 持续深化体制机制转型

（1）推动内部体制变革，构建高效协同组织机构。①将运维检修部的运维检修管理职能和市场营销部（配网部）合并，成立供用电管理部，形成主配网运检集约化管理、营配业务一体化融合，做强业务后台总管。②将运维检修部的发展规划管理职能和财务资产部合并，成立财务资产部（发展部），做强公司经营状况分析和经营活动管控。③整合原信通自动化班、输电运检班、变电运检班、装接运维班全部设备运维管理职责，成立设备运维中心，实现设备集中运维、项目建设集中管控。④将综合能源、能效服务、35kV 及以下客户（含小水电、光伏等）业扩报装、客户服务以及配套装接、电费核算等业务整体下放属地供电所，拓展前端业务，建设“一口对外”的供电服务大前台。

（2）推动外部机制出台，助力清洁低碳能源发展。①出台清洁能源及储能指导意见。简化清洁能源及储能审批流程；针对分散式、小规模光伏项目推行租赁储能配额，推动储能参与电力现货市场及辅助服务市场。②加快储能建设。推动政府部门建立“新能源＋储能”基金，促进新昌新能源发展。③出台新昌县小区充电桩管理意见。按照“政府引导、市场主体、多方协同”原则，统筹推进新建及既有居民小区充电设施建设。④探索能源联合执法机制。深化新昌县能源行政联合执法机构运作，明确能源执法责任清单、内容清单和工作流程，开展跨领域能源联合执法，为能源产供用安全提供政策支持和执法保障。⑤探索县域碳排监管体系机制。协调政府各部门共同试点对新增企业进行碳评估，对既有企业进行碳监测，描绘企业“碳画像”，根据评价分析，对企业进行政策激励或能效提升，提升碳汇能力、探索碳交易。

2. 打造“四全”[1]目标数智电网

（1）电网为石强基础，运行状态全感知。

1）构建坚强主配网网架。加强主配协同发展，完成 2 个 110kV 及 2 个 35kV 业扩配套工程，开展配电网标准网格建设。加强网架互联互济，实现边界线路跨区联络全覆盖，推进全域变电站全停全转建设。开展全域无人机自主巡检全覆盖，推进机器换人。

2）强化源网荷储物联感知基础。10kV 及以上地方能源直采接入配电网主站，具备调控指令或远程调控条件。开展变电站数字孪生建模，实现可视化和实时在线监测。开展量子智能开关全域覆盖建设，安装 318 套量子智能开关，实现电网故障有效自愈。推进融合终端全覆盖建设，构建低压物联网体系。全面推进专用变压器负荷及分项计量负荷通过负控终端量子加密接入配电网主站。加强配套储能建设，推动储能配额制落地，分布式储能通过云平台接入配电网主站。

3）强化通信网络支撑基础。按照光缆覆盖开关站（环网站）、4G/5G/ 量子加密覆盖架空混合线路、北斗精准布点无信号线路的原则，构建“有线＋

[1] “四全”即全感知、全互动、全链条、全覆盖。

无线、骨干 + 接入、公网 + 专网”的一体化通信网络，开展通信网改造升级项目，完成扩容新建 12km 光缆。

（2）调度为要做提升，源网荷储全互动。

1）提升配电网主站接入能力。主网上，搭建多元融合辅助监控平台，实现变电站一键顺控可视化。配电网上，开展配电自动化全域覆盖，实现存量和增量智能设备“三遥”。开展分路负控技术全域覆盖，构建面向全业务、全区域、全时段尺度的“一键响应”需求侧管理新模式。

2）提升有源配电网柔性调控能力。开展基于台区线损最优 + 新能源就地消纳运行方式自动调整策略研究，结合主站负荷信息、光伏、水电发电信息，实时计算配电网潮流，自动调整配电网运行方式，实现局部配电网的经济低碳运行。

3）提高配电网故障自愈能力。贯通营配调系统数据，开发配电网智慧调度助手，自动生成智能研判简报和转供供电方案，并一键执行。与地方政府联合打造乡村大脑智慧电力应急响应模块，为新昌县提供坚强、智慧电力保障。

（3）服务为本扩广度，多元发展全链条。

1）打造市场服务新格局。源侧，深挖本地清洁能源，推动政府建立“新能源 + 储能”基金，实施全县光伏双倍增计划，新增装机 16 万 kW 以上；荷侧，推进“6+1”领域“供电 + 能效服务”，实现产业绿色低碳转型；储侧，利用资源禀赋，探索系统备用型分布式水储应用，并建设集中式储能电站一座，容量 100MW/200MWh。

2）健全产业服务新业态。产业单位主动转型，主推综合能源、能效提升服务，开展新能源投资建设和运维运营服务，实现产业全方位服务，做好整县新能源全运维，实现新能源、储能等新业态服务产业链全覆盖。

3）拓展政企碳服务。推进县域碳排监管体系建设，通过“减少碳排放”进行行业“碳效水平”对标，促进企业能效水平提升。通过“增加碳排权”促进新昌新型林业和农业绿色发展，探索碳排权交易商业模式，从而实现新昌县域碳排最优。

（4）碳排为标拓深度，清洁低碳全覆盖。

1）数据全监测，服务政府碳排双控。引导政府部门推进用能感知设备全覆盖，试点将电、煤、气、热等能源信息汇聚至能源双碳监测平台；开展碳排总量、碳排强度等评价，协助政府部门开展碳排双控管理。

2）数据全挖掘，服务企业能效提升。对企业碳排数据进行同行业对标，指导用能企业调整能源结构，开展电能替代改造；对有多种用能需求的企业用户，提供以电能为核心的综合能源服务方案。

3）社会全参与，助推“双碳”目标实现。联合政府对企业碳排确权，完善县域碳交易规则，明确交易运行流程，汇集清洁电源参与绿电交易；综合推进“6+1”领域绿色转型、降碳减排，助力“双碳”目标实现。

7.2.14.3 建设成效

1. 先进创新点

（1）构建协调高效的内部运营模式。深化管办分离、生产业务高效融合，实施“一口对外”供电服务，通过搭建“强后台管总、宽中台支撑、大前台高效”的组织和业务架构，实现“机构多元融合，军种主建、军区主战，业务弹性集约”的运行模式。形成生产业务管理集中整合、财务管理全过程协同共享、大数据统一调度指挥、设备集中运维、前台高效服务的组织和业务模式。探索承包制，以打破大锅饭，实现绩效奖金差幅在30%以上；全力激发基层活力，搭建人企共建的氛围；打造核心班组、自主施工班组、蓝领队伍，建立前、中、后台全面交流的人才阶梯融合式晋升激励通道。

（2）出台精准引导的外部激励机制。通过出台光伏、储能、充电桩建设等相关指导意见，实现各类新能源项目落地和成长，为新昌经济发展提供新的增长点。通过开展跨领域的能源联合执法，为能源供用安全提供政策有力支撑。建成能源双碳监测平台，积极协助政府落实能源管控和能耗双碳精准管控科学决策支撑、用能企业精益管理和智慧运营支撑、能源服务企业优化服务和能源转型支撑的三个支撑，为保持平稳健康的经济环境、国泰民安的社会环境、风清气正的政治环境做出应有贡献。

（3）建成智能源动的新型电力系统综合示范区。在新昌“唐诗之路”多元融合高弹性电网“城、园、景、茶”四区示范场景建设的基础上，以“零碳”乡镇为目标，打造源网荷储全互动的山区零碳有源配电网示范场景；以园区能效提升为目标，优化配置源网荷储各类资源，打造澄潭园区综合能源服务示范场景；按照“碳达峰、碳中和”要求，实现各类能源数据统一汇聚、集中展示的新昌县域碳排管理平台三个示范场景，为全省建立有山区特色、智能源动的新型电力系统综合示范区。

（4）打造“县域碳最优”的能源消费格局。以新型电力系统建设为基础，实现全县“控碳最优、限碳最优、减碳最优、用碳最优”的目标。控碳最优，完善县域碳排监管体系，围绕“减少碳排放”和“增加碳排权”的目标，打造县域“双碳”示范样板；限碳最优，建立限碳最优化模式，面对各类用碳情况，避免原先一刀切的模式，实现限碳政策的精准响应；减碳最优，通过增加新能源装机容量，实现碳排总量、强度和度电碳排下降，并通过储能布局，满足新能源的安全稳定发展；用碳最优，完善碳排权交易商业模式，开展“绿碳码”交易，实现产业绿色低碳转型，将电能占终端能源比例提升至全省领先水平。

2. 建设成效

（1）资源瓶颈实现突破，清洁能源占比快速提高。全县 107 座小水电有功、无功、发电量等实时数据实现全采集，运行全监控，在实现削峰填谷的同时，助力清洁能源消纳，实现水电资源高效有序利用；推进光伏发电实时可调配机制和利用峰谷电价差额叠加补贴激励机制，光伏等新能源实现容量倍增、全额消纳，新能源成为本地电源装机主体。

（2）网架瓶颈实现突破，电网数智化能力有效增强。县域网架实现互联互济，全域变电站全停全转，网架结构薄弱问题得以解决；全域架空输电线路实现无人机自主巡检，配电网低压物联实现低压故障精准感知，开关站（所）环境辅助监控全覆盖，传统单一供电功能网络向多元互动平台转型升级，电网的自愈能力、消纳承载力、柔性调度能力得到显著提升。

（3）用能瓶颈实现突破，能源利用效率显著提升。电、煤、气、热、油等用能信息数据实现全采集，为企业开展用能优化提供指导，为政府用能战略布局提供支撑；打造全域立体充电网络，实现充电桩建设“镇镇通”；十九峰景区餐饮、交通等领域进行清洁能源替代和智能控制改造，建成电能替代示范区；电力消费占终端能源消费比例提高，用户侧能效显著提升。

（4）能源消纳实现突破，储能产业落地更加顺畅。构建“新能源 + 储能”发展基金模式，大型集中式储能建设实现落地；通过储能建设，实现电网削峰填谷，同时向光伏等新能源企业提供储能租赁服务，解决新能源发展需同步配置储能问题；分布式抽水蓄能、集中式、分布式电化学储能等多元储能协调发展，可调储能规模达到 10 万千瓦级，形成一套共享储能市场化运营规范，带动新能源产业快速发展。

7.2.15 数智运维站所图

7.2.15.1 总体思路

当前，中国正处于能源转型发展和数字化革命交织叠加的关键时期，电网作为多能转换利用的枢纽，承载着资源大范围优化配置的重任。特高压变电站作为电力系统枢纽节点，在电网运行中占据着重要地位，在能源配置、电力保供、环境改善、提升电网安全水平等方面发挥了重要作用。随着电网业务快速发展，特高压变电站规模不断升级，设备安全运行的风险和压力与日俱增。但经过前期调研发现，特高压变电站在信息化、数字化建设方面还存在不少问题。

为提升特高压设备精益化管理水平，提升专业管理穿透力，保障特高压变电站安全稳定运行，有必要在充分继承现有设备专业数字化建设成果的基础上，开展数字化特高压变电站建设，支撑特高压变电站监控集中化、分析智能化、业务数字化，全面提升班组生产作业、省公司及总部协同高效管理水平。

结合公司数字化转型最新成果，遵循 PMS3.0 架构现状，构建纵向贯通、横向协同、灵活开放的数字化交流特高压站支撑体系。综合特高压变电站现状、变电专业特点、直流专业数字化建设成效等多方面因素，按照以下四大原则开展建设工作：

（1）充分借鉴数字换流站建设成果，全面分析数字化特高压变电站“云站两端”业务管理及应用需求边界，深挖变电、直流业务“共通点、差异性”，明确技术方案“共同点、创新性”。

（2）充分继承 PMS3.0 数字化架构，借鉴集控站建设成果，根据特高压变电站运行管理特点，深度打造站端“集控站”、云端“3.0”的数字化特高压变电站应用体系。

（3）以站端、超高压公司、省公司、总部 4 大视角，切实贴近安全、生产、管理、设备、作业、人员 6 大要素，全面覆盖各级运行监控、作业管理、决策指挥等核心业务需求。

（4）遵循技术规范、模型规范、接口规范、界面规范、交互规范“五统一”原则，构建数字化特高压变电站应用建设标准，实现功能应用统一设计、模型数据有效融合、管理作业云边协同。

7.2.15.2 建设内容

1. 站端功能建设

站端根据系统建设现状和安全防护要求，以最大化复用现有设备、避免重复建设为前提，在安全Ⅰ区基于现有主设备监控系统接入主设备运行数据、二次设备运行数据、站用交直流数据。安全Ⅱ区部署综合应用主机，汇聚Ⅱ区现有在线监测、火灾消防、安防、动环、故障录波、结算计量等系统数据信息。安全Ⅳ区部署高性能、高可靠、高扩展的基础软硬件设施，使用虚拟化、容器、负载均衡、精细化三维、视频融合、人工智能、数据挖掘等技术，按“五统一”原则，建设站内数字化平台，集成现有变电站远程智能巡视系统应用，汇聚主设备监控系统、综合应用主机、智能作业装备、无线接入网关等站内全量数据，通过云边协同技术，与云端开展数据及业务交互。在各安全分区内通过数据汇集、数据治理、功能建设，实现分区数据的融通共享和功能整合。同时，结合业务需求，深入挖掘站端数据价值，部署主辅一体化监控、全景孪生、现场作业、日常管理四类应用，满足站内各级人员业务需求，提升人员工作效率。

（1）主辅一体化监控。主辅一体化监控继承特高压变电站现有系统，遵循自主可控新一代站控系统技术要求，通过优化主设备监控系统及新增综合应用主机方式实现主设备监控、一键顺控、综合防误、在线监测、动环监控、消防监控、安防监控、智能联动、智慧交直流及故障录波、保信子站系统功能，打造站端主辅设备状态全面监视和一体化控制，有效支撑电网运行。

（2）全景孪生类应用。全景孪生类应用汇集设备全场景信息，依托设备三维模型，真实反映设备状态及其周围环境。依托数字孪生技术，实现以数据驱动的预警诊断，推进设备状态检修。

（3）现场作业类应用。现场作业类应用以一线作业人员为中心，贯彻安全第一、预防为主的方针，依托数字化技术，推进运检业务及技术管控等现场作业的智能化水平，提升现场安全风险管控能力。

（4）日常管理类应用。日常管理类应用结合运行管理需求，以提升现场人员工作效率为目标，建设日周月分析、智能报表、站内资料共享、工器具及库房管理应用，实现设备关键运行数据的自动分析比对、报表按需自动生成、档案资料电子化管理、工器具数字化管控。所有功能均为站端建设，站端应用。

2. 云端（省侧功能建设）

云端省侧应用基于 PMS3.0 现有基础管理、现场作业、分析管控、决策指挥 4 大类微应用群，通过电网资源业务中台，获取站端运行、监控、告警数据，沉淀核心功能、灵活扩展应用场景，细化形成数字化特高压变电站应用，同时为站端作业、管理提供应用和决策。

（1）基础管理微应用群。依托同源维护应用、电网资源管理、作业资源管理等微应用，实现变电设备资产、资源、异动管理，优化作业资源配置定额、设备种类配比、地区资源分布，做到设备资产、设备资源、作业资产、作业资源调配高效、维护便捷、统计精准。通过数据、制度、标准管理及知识库等应用构建，依据国网规章制度、标准规范、运行规程等文件及生产作业典型经验，进行拓展丰富完善，支撑应急抢修、日常运维、设备维护等工作有序、有质开展。其中标准管理、电网资源管理、作业资源管理、设备履历管理、电网主设备知识库为云端、站端共用；变电设备变更管理主要为站端使用。

（2）现场作业微应用群。结合数字化班组建设，以变电“五通”（国网公司变电运检五项通用制度，以设备全寿命周期管理为主线，从变电验收、变电运维、变电检测、变电评价变电和检修五个寿命环节，制定通用管理制度，并配套206个具体实施细则，实现变设备运检管理全面覆盖、有章可循、规范统一。）为建设基础、“五级五控”（杜绝重大死亡事故，杜绝多人伤亡事故，杜绝重大机械事故，杜绝重大交通事故，杜绝重大火灾事故。防止误分合断路器，防止带负荷分合隔离开关，防止带电挂接地线，防止带接地线合断路器，防止误入带电间隔。）为安全管控原则，以在线化、移动化班组应用，生产业务管控为主线，围绕验收、运维、检修、检测、评价建设作业类应用，以班组使用人员为中心，转变现场作业方式，推进现场作业移动化、智能化，促进现场作业数据自动化、客观化采集，强化数据伴随设备资产管理全寿命周期、数据驱动业务理念，精准高效积累基础业务数据，实现故障设备监控信息、跳闸信息（故障录波）、现场检查情况、影音图像等信息共享，借助设备全景信息展示、视频自动定位，快速掌握作业现场情况。通过专家远程会诊、协同指导，实现事故处理流程全过程管控，提升抢修工作效率。结合远程智能巡视，编排、关联运维检修工作任务，实现“人＋机”协同作业管控。实现站端作业应用，云端管理应用协同，为分析管控、决策指挥应用群提供数据基础。包括计划制订、变电验收、变电运维、变电检修、变电检测、变电评价应用功能，为站端和云端按角色需求，开展应用。

（3）分析管控微应用群。基于状态感知类、业务类数据，建立业务、场景、设备、时间、区域等多维度分析模型，对电网运行、设备状态、作业质效、人员管控等全面分析评估，通过设备健康管理、状态检修、设备运行分析动态评估作为依据，实现设备运行异常故障事前和事后分析，辅助检修策略差异化定制和应用，设备状态主动预警分析通过对设备的隐患、状态进行预警研判和监视跟踪，在云端实现宏观、群体的预警分析，在站端实现实时分析，指导作业处置。班组作业综合分析实现班组作业管理的统筹分析应用。主要在云端完成结果分析，辅助管理决策，辅助站端做决策和策略应用。

（4）决策指挥微应用群。依托电网资源业务中台，汇聚主设备、高清摄像头、机器人、站用无人机、传感器等多种感知设备的量测、信号、视频（图像）、运维、检修数据等构建以全景浏览、智慧指挥为主，辅助智能决策为核心的综合指挥体系，支撑春（秋）检、迎峰度夏（冬）、重大活动保电、应急处置等重要工作的远程指挥，实现远程指挥管理高效有序。全景浏览在云端实现宏观、微观的变电站规模、运行、作业、监测信息指标和信息的二维或三维全景展示。在站端以全景监视应用实现准监控级变电站设备运行及工况的全景展示。智慧指挥在云端实现管理层的总体把控、总体指挥协调管理。

7.2.15.3 建设成效

1. 先进创新点

以设备为中心，开发智能视频、三维场景、设备状态、设备分析等功能应用池。通过统一应用开发规范，实现新增应用功能快速部署。

规范统一系统架构和数据模型，与中台互联互通，实现设备信息透明共享、设备状态智能诊断、故障处理主动控制、辅助决策精准有效，持续提升业务专业化集中运营能力和运维检修效率。

全面实时掌控主辅设备状态，增强设备故障大数据分析能力，不断深化以可靠性为中心的设备状态检修，持续提高设备本质安全水平。

2. 量化评价指标

运行控制方面：站内各类信息化系统种类繁多且多独立部署，部分特高压变电站多达十余套，系统风格和操作方式各异，通过数字化特高压变电站建设，实现各系统数据实时共享和功能联动，大幅降低系统切换频次，提高系统使用效率 40%。

现场作业方面：通过数字化特高压变电站建设，利用在线化、移动化、智能化等作业全过程安全管控手段，降低现场一线人员安全管控压力，提高人机协同作业应用程度 30%。

日常管理方面：通过数字化特高压变电站建设，实现各类报表自动生成及个性化定制，提高作业效率 50%；实现档案资料在线共享、无纸化管理，提升资料存储、检索和查阅效率 30%。

分析管控方面：通过数字化特高压变电站建设，实现设备运行分析、状态预测的人工智能综合分析，实现主动预警，降低人员主观因素影响，提升设备异常的分析管控能力。

决策指挥方面：通过数字化特高压变电站建设，建立有效的综合指挥体系，实现省公司、技术专家及检修人员实时掌握变电站运行状态，实现远程诊断及设备评价，为春（秋）检、迎峰度夏（冬）、重大活动保电、应急处置等重要工作提供远程指挥平台支撑。

基础管理方面：通过数字化特高压变电站建设，实现日常监控、倒闸操作、事故处理等各类模拟训练场景，打破传统的理论指导为主、实操演练为辅的方式，提升现场人员的技术技能水平。

3. 总体成效

以“设备、场景、业务”3 个数字化为支撑，构建“主辅一体化监控、全景孪生、现场作业、日常管理、基础管理、分析管控、决策指挥”7 大应用集群，建设“架构统一、模型统一、接口统一、界面统一、交互统一”的数字化特高压变电站系统，全面掌控特高压变电站设备运行状态，辅助运检决策，形成“设备 + 人员”动态管理模式，全面服务现场管理，促进技术发展与效益提升的良性循环，不断提升特高压变电站管理质效，提升大电网安全运行水平。

7.2.16 数智巡检线路图

7.2.16.1 总体思路

坚持“科学规划、精准运维、提质增效”的基本原则，充分发挥新技术、新装备在输电运维工作中的作用，持续推进传统人工巡检向精益立体巡检模式转变，以《国家电网有限公司关于落实国企改革三年行动建设现代设备管理体系的通知》《国网浙江省电力有限公司关于印发架空输电线路立体巡检作业指导意见的通知》为指导思想，加强物联传感、智能研判等技术为支撑的设备智能化建设，加快以运检管控应用群和移动作业终端为支撑的业务数字化建设，着力优化生产组织方式和运维模式，积极落地实践“立体巡检 + 集中监控”现代设备管理体系，构建适应新型电力系统要求的输电运维新模式。

7.2.16.2 建设内容

深化“无人机 + 可视化 + 状态监测装置”应用，充分发挥氢能长航时无人机、中继设备、5G智控、机巢、固定翼等各类无人机设备优势，通过与状态监测装置相互融合，利用电网数字孪生技术，打造高效经济的“立体巡检+集中监控”示范区，构建“中心化管理、分布式运维”的指挥体系。

1. 示范区选取

示范区选址在温州乐清北部，四都变电站至乐清电厂一带，范围为20km×30km。示范区内含海岛、偏远山区、平原、水网、郊区、人口密集区等类地形条件。该地区常年遭受台风侵袭，山区植被茂密，山火隐患巨大，且易遭受雷击，沿海平原区域经济发展迅速，城镇建设推进较快，外破隐患形势严峻。区域内线路有35回，889基塔，通道长度273km。

2. 巡检体系建设

依托输电无人机自主巡检样板间和输电全景智慧应用群，借助省市两级输电监控中心，建设无人机巡检基站，精准配置状态在线监测装置，构建输电线路运检“中心化管理、分布式运维”指挥体系，形成“计划制定——任务下发——执行巡检——数据上传——生成报告”一站式中心化管理体系。

（1）中心化管理。借助省市级监控中心，开展无人机航线规划、优化监控中心监控管理模式，将监控中心打造成为输电线路巡检业务的“指挥所”“控制站”“数据库”。实现输电线路巡检工作中心化管理。

1）无人机巡检航线规划。根据巡检内容的不同，定制无人机巡检“航线包”，分为精细化巡检航线包、树障巡检航线包、通道、地线巡检航线包、山火特巡航线包。

每个“航线包”包含n个巡检架次，规划每个巡检架次所要巡检的内容（包括巡检方式、巡检的杆塔量、巡检通道长度等），编制巡检基站的启动方案，以精细化巡检和山火特巡为例说明基站的启动方案。

启动精细化自主巡检航线包：依次启动A区、B区巡检基站1、2号、3、4号氢能无人机执行1、2、3、4号航线，巡检完成后自主降落至巡检基站停机坪，现场维护人员更换氢瓶，完成后，重新启动1、2、3、4号氢能无人机执行i+1、i+2、i+3、i+4号航线，巡检完成后按照上述流程执行巡检航线，大型巡检基站内1、2号移动巡检车携带配备氢能无人机的小型移动机巢按照此启动方案按此执行，每架无人机每天3个巡检架次。

启动山火特巡航线包：在清明节及山火易发期间，将移动巡检车布置在山火易发区，依次启动巡检基站和移动巡检车内的8架氢能无人机，实现山地区域线路通道24h不间断巡视，在发现火情后，氢能无人机可停止当前航线并接收和执行火情跟踪航线。

2）监控中心监管模式优化。优化监控中心监控管理模式，将监控中心打造成输电线路巡检业务的“指挥所”“控制站”“数据库”，集中执行线路无人机、通道可视化的巡检作业，建设巡检业务“指挥所”；统一调度、控制远程巡检设备，建设远程设备“控制站”；收集修正各类巡检业务航线包，汇总、分析巡检数据，生成巡检报告，打造巡检业务“数据库”。

a. 巡检业务集中执行——指挥所。监控中心作为立体巡检体系的管理中心，依托“输电无人机自主巡检样板间”和“输电全景智慧应用群”，根据设备主人的巡检需求，负责巡检业务的计划制订、任务下发、执行巡检、数据上传、生成巡检报告，并将最终巡检成果推送至设备主人。

b. 巡检设备远程控制——控制站。在监控中心建设巡检设备远程控制站，编制示范区内远程巡检设备的控制规则，制订巡检计划，按照巡检计划开展精细化自主巡检、通道巡检、树障巡检、地线自主巡检等巡检作业。

c. 状态监测装置集中监控——数据库。收集各类巡检业务的航线包，并根据实际巡检情况和业务调整进行航线修正。开展集中监控业务，监控输电线路的运行状态，开展状态监测装置告警信息研判，及时将异常事件派发至设备主人处理，并跟踪异常事件状态变化，做好异常事件的闭环记录。根据上级部门发布的预警信息，加强极端天气、自然灾害、电网风险预警和重大活动保供电期间监控工作。收集各类状态监测装置信息、无人机巡检信息，汇总、分析巡检数据，生成巡检报告。

（2）分布式运维。打造一支专职化的巡检设备运维力量，长期驻守在大型固定基站，负责示范区内各类巡检基站及状态监测装置的维护，包括氢能无人机的氢瓶更换，状态监测装置故障确认及检修更换，接受监控中心的任务指令等相关工作。

（3）无人机巡检基站建设。

1）示范区网格化。根据线路走向及杆塔密集程度，对示范区进行网格化划分，共划分 A、B、C、D 4 个网格，每个网格大小为 10km × 15km，网格内杆塔基数分别为 361 基、55 基、401 基、72 基。

2）小型基站选址及配置。根据网格内所有杆塔的经纬度信息，利用 Weiszfeld 算法，迭代出小型基站的地点，该点距离网格内所有杆塔的距离和最小，同理可以确定大型固定基站的地点。

为了最优化配置无人机巡检基站，网格内 100 基杆塔以下的区域不设置巡检基站，100 基杆塔以上设置小型基站，因此该示范区分别在 A 区、C 区设置两个小型固定基站。小型固定基站内巡检无人配置需根据网格内杆塔数量确定，每 200 基杆塔配置 1 架长续航氢能无人机，因此在 A 区、C 区小型基站各配置两台氢能无人机。

小型基站的建设简图如图 7–21 所示，分为氢能存储区（电池充电区），用以存储氢罐；无人机存放区，用以存放 2~3 架氢能无人机；停机坪，用以起飞、降落无人机；人员休息区（选配）。

3）大型基站配置。在 30km × 30km 范围内设置大型固定基站，大型固定基站驻扎整个区域内无人机维保队伍，2 辆车、2 个小型移动机巢、2 台氢能无人机、1 架固定无人机，负责整个区域内无人机的维保，B、D 网格内少量杆塔的精细化自主巡检由小型移动机巢搭载氢能无人机开展，通道巡检由固定翼实施。

大型基站建设简图如图 7–22 所示，分为氢能存储区（电池充电区），用以存储氢罐；无人机存放区，用以存放 2~3 架氢能无人机，一架固定翼无人机，两个小型移动机巢；基站内配置两辆巡检车辆；示范区共配置 2~4 名设备维护人员、2 名车辆驾驶员。

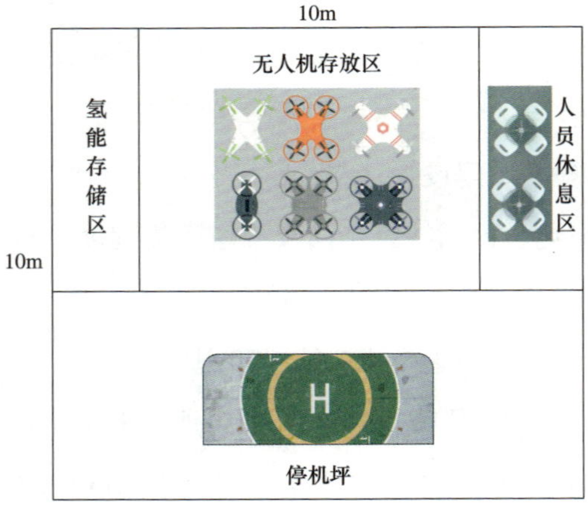

图 7-21　小型基站建设简图

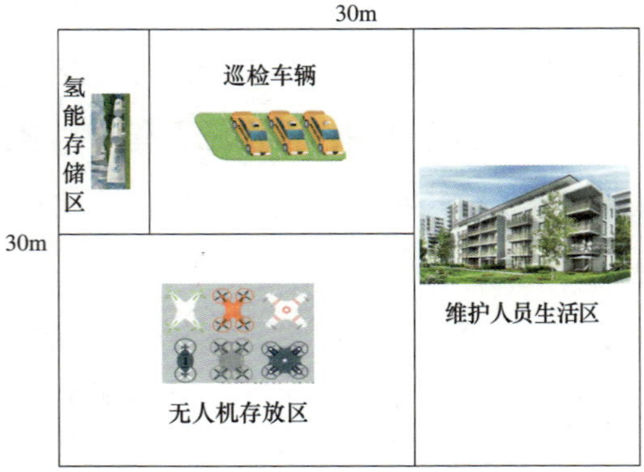

图 7-22　大型基站建设简图

（4）状态监测装置配置。状态在线监测装置按照《国网浙江省电力有限公司关于印发架空输电线路立体巡检作业指导意见的通知》进行配置。

7.2.16.3　建设成效

建成“状态感知、全景监控”的新一代输电示范工程，构建成熟先进的人机协同、通道可视、智能管控的立体巡检体系，强化输电设备保障能力，提升电网数字赋能能力，助推新型电力系统建设。

1. 先进创新点

（1）技术引领驱动。紧扣能源“双碳”目标，充分发挥氢能“长续航、安全无污染”、5G“低延时、大带宽”、中继自主网“快速灵活”等多方面的优势，并辅以多场景应用能力，研发一套具备国际领先水平的基于氢能长航时能源的多功能无人机巡检装置。

（2）管理模式转型提质增效。坚持“科学规划、注重实效、精准运维、机器代人”的基本原则，通过技术引领推动管理转型，深化“立体巡检＋集中监控”优势，打造能源转型背景下现代设备管理体系。

2. 量化评价指标

（1）技术测算。无人机的巡检速度为 2m/s；平均每基杆塔的精细化自主巡检时间为 15min；氢能无人机的续航时间为 120min；每个巡检架次至少巡检 2 基杆塔，通道巡检的最远距离为 30km。

（2）巡检测算。

1）精细化自主巡检。根据网格 A、C 内的小型固定基站的位置，可以测算出不同巡检范围内杆塔的数量，具体如表 7–4 所示。

表 7–4 不同巡检范围内杆塔的数量表

序号	无人机巡检杆塔数量（基）	无人机巡检范围（km）	A 区内杆塔数量及所需巡检架次		C 区内杆塔数量及所需巡检架次	
			杆塔数量	巡检架次	杆塔数量	巡检架次
1	2	13.5	0	—	0	—
2	3	11.25	0	—	0	—
3	4	9	39	10	59	15
4	5	6.75	85	17	113	23
5	6	4.5	132	22	108	18
6	7	3.75	105	15	121	17
总计			—	64	—	73

完成 A、C 区域巡检需 137 个巡检架次。B、D 区域由小型移动机巢搭载氢能无人机完成巡检，共 127 基塔，22 个巡检架次可完成巡检。整个示范区内完成一次精细化巡检需 159 个巡检架次。小型固定基站内每架氢能无人机每天可巡检 4 个架次，小型移动机巢内氢能无人机每天可巡检 3 个架次，则

A、C 区域完成精细化自主巡检需 9 天，B、D 区域完成精细化自主巡检需 4 天。考虑天气等客观因素影响，15 天可完成示范区内线路杆塔精细化巡检。

2）通道巡检。对于地线巡检和树障巡检，需要无人机沿线路通道绕飞，利用网格内小型基站的氢能无人机折返式巡检。小型基站地线及树障巡检的最远范围为 15km，示范区内完成一次巡检需 20 个架次，完成示范区内的树障和地线巡检需 3 天。

针对通道巡检可采用固定翼和氢能无人机结合巡检，在山火易发期，可利用无人机在山区范围内盘旋飞行，每天 2~3 个架次。

3）其他巡检。对于无人机无法覆盖或时效性要求较高的区域，采用可视化和在线监测设备进行监控，监控中心采用 7×24h 值班制度，每天对各类监测设备开展不间断轮巡工作。

3. 总体成效

到 2022 年底，建成一个“高效率、低成本、可复制”的输电线路立体巡检示范区，转变固有运维模式，常态化、规模化开展立体巡检作业，将立体巡检相关技术与线路防外破、防山火、防汛抗台风等工作深度融合。全面提升移动巡检、智能终端、无人机、在线监测等装置应用能力，实现设备、人员、平台，全息互联、高效互动，减少人工外业登塔和通道巡视工作，切实减轻基层一线人员工作强度，同时提升线路巡检质量，助力输电专业在业务、管理、技术“三个转变”，推动公司新型电力系统建设。

（1）先进性方面。首次以长续航无人机、5G 软切片 + 机巢、中继通信系统、设备全景监控等创新技术手段构建输电线路立体巡检体系，实现对输电线路传统运检方式的变革。以集中监控为管理手段，推进离散现场管控模式向“集成集约 + 智慧物联”为主的远程集中监控模式转变，构建“中心化管理、分布式运维”的指挥体系。实现通道可视化 24h 不间断监测预警，感知装置在线率 95%、故障定位准确率 95%。电气缺陷发现率提高 200% 以上，巡视效率提升 50%，通道隐患排查机巡替代率达 95% 以上，外破、山火等责任性事件“零”发生。

（2）示范性方面。技术上，国网温州供电公司在电力系统首次进行了氢能长续航无人机探索和实践，实现了在5G专网环境下对小型移动机巢内无人机的远程自动巡检，率先开展无人机导地线自主巡检、无人机双光自主巡检作业。策略上，温州地区囊括了平原、丘陵、河网、海岛、偏远山区等各类地形，国网温州供电公司根据不同的地形特点，制订了针对性的巡检策略，并编制“一线一册”。管理上，完成输电专业专用的监控中心建设，实现对输电线路各类监测设备、监测系统、无人机巡检作业的统筹管理，缓解运维工作缺员压力的同时，提升巡检质效，提升对输电线路运行状态的掌控力。

（3）可推广性方面。规模化推进无人机巡检作业，探索应用长航时无人机，发挥集中监控优势，开展以无人机自主巡检和通道可视化设备监控为主，人工巡检为辅的输电线路日常巡检工作。构筑输电线路立体巡检示范区，打造输电专业模式优化示范窗口，缓解人力短缺压力和提升线路巡检质效，可在各省市公司输电专业线路巡检工作上进行推广。

8　浙江新型电力系统建设展望

自国网公司明确国网浙江电力打造新型电力系统省级示范区以来，国网浙江电力在多元融合高弹性电网建设基础上，坚持理念引领、体系统筹、创新引路、试点先行，建立了新型电力系统体系构架和工作机制，激发了国网浙江电力上下探索实践的积极性、主动性、创造性，打造了一批国内外领先的“四首”成果，特别是在保供限供、稳价顺价等重大考验中，形成了政府主导、各方联动、“四能”和“四力”推动等经验做法，省级示范区建设迈出了坚实步伐。本章将结合中国共产党第二十次全国代表大会中关于能源发展最新要求、国家能源局《新型电力系统发展蓝皮书（征求意见稿）》中关于新型电力系统的建设思路及任务，对浙江新型电力系统建设进行展望，总结未来建设目标、原则及重点任务。

8.1 发展动态分析

2022 年 10 月 16 日，中国共产党第二十次全国代表大会在北京人民大会堂开幕，会议提出“积极稳妥推进碳达峰碳中和，立足我国能源资源禀赋，坚持先立后破，有计划分步骤实施碳达峰行动，深入推进能源革命，加强煤炭清洁高效利用，加快规划建设新型能源体系，积极参与应对气候变化全球治理”。强调要加快发展方式绿色转型，加快推动能源结构调整优化，加快节能降碳先进技术研发和推广应用，倡导绿色消费，推动形成绿色低碳的生产方式和生活方式；深入推进能源革命，加强煤炭清洁高效利用，加大油气资源勘探开发和增储上产力度，加快规划建设新型能源体系，统筹水电开发和生态保护，积极安全有序发展核电，加强能源产供储销体系建设，确保能源安全；完善能源消耗总量和强度调控，重点控制化石能源消费，逐步转向碳排放总量和强度“双控”制度。由此可见，安全可靠、清洁低碳、经济高效仍将是能源发展的重点，电力作为能源转型主力军，在新型电力系统未来建设过程中仍需多措并举破解能源“安全可靠、清洁低碳、经济高效”三元矛盾，以更强烈的责任担当、更高有效的方法路径推动转段升级，加快迈入从点到面、从局部到整体、从条块到系统、从亮点创新到制度设计、从量变到质变的新阶段。

2023 年 1 月 6 日，国家能源局发布的《新型电力系统发展蓝皮书（征求意见稿）》中指出未来将着力打造以“锚定一个基本目标，聚焦一条主线引领，加强四大体系建设，强化三维创新支撑”为主的新型电力系统总体架构。即以助力规划建设新型能源体系为基本目标，以加快构建新型电力系统为主线，加强电力供应支撑体系、新能源开发利用体系、储能规模化布局应用体系、电力系统智慧化运行等四大体系建设，强化适应新型电力系统的标准规范、核心技术与重大装备、相关政策与体制机制创新的三维基础支撑作用。由此可见，未来新型电力系统建设将重点在功能定位、供给结构、系统形态、运行机理、调控体系等领域顺应发展形势、响应变革要求，进行主动转变。同时文中还指出“以 2030 年、2045 年、2060 年为新型电力系统构建战略目标的重要时间节点，制定新型电力系统‘三步走’发展路径，即加速转型期（当前至 2030 年）、总体形成期（2030 年至 2045 年）、巩固完善期（2045 年至 2060 年），有计划、分步骤推进新型电力系统建设的‘进度条’”，统筹谋划新型电力系统建设路径布局，科学部署、有序推进。

8.2 未来建设目标

国网浙江电力贯彻目标导向，统筹考虑“碳达峰、碳中和”、高弹性电网、新型电力系统、共同富裕等重大战略要求，制订了“五年一台阶，十五年一跨越”的发展目标，分两个阶段全力推进新型电力系统省级示范区建设，实现两个跨越，推动量变、质变到跃变的跨越式发展，浙江新型电力系统建设路线图如图 8–1 所示。2021~2035 年浙江新型电力系统省级示范区全面建成，打造共同富裕的电力先行示范；2036~2050 年浙江新型电力系统在安全可靠、绿色低碳、经济高效等方面达到国际先进水平。

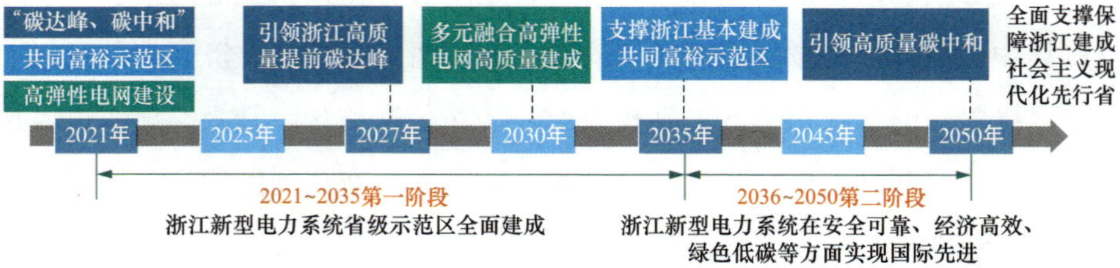

图 8–1 浙江新型电力系统建设路线图

1. 2021~2035 年实现量变到质变

到 2025 年，浙江新型电力系统省级示范区建设取得显著阶段性成果。风、光新能源实现容量倍增并全额消纳，煤电增容控量，合理新增保障性清洁煤电机组；白鹤滩—浙江特高压直流工程 2023 年建成投产，省内特高压交流环网 2025 年建成，形成"以特高压交流环网为主心骨、特高压直流为受电主动脉"的大受端电网格局；配电网基本建成网架结构坚强可靠、状态感知重点覆盖、运行方式智能灵活的坚强智能网络，高效满足多元主体的接入和分布式电源的消纳，大电网与分布式电源、微电网初步融合；集中式和分布式储能协调发展，抽水蓄能装机超过 800 万 kW，新型储能超过 300 万 kW；可中断、可调节负荷资源持续唤醒，负荷侧及储能调节能力达到最大负荷的 10%；终端用能清洁化率超过 30%，能耗强度下降至 0.35t 标准煤 / 万元以下；落实国网公司支持浙江共同富裕的十大举措，实施引领低碳转型的清洁驱动、能效驱动、数字变革、机制变革。

到 2030 年，浙江新型电力系统省级示范区基本建成。新能源成为装机主体，推动煤电向基础保障性和系统调节性电源并重转型；积极争取特高压第四直流入浙，形成"一环四直"的大受端电网格局；配电网基本建成状态感知全面覆盖、资源配置分层分级、源网荷储协调互动的智能高效网络，满足分布式电源、储能和多元负荷泛在互动，大电网与分布式电源、微电网普遍协调；抽水蓄能装机超过 1500 万 kW，新型储能超过 500 万 kW，储能类型丰富多元，与新能源融合发展；终端负荷向弹性可控、柔性互动转变，随负荷增长持续提升负荷侧及储能调节能力；终端用能清洁化率超过40%，能耗强度下降至0.31t标准煤/万元以下；多元融合高弹性电网高质量建成，核心载体作用充分发挥，弹性指数、效能指数、互联指数实现国际领先，引领浙江高质量提前碳达峰。

到2035年，浙江新型电力系统省级示范区全面建成。新能源成为出力主体，煤电、气电机组保障能力、调峰能力和运行效率持续提升；积极争取第五直流或其他外来电，形成“强交强直”的大受端电网格局，配电网全面建成互联电网与微电网协同、分层分区立体调控的新型配电网络，不平衡、不充分的问题基本解决，价值创造能力明显提升，全域实现大电网与分布式电源、微电网融合发展；抽水蓄能装机超过2000万kW，新型储能超过1000万kW；负荷侧灵活互动资源充分协同，多种用能形式全时空尺度互济互补，灵活负荷和储能成为新能源消纳和参与调节的主要支撑；终端用能清洁化率超过50%，能耗强度下降至0.27t标准煤/万元，达到发达国家当前水平；电力先行，支撑浙江基本建成共同富裕示范区。

2. 2036~2050 **年实现质变到跃变**

源网荷储全面、协调、可持续发展。新能源成为电力供应主体，煤电、气电逐步通过碳捕集、利用和封存技术实现零碳转型；持续争取外来电资源，大受端电网交直流互备、多供区互济，配电网实现电力流、数据流和价值流的高阶融合，成为能源互补、能效提升的低碳能源网络和资源共享、多方共赢的价值创造中枢；抽水蓄能装机超过3000万kW，新型储能超过2000万kW，成为系统主要调节手段；多能耦合效率、多元主体“即插即用”、社会综合能效达到国际先进水平，终端用能清洁化率达到90%以上，能耗强度下降至0.15t标准煤/万元以下；引领高质量碳中和，全面支撑保障浙江建成社会主义现代化先行省。

浙江新型电力系统源侧、网侧、荷/储侧建设路线图分别如图8-2、图8-3、图8-4所示。

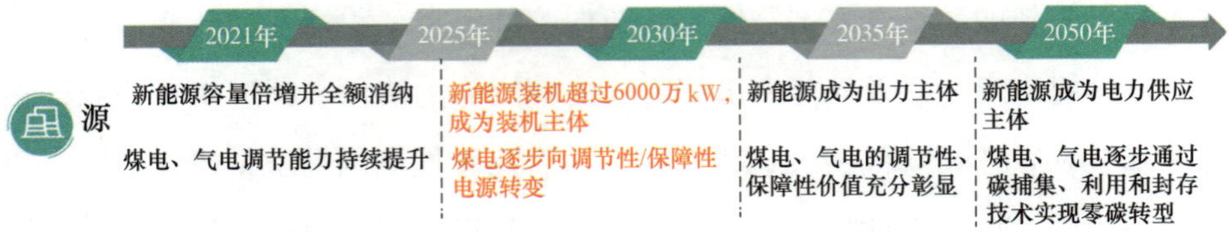

图 8–2　浙江新型电力系统源侧建设路线图

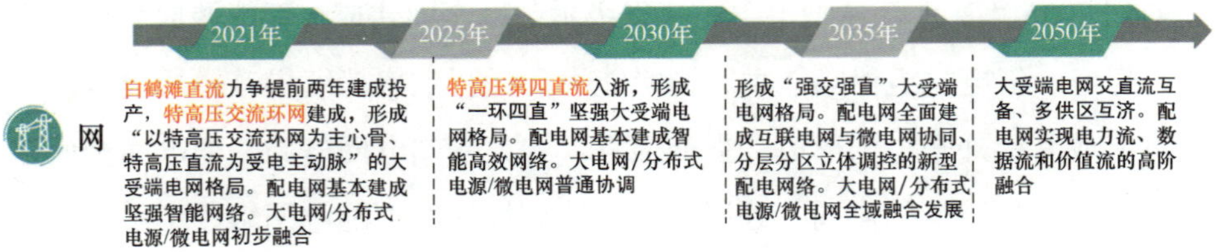

图 8–3　浙江新型电力系统网侧建设路线图

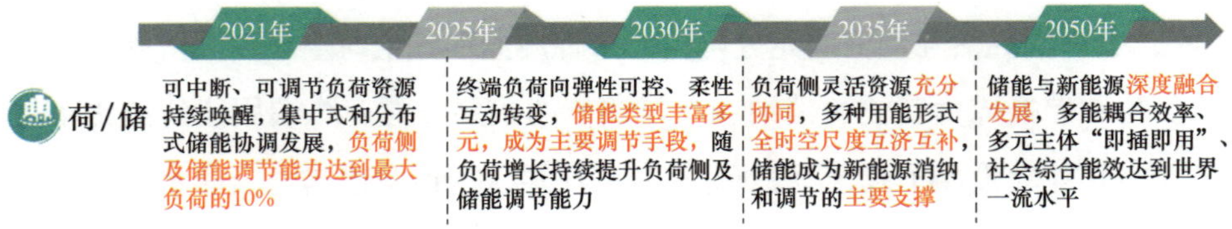

图 8–4　浙江新型电力系统荷 / 储侧建设路线图

8.3 未来建设原则

（1）目标引领，统筹规划。坚持目标导向、聚焦主旨主线，以省市县三级年度方案为“个十百千[1]”工作方案的重要抓手，制订“一计划、一挂图、一清单”，统筹规划、分步实施，理论研究和工程实践并重，全面提升能源自主安全能力。

（2）精准施策，提质增效。发挥电网资源配置平台作用，有机整合、充分利用海量灵活资源，结合资源禀赋差异化开展场景建设，挖掘存量价值、提升增量效益，推广资源综合利用商业模式，多措并举盘活低效存量资产。

（3）创新引领，改革赋能。健全首台首套、首面首域创新体系，完善配

[1] “个十百千”：一个框架体系统领全局、十大特色示范和十大专项行动率先突破、百个县级样板覆盖全域、千个应用场景发挥效用。

套容错机制，实现从无到有、从有到优。创新机制改革，激发基层凝聚力、战斗力、创造力，滴水成河、聚沙成塔，形成实质性、突破性、系统性创新成果。

（4）政企协同，数智融合。政府、企业、社会三方协同发力，厘清电源、电网、用户主体责任，协同联动促进体制机制突破，以数字化改革促进源网荷储全互动，提高能源数据价值创造力、产业带动力，引领能源清洁低碳转型。

8.4 未来建设任务

国网浙江电力扮演引领者、协调者的角色，立足能源系统全局，协调推动各方，坚持清洁低碳是方向、能源保供是基础、能源安全是关键、能源创新是动力、节能提效要助力，未来仍需从政策赋能、丰富储能、科学用能、坚决节能、电源合力、电网弹力、数字活力、创新动力八方面持续发力，增加调节能力裕度，释放调节空间。

1. 深化浙江电力体制政策

（1）突破能源绿色转型机制。优化天然气发电价格市场化疏导机制，促进天然气机组深度参与市场交易；落实抽水蓄能价格政策，建立中小型抽水蓄能商业模式和应用场景；拓展电力需求响应补贴资金来源，提升全域实施效果。

（2）构建浙江特色电力市场。探索多能源价格成本核算、碳排放核算机制，形成多元主体共同参与的协同调度格局；研究省间电网互联互供、增量配电网价格与结算机制，支撑新型电力系统互联互供、有序发展。

2. 构建储能发展生态体系

（1）加快抽水蓄能电站规模化建设。成立全省抽水蓄能建设筹备机构，发挥抽水蓄能业务人才储备优势，掌握独立建设、运维抽水蓄能的核心技术；推动社会各方联合建设和运营，同步推进大型和中小型抽水蓄能电站建设；推动抽水蓄能作为战略性新兴产业，探索建立比较完善的专业化体系。

（2）支持多元化储能发展。用好省、市、县三级政策，推进“新能源 +

储能”、共享储能等发展模式，制订支持服务新型储能发展的实施意见；开展储能优化配置方法和调度运行典型模式研究，建立多层级储能调控体系，拓展新能源消纳空间，实现安全、经济、高效接入。

（3）推动储能发展模式机制创新。探索储能配套价格机制，推动健全储能成本疏导机制；促成省能源局出台储能参与浙江现货市场交易试点方案，明确储能参与市场的准入条件、注册流程及技术标准，完善储能参与电能量市场和辅助服务市场机制；开展全省储能电站安全隐患整治，提升安全运行性能。

3. 实现用能配置合理化

（1）构建源网荷储一体互动的新型调度运行体系。聚焦安全保供、能耗双控、新能源消纳等应用场景，持续拓展多时间尺度的可调度资源池，建设新一代负荷调控系统，增强异常和事故场景下的电网运行韧性，建立对接入负荷资源的分层分级调管模式，加快可调负荷参与调度运行的常态化应用；建成源网荷储协同调控平台“安全Ⅰ区＋”，实现各类可调节资源跨平台、跨安全区接入。

（2）深挖需求侧互动资源。坚持“需求响应优先、科学保供保底、节约用电助力”的工作原则，落实全省最大负荷20%的科学保供负荷方案，建成500万kW可中断负荷，落实落细全省迎峰度夏50万kW集中检修和300万kW需求响应专项方案；落实配套融资租赁项目建设和转资，完成大都市商业空调负荷调节策略研究，通过“现场改造＋周期演练”固化、释放用户可调节能力。

4. 推动节能高效化

（1）推进全社会能效提升。开展“碳电”协同、碳路径碳金融等课题研究，推动地方申报省级“污染治理和节能减碳项目”；编制建筑楼宇调适指南，启动大型建筑调适试点工作，推动建筑整体用能最优化。

（2）完善公司能效服务体系。打造专业化能效服务团队，助企纾困提供用能分析与优化整体解决方案；深化水、电、气公共服务业务联办，试点智能响应机器人“云服务”模式；助力共同富裕和政府乡村项目，推广乡村振兴电力指数、光伏并网等服务。

（3）数字推动节能降碳转型。开展能源系统规划、工业能效提升等课题研究，迭代优化省级智慧能源平台；贯彻国网公司碳管理行动方案，制订并发布实施国网浙江电力碳管理实施方案；深化4E模型应用，开展能源电力低碳化空间与减排路径研究，实现以“电”为主视角的能源经济渗透分析。

5. 积极应对能源结构变革

（1）提升清洁外来电与核电的规模。高效有序推进白鹤滩—浙江特高压工程建设，确保双极低端投运；加快推进第四直流甘电入浙、三澳核电、三门核电配套送出等工程；加强省间互联互济，推动政府和四川、宁夏、新疆等地区签订外来电多年稳价保量中长期合约，建立机制强化协议刚性执行。

（2）强化常规电源基础性调节作用。推动全省清洁煤电纳规、调峰气电的赋码与核准；贯彻落实《浙江能源发展“十四五”规划》，配合省能源局推进煤电机组的灵活性改造、供热改造和节能降碳改造“三改联动”；推进省地AGC协同控制系统建设，扩大接入地县调非统调小水电、小火电规模和双向调节能力，实现省地协同的电源侧沉睡资源唤醒。

（3）推动新能源科学布局有序开发。根据电网承载能力，积极推动新能源项目规划、开发布局和时序统筹优化；完成中长期海上风电与电网协同发展规划，开展千万千瓦海上风电接入系统方案研究，政企协同引导新能源合理布局。完善自主核心队伍、智慧运营平台、综合保障体系，加快实施省管产业光伏倍增计划，初步建成省内最大光伏运营商。

6. 健全各级电网规划体系

（1）规划引领示范区高质量发展。针对特高压交流环网和第四直流落地，开展浙江大受端电网动态平衡与主动支撑新型电力系统示范；完成省、市、县三级“十四五”电网滚动规划，服务长三角一体化、杭州亚运会和重大产业发展；基于数字化技术开展全时段电力电量平衡动态分析，完成未来浙江电网十年调节能力研究并提出适应性发展建议；开展浙江大电网格局研究，提出浙江未来“强交强直”主网架结构和发展路径。

（2）建设高承载的坚强主网架。成立省政府和国网浙江电力前期工作双专班，全面推进重点工程前期及建设工作；完成绍兴中北部电网优化等工程核准，缙云抽水蓄能、宁海抽水蓄能等配套送出工程可研；高标准实施特高压三大直流整线年度检修，组织国内首次密集通道直升机带电作业；完善现代设备管理体系，建设绿色智慧变电站，开展交直流为主动脉的受端特高压网架运检模式升级和创新研究。

（3）打造灵活自愈的可靠配电网。试点应用中低压柔性组网技术，引导源荷储有序接入；升级“安全可靠、全景感知、柔性互动、主动高效”的新一代配电自动化系统；深化电网全链条节能提效，应用动态拓扑重构、主配协同无功优化等高级功能，促进高效率配置电力资源；推进高能效、低碳电网设备全面应用及业务流程无纸化改革，加快仓储、物流配送、物资能效标准等绿色升级；建立防灾防外破分层分级防治体系。

（4）构建新一代安全稳定控制体系。搭建新型电力系统仿真平台，着重分析大规模新能源、第三回特高压接入后的运行特性、稳定裕度和影响因素；构建适应新型电力系统的电网防御体系，加快第三道防线在线监测功能建设，筑牢电网“三道防线”；开展储能、风电、光伏厂站的 AVC 接入，制订相应的厂域协调控制策略方案；构建精细化气象服务平台，提高新能源功率预测精度，提升极端天气下电力系统的运行韧性。

7. 强化数字化支撑服务

（1）强化数字化牵引作用。强化数字基础设施建设，深化智能传感技术应用，重点补强电源侧、配网侧、负荷侧和储能侧感知能力；推进能源大脑建设，重点构建公共技术底座，为大脑提供统一的数据、孪生和智能服务；深化省“碳达峰、碳中和”数智平台应用，推行用能预算化管理。

（2）深化数字技术全环节应用。建设数字换流站，推广直流运检微应用；加快新一代输电线路建设，提升外来电输变电设备保障能力；配电网数字化、智能化迭代升级，探索“无线公网 + 量子加密”技术应用，推广新建终端量子遥控技术全面落地，深化电网业务中台建设应用，建设二次统一实时监测与在线运维功能，提升全息感知、智能运行和敏捷响应能力。

（3）建立大数据共享新业态。深化应用电力大数据产品，打造“电力看浙江”数据服务品牌；规范整合电力大数据“码”和“指数”类产品，提炼形成典型产品模型库，扩展低碳、乡村振兴、产业链预警等新领域应用；深化电力消费指数应用，拓展“电力看经济”场景，助力政府精准决策，完善“碳效码”评价指标体系；拓展碳普惠场景成效，推动数据产品更大范围的应用。

8. 秉持创新突破思维

（1）加强首台首套科技攻关。提前布局前沿技术，集聚创新要素、深化创新协同、形成系统效应，打造能源先进技术发源地；开展浙江电网稳定运行机理演化趋势专题研究，实施浙江构建新型电力系统重点技术问题与攻关计划；开展年度科技项目储备，有序推进低频输电、可离网型风/光/氢燃料电池直流互联与稳定控制技术2项国重项目，配套布局国际、国内标准和专利成果。

（2）加快首面首域全局带动。更加注重统筹顶层设计与基层首创相结合，围绕数字化牵引、全要素融合、可观可测可用可控等重点，紧密结合战略落地调研访谈、战略执行评估分析情况，依托战略重点课题等形式，引导规范首面首域创新，促进首面首域项目更突出战略导向、更聚焦重大突破、更聚合资源力量、更注重转化应用。

（3）加强核心装备技术攻关。围绕科技创新“十四五”规划，实施新型电力系统重大攻关计划，开展新能源高效消纳与利用、新型电力系统稳定、源网荷储互动等关键领域专项研究；试点建立低压台区直流互联，提升配电变压器设备利用率；服务浙江清洁能源示范省建设，实现省域全场景电能质量“可观可测、可调可控”；深化运营国家绿色技术交易中心，开展主动式撮合推介服务。

参考文献

［1］中华人民共和国国务院．在第七十五届联合国大会一般性辩论上的讲话［R/OL］.（2020-09-22）［2023-01-20］. http://www.gov.cn/gongbao/content/2020/content_5549875.htm.

［2］全球能源互联网发展合作组织．中国 2060 年前碳中和研究报告［M］. 北京：中国电力出版社，2021.

［3］水电水利规划设计总院．中国可再生能源发展报告 2020［M］. 北京：中国水利水电出版社，2021.

［4］国网能源研究院有限公司．中国能源电力发展展望（2020）［M］. 北京：中国电力出版社，2020.

［5］孙宏斌，等．能源互联网［M］. 北京：科学出版社，2020.

［6］辛保安，单葆国，李琼慧，等．“双碳”目标下“能源三要素”再思考［J］. 中国电机工程学报，2022，42（9）：3117-3125.

［7］张智刚，康重庆．碳中和目标下构建新型电力系统的挑战与展望［J］. 中国电机工程学报，2022，42（8）2806-2818.

［8］舒印彪，张丽英，张运洲，等．我国电力碳达峰、碳中和路径研究［J］. 中国工程科学，2021，23（6）：1-14.

［9］舒印彪，陈国平，贺静波，等．构建以新能源为主体的新型电力系统框架研究［J］. 中国工程科学，2021，23（6）：61-69.

［10］卓振宇，张宁，谢小荣，等．高比例可再生能源电力系统关键技术及发展挑战［J］. 电力系统自动化，2021，45（9）：171-191.

[11] 谢小荣，贺静波，毛航银，等．“双高”电力系统稳定性的新问题及分类探讨［J］．中国电机工程学报，2021，41（2）：461-474.

[12] 辛保安．抢抓数字新基建机遇 推动电网数字化转型［J］．电力设备管理，2021（2）：17-19.

[13] 王彩霞，时智勇，梁志峰，等．新能源为主体电力系统的需求侧资源利用关键技术及展望［J］．电力系统自动化，2021，45（16）：37-48.

[14] 舒印彪，陈国平，贺静波，等．构建以新能源为主体的新型电力系统框架研究［J］．中国工程科学，2021，23（6）：61-69.

[15] 雷超，李韬．碳中和背景下氢能利用关键技术及发展现状［J］．发电技术，2021，42（2）：207-216.

[16] 董旭柱，华祝虎，尚磊，等．新型配电系统形态特征与技术展望［J］．高电压技术，2021，47（9）：3021-3035.

[17] 于倩倩，杨德权，徐玲君，等．中小型抽水蓄能电站合理发展探讨［J］．水力发电，2021，47（8）：94-98.

[18] 林进钿，倪晓军，裘鹏．柔性低频交流输电技术研究综述［J］．浙江电力，2021，40（10）：42-50.

[19] 陈国平，梁志峰，董昱．基于能源转型的中国特色电力市场建设的分析与思考［J］．中国电机工程学报，2020，40（2）：369-378.

[20] 夏清，陈启鑫，谢开，等．中国特色、全国统一的电力市场关键问题研究（2）：我国跨区跨省电力交易市场的发展途径、交易品种与政策建议［J］．电网技术，2020，44（8）：2801-2808.

[21] 张哲任，唐英杰，徐政．采用中频不控整流直流系统的远海风电送出方案［J］．中国电力，2020，53（7）：80-91.

[22] 程海花，寇宇，周琳，等．面向清洁能源消纳的流域型风光水多能互补基地协同优化调度模式与机制［J］．电力自动化设备，2019，39（10）：61-70.

[23] 李明节，陈国平，董存，等．新能源电力系统电力电量平衡问题研究［J］．电网技术，2019，43（11）：3979-3986.

[24] 李婷，胥威汀，刘向龙，等．含高比例可再生能源的交直流混联电网规划技术研究综

述［J］. 电力系统保护与控制，2019，47（12）：177-187.

［25］刘海涛，熊雄，季宇，等 . 直流配电下多微网系统集群控制研究［J］. 中国电机工程学报，2019，39（24）：7159-7167.

［26］周仕豪，唐飞，刘涤尘，等 . 考虑降低多馈入直流换相失败风险的动态无功补偿配置方法［J］. 高电压技术，2018，44（10）：3258-3265.

［27］熊雄，季宇，李蕊，等 . 直流配用电系统关键技术及应用示范综述［J］. 中国电机工程学报，2018，38（23）：6802-6813.

［28］熊雄，吴鸣，季宇，等 . 微网群混合协调控制及功率管理策略研究［J］. 中国电机工程学报，2018，38（5）：1419-1427.

［29］舒印彪，张智刚，郭剑波，等 . 新能源消纳关键因素分析及解决措施研究［J］. 中国电机工程学报，2017，37（1）：1-8.

［30］李霞林，郭力，王成山，等 . 直流微电网关键技术研究综述［J］. 中国电机工程学报，2016，36（1）：2-17.

［31］李明节 . 大规模特高压交直流混联电网特性分析与运行控制［J］. 电网技术，2016，40（4）：985-991.